融媒传播力

曹苏宁 著

南方日报出版社
NANFANG DAILY PRESS
中国·广州

图书在版编目（CIP）数据

融媒传播力 / 曹苏宁著. -- 广州 : 南方日报出版社，2025. 8. -- ISBN 978-7-5491-2998-0

Ⅰ. G206.2

中国国家版本馆 CIP 数据核字第 2025VS7993 号

RONGMEI CHUANBOLI

融媒传播力

作　　者： 曹苏宁
出版发行： 南方日报出版社
地　　址： 广州市广州大道中 289 号
出 版 人： 周山丹
出版统筹： 刘志一
责任编辑： 陈　宇
装帧设计： 肖晓文
责任校对： 阮昌汉　符文达
责任技编： 王　兰
经　　销： 全国新华书店
印　　刷： 广州市尚铭印刷股份有限公司
成品尺寸： 165mm×240mm
印　　张： 16
字　　数： 238 千字
版　　次： 2025 年 8 月第 1 版
印　　次： 2025 年 8 月第 1 次印刷
定　　价： 68.00 元

投稿热线：（020）87360640　　读者热线：（020）87363865

序　言

科技进步打破媒体传播的等级和地域格局

李婉芬

国内主流媒体迈向当今融媒传播形态的步履，可追溯到20世纪90年代后期。当时人民日报办起了人民网，广州日报办起了大洋网，它们成为国内首批互联网新闻信息网站。

广州日报是一个城市的地方媒体，从此，在大洋网发布的信息，借助互联网，瞬间就可以跨洋出海。科技的进步，首先冲破了传统媒体传播时代的等级和地域格局，今日回望，这无疑是移动互联网时代“一部智能手机即一个媒体”的信息传播生态的早期细胞。当年的新闻网站，把新闻等信息电子化，使之具备了快速、海量的发布、检索、储存、无限次利用等特性，网络上的互动性极大超越了传统媒体，用今天的话来说，揭开了新闻行业信息数字化的大幕。当年大洋网发布的信息，有的来自广州日报及其十多家子报子刊，有的来自大洋网自己团队的采编制作，有的是从具有公信力的媒体上整合转载。从内容、运营和管理方式来说，大洋网已具备了媒体融合的雏形，只是当时还没有“媒体融合”这个词。

主流媒体的媒体融合之路，科技进步是最大的推手，而媒体人自身对传播价值的执着追求则是最真切最具韧性的动力。还是以广州日报为例，伴随着她所开创的厚报时代和内容变革，特别是对传播价值和影响力的追求，使报纸在报业辉煌年代得到了丰厚的回报。与此同时，广州日报十分注重探索和拓展传播力、影响力的新形态和新的运营模式。2010年，广州日报开办了官方微信公众号，是第一批开办的纸媒之一；之后陆续开办了官方微博、新闻客户端和商营客户端等，2014年又最早建立了实质性运营的全媒体中央编辑部，并不断地改造和重构媒体，步步紧追科技进步的步伐，遵循着传播趋势进行深度变革。

十几年来，媒体融合大潮极其澎湃，后浪覆盖前浪，从某些视角来说甚是悲壮，而主流媒体在这过程中不断探索，形成了许多传播新理念、新模式，它们是与科技进步融合发展、与社会生活变革相适应的产物。例如当下智能传播所标举的社群传播、精准传播、互动传播等，在主流媒体融合发展探索中都可以找到高度契合的基因。从传播学和社会学的角度，多年来媒体融合的探索，无疑是当今智媒形成与成长的优质土壤，这也是今天谈论《融媒传播力》一书、探讨主流媒体发展趋势的意义所在。

2001年，本书作者曹苏宁硕士毕业，走进了广州日报报业集团，从报纸的一线采编人员做起，在多个线上线下岗位上工作至今。在这里，曹苏宁是主流媒体融合发展道路上直接的参与者、探索者。在这本《融媒传播力》里，他依据大量的实践积累和长期研究，对十多年来主流媒体融合发展的路径和传播力进行了梳理，层层剖析了当下主流媒体和媒体生态圈的种种困惑，从政策愿景、系统变革、技术革命、媒体人角色变化等层面，瞭望未来的媒体趋势，就主流媒体发展提出了他的思辨模式。

这本书来自一位在主流媒体奔跑了20多年，实践探索与理论探索兼备的资深媒体人，开卷有益。

我之所以补充人民网、大洋网最初的情况，因为那是媒体融合最早的一缕晨光。

作者系原广州日报报业集团总编辑，国务院政府特殊津贴专家

自　序

“我家门前有两棵树，一棵是枣树，另一棵也是枣树。”

媒体融合有两个结果，一个是融掉别人，一个是被别人融掉。

媒体融合貌似是“重新洗牌”，更像是“大浪淘沙”。“重新洗牌”是排序问题，我们也常说哪些媒体走在了前面、取得了优势。“大浪淘沙”是生死问题，有些媒体将迎来扩张传播版图的机会，有些媒体将逐渐失去存在的价值。传播力的比拼，不是期末考试，考砸了下学期再来；而是升学考试，没能“上线”，可能就要准备“下线”了。

这在2022年4月以来的地市级融媒体中心建设中，已经得到了非常充分的验证。2022年4月，中宣部、财政部、国家广电总局联合发布《关于推进地市级媒体加快深度融合发展实施方案的通知》，提出要在全国遴选60家市级融媒体中心建设试点单位。两年后的2024年11月，全国已有197家地市级融媒体中心挂牌，在330多个地级市（地区、自治州、盟）中占比接近六成。而按照党的二十届三中全会提出的“推进主流媒体系统性变革”的战略要求，地市级融媒体中心显然并非系统性变革的终局。

媒体价值的再评估、重排序，同样也体现在市场的晴雨表上。2024年12月，某知名车企全球合作伙伴大会的预热海报中，品牌方公布的“媒体传播矩阵”中，85家合作媒体仅有11家是“主流媒体”，而《齐鲁晚报》是唯一一家都市报。媒体观察者“观媒·传媒大观察”不无唏嘘地追忆：在报业鼎盛时代，媒体大多开设了汽车专版、专刊，汽车广告一直是传统媒体的主要营收来源之一。但经历了十年“光速版”的沧海桑田，甚至已有人预言90%的汽车媒体即将在未来5年内消失。类似的“消失体”造句还有：报纸正在“批量消失”，地产媒体正在“消失”，新闻评论人正在“消失”，深度报道正在“消失”……不只是传统媒介，新媒介曾经的宠儿——政务自媒体也在批量“消失”。形形色色的“消失”，本质上正是媒介形态、媒体机构的巨变，我们越来越清晰地看到，这绝不是什么“一个都不能少”、集体“凤凰涅槃”的“洗牌”。变革的最终结果，就是先发者、坚定者在系统性变革后成为具有强大竞争力的新型主流媒体，而落后者、摇摆者则必将消失在历史的长河中，不留下一缕背影。

正如所有变革一样，主观上的自我革命，总是被客观上的时势变迁所驱动的。媒体融合和融媒传播力的提出也是如此，老办法不管用，就只好看谁能最先找到新办法。而新办法的有效性，根本上是看变革之后的组织机构、人员配备、采编流程、经营模式，特别是思维和观念，是否符合技术革命的趋势。早在被视为“媒体融合元年”的2014年，媒体融合有两个热点，一个是“中央厨房”，一个是客户端。有没有一个叫作“中央厨房”的场所，有没有一个“自主可控”的客户端，是媒体融合标准最底层的“物性”表现。在十年之后回望那股热潮，值得庆幸的是主流媒体并没有做错，“中央厨房”代表的是以智能化的方式对传播资源进行集约化的配置，而客户端则要求以智能化的方式对传播内容进行精准化的分发；令人遗憾的是相当一部分主流媒体，未得“中央厨房”和客户端的精髓，徒具其形、虚有其表，而没有智能化的灵魂。

事实上，从主流媒体走上融合之路起，AI就是决定成败的核心因素。AI不是在内容生产中的炫技，更不是以人类为中心、以传播者为中心的陈旧内容生产流程的点缀。在生成式人工智能（AIGC）随着ChatGPT、Sora的横空出世再一次引爆传播的宇宙之前，由于一些主流媒体对被名之为“算法”“智能推荐”等的分析式人工智能、决策式人工智能的应用态度消极，在传播成效上遭遇了“滑铁卢”。AI才能挖掘媒体数据资源的潜力，AI才能实现“以用户为中心”的“下沉”“深垂”，AI才能科学引领系统性变革的方向；AI推升了视听新媒体的崛起、赋能了叙事方式的升级，AI扩展了“体验真实”、传播场景，AI改写了传播主体、传播方式……媒体融合就是主流媒体优质资源和新媒介形态的融合，而没有AI，没有智能化，再优质的资源都无法真正融入新媒介。这些，也正是本书讨论融媒传播力的底层逻辑。

和所有技术革命一样，AI不会剥夺“万物之灵”的智慧和思考，只会让智能生物体在“智”的核心能力上再一次飞跃。

历史总是要前进的，历史从不等待一切犹豫者、观望者、懈怠者、软弱者。

多说无益，坐等无力。

是为序。

目 录 CONTENTS

第三篇 叙事之变 / 053

第一篇

标准之惑

第一章
作为媒体融合评判标准的传播力

2014年8月18日，习近平总书记在中央深改组第四次会议上提出：着力打造一批形态多样、手段先进、具有竞争力的新型主流媒体，建成几家拥有强大实力和传播力、公信力、影响力的新型媒体集团，形成立体多样、融合发展的现代传播体系。习近平总书记的重要讲话，正式发出了媒体融合发展的号令，2014年也因此被业内称作“媒体融合元年”。作为重要讲话中的一个关键词，“传播力”开始走进媒体从业者和研究者的视野，如何在融合发展中提升“传播力”，成为主流媒体在过去十年融合转型中的重要命题。以往的媒体评价标准，如报纸厚度、频道多寡、发行量大小、收视率高低、广告收入高低等，逐渐被“传播力”所取代或者收纳，传播力已经成为主流媒体群雄逐鹿的新版图。

第一节
传播力被作为评价标准的理论逻辑和实践逻辑

纵观2014年8月以来习近平总书记系列重要讲话精神和中央文件中对媒体发展的要求，可以概括为三个要点。

一是媒体通过融合发展要养成什么样的能力，即竞争力、实力、传播力（狭义）、引导力、影响力、公信力。“传播力”也常被用以泛指以上六种能力的总和，作为推进主流媒体系统性变革的指挥棒，表现为对全媒体生产传播“多维一体”的评价体系，可以被定义为“广义传播力”。而与引导力、影响力、公信力等并列的“传播力”，可以被定义为“狭义传播力”。

二是通过媒体融合发展要建成什么样的媒体，即打造新型主流媒体、建成新型媒体集团、建设全媒体传播体系。

三是通过媒体融合发展要实现什么样的目标，即在移动互联网平台“巩固壮大主流舆论”。

三者之间，传播力建设是关键，在商业平台率先破局、形成多元的传播生态之后，主流媒体能否继续发挥导向作用、旗帜作用、引领作用，继续作为舆论的风向标、压舱石，首要因素是在移动互联网时代重构和提升传播力。涵盖了狭义传播力和竞争力、实力、引导力、影响力以及公信力的广义传播力，也因此成为讨论媒体发展得失、评判媒体功能强弱、检验媒体融合成效的参照系、试金石。

一、传播力评价标准的理论逻辑

习近平总书记2014年8月以来关于媒体融合发展的系列重要讲话精神和此后中央出台的重要文件精神，是“传播力”评价标准的理论逻辑起点。2024年7月，党的二十届三中全会通过的《中共中央关于进一步全面深化改革　推进中国式现代化的决定》明确要求，要“构建适应全媒体生产传播工作机制和评价体系，推进主流媒体系统性变革”。2024年10月15日，中宣部副部长、国务院新闻办公室主任莫高义在中国新媒体大会开幕式上提出，“评价体系既是度量衡，更是指挥棒”，足见评价体系的重要性。能够“全面激发主流媒体创新创造的能力”，处理好“正能量”“高质量”“大流量”三者关系且科学有效的评价体系，必然要能够全面反映习近平总书记系列重要讲话中关于传播力建设的要求。

竞争力是结果导向。融合发展的成效如何，可以和自己比，但更应该和别人比。“弱水三千，只取一瓢饮。”传播的本质是争夺用户的注意力、用户的时间，用户的选择越多，用户的注意力相对就越稀缺。如果主流媒体没有竞争力，在对用户的争夺中败下阵来，就会变成网络空间里“沉默的大多数”。

实力是基础。主流媒体没有强大实力为支撑，就不可能加大投入强化技术支撑能力、吸引优秀专业人才、搭建信息集聚平台，实现数字服务功能。而融合发展如果最终不能重构商业模式，增强造血能力，也就无法在融合传播中提升实力。

狭义传播力、引导力、影响力、公信力是关键。狭义传播力确保传播的覆盖面，引导力体现舆论把控能力和技术创新能力，影响力体现媒体的主流地位，公信力体现媒体的权威性，不仅在传播效能上具有显著优势，也在创新发展上具有前瞻视野。

二、传播力评价标准的实践逻辑

传播版图的变化，尤其是商业平台带来的传播形态多元、渠道迭代加速，是传播力被作为评价标准的实践逻辑。习近平总书记重要讲话和中央文件关于媒体融合发展的要求，提到了几个关键词，即（新兴主流媒体）形态多样、手段先进，（传播体系）立体多样、融合发展。实践中，不同商业平台主推的传播形态、传播场景各不相同，这也促使主流媒体在融合发展中表现出多样化、立体化的特点，并一直在拓展新渠道。从十年前“两微一端”的标配，到如今的抖音、快手、视频号、小红书，这些都让“巩固壮大主流舆论”的成效评估变得更复杂。过去要判断主流媒体的“江湖地位”，看发行量、看收视率就基本了然，现在则很难仅从一个维度去下结论。

当前，商业平台数量众多、类别多样，主流媒体较多开设账号、且具备大量活跃用户的第三方平台就超过10个。各平台公布的数据如下：微博月活跃用户5.87亿、日活跃用户2.57亿（来源：微博2024年第三季度财报；截至2024年9月），微信及WeChat的合并月活跃用户为13.82亿（来源：腾讯控股2024年第三季度财报；截至2024年9月），抖音总用户超过8亿、日活跃用户超过7亿（截至2024年11月），快手平均日活跃用户4.08亿、月活跃用户7.14亿（来源：金融界AI电报；截至2024年11月）。微博、微信、抖音、快手等平台的成功，为主流媒体通过低成本的投入获得传播力提供了良好的基础，各级、各类主流媒体都高度重视在第三方平台布局，视为传播力竞赛的重要赛道。根据人民网2023年6月发布的《2022—2023报业融合发展观察报告》，被纳入监测的1330家报纸媒体中，入驻微博的有882家，占比66.3%；开通微信的有1185家，占比89.1%；开通抖音的有878家，占比66.0%；开通今日头条号的有793家，占比59.6%；开通视频号的有866家，占比65.1%。而作为业界标杆的央媒更是不甘人后，截至2023年6月，中国中央电视台在微信、微博的账号有近百个之多，抖音账号有30多个；人民日报有微信账号24个、微博账号15个、抖音账号17个。

除了在商业平台上激烈拼杀，主流媒体自建平台的热情也毫不逊色。人民网《2022—2023报业融合发展观察报告》显示，纳入观察的1330家报纸中，有570家自建了客户端，占比42.9%。其中人民日报自建客户端累计下载量最高，达4.6亿次，南方+、羊城派、河南日报和海报新闻客户端下载量均分别超过1亿次；13家报纸的客户端2022年新增下载量超过1000万次。报纸自建客户端的开通率虽然不及同样属于报纸自建网络传播平台的电子报（61.39%）和网站（53.3%），但从各媒体对外发布的数据上看，客户端覆盖用户数、日活跃用户数远高于日渐式微的电子报、网站，在自建平台中高居首位。

商业平台和自建平台为主流媒体展开了新的传播版图，提供了更便捷、更高效的触达各类用户群体的渠道。智能穿戴设备、智能家居等日渐从构想转为现实的新兴传播渠道，则突破手机的单一传播场景，为多场景传播提供了更多可能。版图的广阔和前景的逼近，迫使所有主流媒体都在加快渠道建设，争取连接更多用户、抢先占领新兴传播阵地。与此同时，原有的中央、省（自治区、直辖市）、地市、区县的四级传播格局已被打破，存量竞争、淘汰落后的趋势已经不可逆转。在这一背景下，深入体味“打造一批新型主流媒体”“建成几家新型媒体集团”的目标，似乎已预示着在传播力的构建（或可称重构）中，生存（能建成）和生长（率先建成）的压力将伴随所有主流媒体。主流舆论新格局的塑造，也意味着主流媒体必须全体“移民”，在全新的传播力版图上找到自己新的定位、新的地位，否则必将在新版图上失去立足之地，在新格局中失去存在价值。

新渠道迭代的加速也为在争夺用户、抢占渠道中错过先机的主流媒体提供了绝处逢生的“翻盘”机会。人民网《2022—2023报业融合发展观察报告》显示，在其观察的1330家纸媒中，不仅超过50%开通了微信、微博、抖音、视频号的账号，还有超过10%开通了B站（16.5%）、知乎（11.2%）、喜马拉雅（10.8%）账号。新渠道的持续涌现，让已经在移动网络传播中取得了渠道、品牌优势的头部大号有了更加广阔的传播版图，也给在竞争中暂时处于劣势的主流媒体带来了新机遇，打开了连接用户的新通道。与其在早期就已建立、基本趋于成熟的平台争抢别人掌隙漏出的“残渣”，何不在新赛道开辟新领地？该报告中提及的220家入驻B站的报纸中，既有人民日报、环球时报这些“大户”，也有“国防时报TV”“中国食品融媒体”这样的新面孔。新渠道是新机会，也是新挑战，已经取得优势的主流媒体不敢懈怠，努力拥抱新渠道，因为不争夺新的用户连接通道，不仅意味着新的用户群体会与自己擦肩而过，更有可能因原有渠道的用户转向新渠道而失去存量用户，如同曾经引以为傲的百万发行量成了过眼烟云。而在微信、微博等渠道未能获取足够传播力的主流媒体，更应该找到新渠道与自身资源的契合点，抓住风口争取先发先行，借力新渠道重构传播力，在未来的传播力版图中拥有并守牢一席之地。

渠道的多元和迭代的加速，导致对主流媒体传播力的评价变得复杂、多维，而且不断变化。传播渠道跨越纸媒、PC端、移动端，传播场景覆盖了手机、智能穿戴设备，运营主体涵盖了自建平台、第三方平台，如何才能对传播力进行综合、客观的评价？主流媒体需要这方面的标准和结论。

附：

相关重要讲话和文件摘要

着力打造一批形态多样、手段先进、具有竞争力的新型主流媒体，建成几家拥有强大实力和传播力、公信力、影响力的新型媒体集团，形成立体多样、融合发展的现代传播体系。

——2014年8月18日，习近平总书记在中央深改组第四次会议上的讲话

尊重新闻传播规律，创新方法手段，切实提高党的新闻舆论传播力、引导力、影响力、公信力。

——2016年2月19日，习近平总书记在党的新闻舆论工作座谈会上的重要讲话

要把握正确舆论导向，提高新闻舆论传播力、引导力、影响力、公信力，巩固壮大主流思想舆论。

——2018年8月21日，习近平总书记在全国宣传思想工作会议上的重要讲话

打造一批具有强大影响力，竞争力的新型主流媒体。加快推动媒体融合发展，使主流媒体具有强大传播力、引导力、影响力、公信力。

——2019年1月25日，习近平总书记在中共中央政治局第十二次集体学习时的重要讲话

尽快建成一批具有强大影响力和竞争力的新型主流媒体。

——2020年9月，中央办公厅、国务院办公厅《关于加快推进媒体深度融合发展的意见》

提高新闻舆论传播力、引导力、影响力、公信力。

——2021年11月11日，《中共中央关于党的百年奋斗重大成就和历史经验的决议》

加强全媒体传播体系建设，塑造主流舆论新格局。

——2022年10月16日，《高举中国特色社会主义伟大旗帜　为全面建设社会主义现代化国家而团结奋斗——在中国共产党第二十次全国代表大会上的报告》

构建适应全媒体生产传播工作机制和评价体系，推进主流媒体系统性变革。

——2024年7月18日，中国共产党二十届三中全会通过《中共中央关于进一步全面深化改革、推进中国式现代化的决定》

第二节
融合传播力评价标准的探索

几乎在主流媒体转向新媒介的同时，传播力研究者和技术公司开始了构建评价体系的尝试。比较知名的如人民网研究院发布的融合传播指数，中央网络安全和信息化委员会办公室（以下简称“中央网信办”）主办的《中国网信》（原名《网络传播》）发布的中国网站传播力榜，以及新榜大数据、清博大数据、凡闻大数据等。其中，单个渠道、单个项目的指标相对容易被认可，而综合多个传播渠道的传播力指标体系则存在颇多争议。

一、关于综合性评价指标的争议

作为一份相对成熟，受到业内较为广泛认可的传播力指数报告，人民网研究院提出的指标体系在对主流媒体传播力的评价上，至少有三个方面值得肯定。

一是实践性。在联合多个数据监测团队和平台运营者提供数据支撑的基础上，以各渠道在考察年度内的用户数、活跃度、互动性以及受到主流媒体重视的程度作为依据，动态确定各渠道的权重。

二是前瞻性。各渠道权重的确立，为主流媒体确立渠道建设重点和未来拓展新渠道的方向提供了重要参考。有些渠道在报告发布时仍未受到主流媒体的广泛关注，显得有些冷门，报告却提前关注到了，对新渠道在未来传播版图的成长性给出了预判。

三是开放性。从最初“党报融合发展指数”中的367家党报、“报纸融合发展指数”中的284家主要报纸，扩展到2023年6月最新一期报告中的1330家报纸；从最初的报纸、网站、微信、微博、第三方客户端、自有客户端，次第加入了抖音、快手、今日头条、B站、知乎、喜马拉雅，考察的对象和维度随着主流媒体的深度融合发展持续优化。

人民网发布的融合指标体系曾多次征集研究者和新闻媒体的意见，并对被纳入评估的渠道和权重进行调整，从2017年在第二届全国党报网站高峰论坛上首次发布的融合传播指数报告，至2021年4月发布的2020年媒体融合传播指数报告，指标体系在纳入考量的传播渠道、各渠道的权重等方面先后做了重大调整。尽管指标体系在跟随着主流媒体融合传播实践的脚步做出调整，但人民网从2021年12月发布的全国党媒传播指数报告开始，已不再发布综合各渠道传播力指标的融合传播力榜单。而另一份权威性的传播力榜单《中国网站传播力榜》，其发布者《网络传播》杂志（《中国网信》杂志的前身）于2017年底已经停止了榜单更新。各渠道权重的设置之难可见一斑。

关于综合性评价指标体系的争议和质疑，除了各渠道的权重难以真实反映其在主流媒体传播力构成中的重要程度外，更缺乏合理性的是，在传播渠道不断更迭的背景下，为所有现存的传播渠道在指标体系中留一个位子，不符合“吐故纳新”的发展趋势。综合性指标体系是根据现状来归纳的，建立一个数据模型，以确定各传播渠道在总的指标中的权重，确实尽可能客观地反映了各渠道在考察时段内，对主流媒体传播力的重要程度。虽然这个体系是开放的，可以根据新渠道的拓展，接纳新的指标，或调整已有指标的权重，但同步考察多个项目后加权统计，容易催生“一个都不能少”的教条。如果放弃其中几项，就意味着缺了这几项的得分，被考察的渠道在其他项目上得分再高，总分也可能处于低位，这就与传播力建设的实际状况不符。与各渠道的权重应该怎么设置比起，“全面发展”的理念是更根本的逻辑漏洞，不是调整一下各项的权重、优化一下二级指标能够解决的。

综合性指标体系的窘境，映射的是众多主流媒体在融合发展策略上的混乱。

一是融合发展的目标不清晰。报纸是否还占有一席之地？商业平台渠道应该如何布局？自建平台要建成什么样？这些都一时弄不清楚，最保险的选择就是不做选择，所有的渠道一起上，旧有渠道也不放。现实是资源有限，理想是全面发展；表面上不断提倡整合资源，事实上各渠道争夺资源。对于人民日报等基因强大、地位超然、实力雄厚的超级媒体来说，致力于全面发展既有可行性，又有示范性。可行性无需多言，央媒资源多、实力强，有全面发展的可行性。示范性则可包括两方面，搞得好了就是蹚蹚水、找找路，搞不好也能踩踩坑、排排雷。但对于大多数主流媒体来说，则不应东施效颦，有限的资源应该集中用在城门口、突破点上，才有机会杀出血路、突出重围。

二是主流媒体在各个渠道都没能获得足以产生安全感的用户和收

益，认为不能把鸡蛋都装在一个篮子里。以自建客户端和商业平台渠道的存废之争为例，试想：如果能在自建客户端连接足够的用户，应用商店数据显示的千万、万万下载量能有1%成为日活，能够真正做成、做大“一个”，还会坚持“一个都不能少”吗？

三是从众心理、抢滩心态。人民网《2022—2023报业融合发展观察报告》公布的数据中，1330家报纸有570家自建了客户端，占比42.86%，如果将考察的范围缩小到全国地级以上城市的党委机关报，这个比例还会大幅上升。很多党报还建了不止一个客户端，所以才有了后来的“N端合一”。当主流媒体中的大多数看不清怎样才能改变已经落后于时代、落后于同列的状况时，只能尽力在所有事情上不甘人后，“不管怎么样，先‘抢’了再说”。

传播力评价指标体系“全面发展”的导向值得商榷，各渠道权重的确定存在难度，但指标体系揭示的融合传播趋势，仍具有指导意义。一是新渠道次第被纳入评价指标，客观反映了新渠道取代旧渠道的趋势。媒体融合发展的历程，就是从新渠道与旧渠道并跑，到新渠道主导进而淘汰传播价值加速弱化的旧渠道。主流媒体在融合发展中的作为，就是从旧渠道中释放落后产能，根据新的传播格局重置资源、重建团队、重构生产流程、改革体制机制。随着报纸、门户网站的传播力加速下行，主流媒体在传统媒介时代形成的优势将失去依附，媒体融合已经不再是在守好传统渠道的基础上让传播渠道更加多元，而是将原有的人才优势、组织优势转变为新渠道的竞争力。在开辟新渠道的早期，“老字号”的品牌优势仍是主流媒体新渠道的重要吸引力，一些主流媒体依靠在传统媒介时代取得的声望“圈了不少粉”。新媒介经过十年的发展，“澎湃”“红星”等“新字号”也已经形成了品牌影响力，甚至已经超过了报纸的“老字号”。而年轻的新用户由于“代沟”而产生的对报纸的陌生化，使得报纸的品牌对他们没有吸引力，他们对报纸也不存在会被唤醒的记忆。

二是以流量为基础的评价指标体系，符合“以用户为中心”的目标和“用户优先”的传播规律。主流媒体在新渠道汇聚用户、连接用户的探索，也正是“走好新时代群众路线”的要求。要继续发挥服务群众、引导群众的功能，首先得要有用户。用户数和用户黏性最直接的体现就是流量，主流媒体的专业标准必须在流量的基础上才有意义。以流量作为评判传播力的主要标准，不仅被商业平台普遍推行，也得到主流媒体广泛认可，更受到了宣传主管部门的重视。2023年6月8日，中宣部副部长王纲在首届文化强国建设高峰论坛新媒体时代的国际传播创新分论坛上致辞时明确表示：“创新国际传播拼的往往是平台，比的往往是技术，争的往往是流量。”2024年10月15日，中宣部副部长、国务院新闻办公室主任莫高义在中国新媒体大会开幕式上提出“要全面激发主流媒体创新创造的能力，让正能量赢得大流量，让大流量澎湃正能量”。科学有效的评价体系，必须“实现高质量、大流量的有机统一”，拥抱流量、争取流量的鲜明态度，是全媒体时代舆论生态、媒体格局、传播方式发生深刻变化之时，新闻宣传工作把握人心走向、站稳群众立场的真正密码。流量是反映传播效果的最客观数据，用户以指尖投票，没有流量的传播，就陷入了孤芳自赏的偏执，甚至是自说自话的窘境。无论是“人在哪里、宣传就在哪里”的使命要求，还是“无用户、无传播”的理论逻辑，都决定了必须在连接用户能力的基础上，再去讨论传播模式、内容形态、舆论导向等问题。

二、新闻本位与流量本位的错位

毋庸讳言，在主流媒体融合发展的实践中，时常会遇到专业评价与流量评价之间的矛盾：一方面，没有流量就没有传播，只有流量才能让传播的价值得到直观地呈现；另一方面，有流量的传播未必是高质量的新闻传播。两种评价方式在结果上的落差，反映的是新闻本位与流量本位的错位。

基于评价对象的不同，流量评价的标准大致可分为两个维度：一是用户的维度，如下载量、日活跃用户数、ACU（平均同时在线用户数）、PCU（最高同时在线用户数）等；二是作品的维度，如阅读量、点赞量、评论量、转发量等。随着短视频、直播在传播形式中权重的增加，如完播率、跳出率等指标，填补了用户体验、传播热度等方面的空白点。但这两个维度都是对传播效果的评价，而主流媒体出于新闻本位对舆论导向、内容质量的专业评价并未纳入其中。在传统媒介的生产和传播中，对新闻内容的专业评价和对传播效果的流量评价也会存在落差，但由于发行量、传阅率等指标并未落实到个体的新闻报道上，落差并不明显。而新媒介作品和流量之间明确的一一对应关系，特别是将流量评价应用到对具体作品、作为对内容生产者个人绩效的考核依据，落差被进一步放大。随着媒体融合向纵深推进，体制机制的制约备受关注，主流媒体纷纷推出了以新媒介为中心的考核机制、激励机制。“峰稿峰酬”的准则受到普遍认同，其核心就是以流量作为采编人员参与新媒介内容生产的考核依据。新的考核机制巩固了主流媒体“移动优先”的理念，引导媒体从业人员由旧渠道转向新渠道，明确了传播效果在内容评价中的关键性价值，对主流媒体再造生产流程，加速新媒介的内容生产施加了爆发性的推动。但经过数年的实践，流量评价和专业评价的错位日趋明显，“流量并不能真正反映传播力”“考核不能‘唯流量’”的质疑声越来越多。

首先是只强调结果导向、缺失了贡献导向。新媒介的新闻生产和传播，对内容生产者提出了更高的要求：用户需要拉引、社群需要维护、流程需要重构、内容需要创新。流量的生成是新闻生产、传播等多个环节共同努力的结果，更受到热度、题材等客观因素的影响，单纯以结果作为考核评价的依据，难免会导致那些与流量不直接关联、不能以流量为体现的工作被忽略了。流量考核和见报字数考核都属于结果导向的一元化评价标准，这在传统媒介时代就饱受批评。新媒介的新闻生产和传播，比报纸等传统媒介更复杂，生产流程、传播路径上的环节更多元，要让考核真正有利于新渠道的拓展，考核的理念先要随着生产流程变革，要对照岗位价值来确立。流量考核不仅未能改善见报字数考核的局限性，而是简单粗暴地“新瓶装旧酒”，导致考核结果和实际贡献的错位加剧。不是流量有问题，是把流量简单、机械地应用于考核的方式有问题。不只是新媒介以流量为评价标准有偏差，报纸以见报字数为评价标准也有偏差，而评价的对象越复杂、评价的标准越量化，偏差越大。

其次是以流量本位完全代替新闻本位。新闻生产的平台化和新闻产品的泛化，进一步放大了流量本位与新闻本位两种逻辑之间的差异。新媒介的流量本位逻辑，弱化了新闻生产在传统媒介建立的专业规范，引发了“去新闻化”的问题。内容代替了新闻，信息又代替了内容，概念的转换反映了新闻性在平台信息中的含量越来越低。流量作为考核标准，是平台化内容生产传播的特性决定的，传播本身总要有一个以用户为中心的定义和评价体系。就如见报字数不能完全代表报道的重要性和质量，但见报篇幅就是传播力的最直观显现。新闻生产的平台化，让新闻本位在流量本位面前越来越弱势，流量本位冲乱了新闻本位的逻辑起点。平台化的传播模式中，主流媒体并非不关注内容生产，但在失去报纸渠道相对稳定的用户群体之后，如何借助平台上各端点的交互，保持用户规模、增加流量，是其首先要解决的问题。商业平台上其他内容生产者发布的弱新闻、非新闻的信息，冲击着主流媒体的专业理念、专业精神、专业标准。在流量本位逻辑的导引下，主流媒体也在不自觉中部分放弃了对专业新闻生产的坚守，把新闻变得娱乐化、生活化，又把不符合新闻定义的内容、信息以新闻的形式包装，刻意模糊甚至放弃新闻关于时间、地点、人物、事件等要素的专业标准，炒作旧闻、误导用户，其意图也是获取流量，争抢用户的注意力和时间。这些因素都让专业评价和流量评价的一致性进一步弱化。

附：

人民网对“融合传播指数”指标体系的调整

人民网《2017全国党报融合传播指数报告》指标体系：报纸权重13%，网站权重37%，微博权重10%，微信权重18%，入驻聚合新闻客户端权重7%，媒体自有App权重15%。

人民网《2018报纸融合传播指数报告》指标体系：报纸指标权重13%，网站指标权重37%，微博指标权重10%，微信指标权重15%，入驻聚合新闻客户端指标权重7%，报纸自有App指标权重18%。

人民网《2019全国党报融合传播指数报告》指标体系：报纸指标权重13%，网站指标权重37%，微博指标权重10%，微信指标权重12%，入驻聚合新闻客户端指标权重7%，入驻抖音平台指标权重3%，媒体自有App指标权重18%。

人民网《2020媒体融合传播指数总报告》指标体系：报纸媒体，传统端权重8%，PC互联网权重22%，移动互联网权重70%；广播媒体，传统端权重18%，PC互联网权重20%，移动互联网权重62%；电视媒体，传统端权重41%，PC互联网权重15%，移动互联网权重44%。

第三节
广义传播力标准的其他维度

对照媒体融合发展目标中“竞争力、实力、传播力、引导力、影响力、公信力多维一体”的要求，以流量为基础的融合传播力指标体系，其实都只局限于“狭义传播力”的维度，而与之并列的“影响力”等维度，则因为无法量化、难以用数据指标的形式呈现，未被纳入考察的范围。事实上，对于主流媒体而言，这些维度正是主流媒体之所以“主流”的原因，是体现出与商业媒体、自媒体之间区分度的显著特征。

一、引导力：坚守社会责任，坚持创新驱动

舆论引导能力是媒体传播力的关键。KOL（关键意见领袖）、KOC（关键消费领袖）的“关键”，不只在于其有多少“粉丝”，更在于其“关键意见”的引导力。主流媒体要发挥好风向标、压舱石的作用，就是要发挥好引导群众的作用，而不只在议题设置上完全跟风、蹭热点，更要善于制造热点、引导热点。除了输出内容，更要输出观点。2023年7月，青山资本投研中心联合“都市快报·橙柿互动”等机构，推出一份题为《平台工人》的调研报告，以短视频为例给出了一组数据：每15秒网民就会被告知一个新闻或者灌输一个观点，每天会被各种“达人”的观点和信息引导超过600次，每个人每年会被短视频“达人”洗脑7.3万个观点[①]。由此可见，输出观点的能力、引导用户的能力，是广义传播力的关键因素。

在有用户、有流量的同时，主流媒体必须考虑传播导向和议题设置。在成功获取眼球、汇集用户之后，主流媒体的价值并不止步于通过对注意力的二次售卖获得商业利益，更重要的是在增强自我造血功能之后，以实力支撑服务群众、引导群众的使命，以竞争力实现巩固壮大主

① 《平台工人》报告（以下简称“报告”）由青山资本投研中心、“都市快报·橙柿互动”等机构于2023年7月联合推出。报告指出：从与平台的关系来看，平台工人主要分为三类：1.完成平台的搭建、运营和推广，如程序员、电商行业运营等；2.根据平台规则，依托平台工具，接受派单完成工作，如网约车司机、外卖小哥等；3.利用平台引流，完成服务，如达人、网拍摄影师等。报告提出：如果沿用抖音官方报告中对达人的定义——1万粉以上的创作者，全网的达人数量在500万左右。相比于“网络红人”，今天的“网络达人”也被称为KOL（关键意见领袖）或KOC（关键意见消费者），因为他们除了粉丝多（“红”），还是相对专业、有一定垂直认知和能力的意见提供者（“达”）。不管怎么称呼，他们本质上在于给出观点、引领意见，并通过对足够多粉丝的覆盖来实现对消费者认知的影响。

流舆论的目的。在对主流媒体的评价体系里，议题设置能力已经越来越受到关注。比如，在微博平台上，除了账号的用户数、阅赞转评数外，抢热搜更被重视，这可以看作是重视引导力的一个体现。比抢热搜更值得关注的，则是制造热搜。抢是被动的，造是主动的，体现的是主流媒体的舆论引导能力和舆论引导艺术。一些媒体账号发布的内容，经人民日报等头部账号升华、扩散后，从地域性、行业性的信息爆发成为全国性热点，这就是进行转发的媒体引导力的加持效应。树立流量思维，并不是放弃主流舆论立场专业主义取向，拥抱流量并不是“唯流量”，并不是为了流量而放弃主流媒体的价值取向、专业标准，甚至滑向庸俗、低俗、媚俗的泥淖。

主流媒体的引导力不仅体现在价值导向上，也应该体现在趋势导向上；不应该只表现在坚守主流的价值、主流的立场上，更应该表现为主流媒体在创新、创意、创造中的自信，表现为主流媒体在传播载体和场景变化中从适应到引领的自强。在坚持以用户为中心的前提下，主流媒体应该坚定地在呈现形式、叙事方式、传播模式上作出领先于自媒体的探索，通过提升技术手段，在AIGC、扩展现实、数字孪生复刻、元宇宙信息传播场景的搭建等领域先行一步。

二、影响力：用户群体的结构和跨度

主流媒体之所以“主流”，除了主流价值取向、主流舆论导向，也包括能影响更多地域、更多类别的群体。影响力所覆盖的用户群体是体现媒体主流地位的重要标准，这既体现在用户的数量上，更体现在用户群体的结构和跨度上。主流媒体影响力对用户群体的覆盖面，又在很大程度上取决于其能否更充分满足地理分隔、需求各异的各类用户群体的需求。以大众传播为目标的主流媒体，应该比个人自媒体更加关注对不同类别用户的覆盖率，反映到数据上，即不仅要看实际有效的用户数量，更要看覆盖的用户社群与机构的“质量”。

主流媒体的用户社群普遍存在同质化、地域化的缺陷。导致同质化趋势的原因，既有第三方平台规则、政策和平台使用群体等的客观原因，也有部分主流媒体认为目标用户应该是所谓“三高”（高素质，高影响力，高消费力）群体，因而对新兴职业群体、亚文化群体、中低收入群体的重视不足，甚至认为这些群体都不是自己的目标用户等主观原因。地域化的缺陷源自主流媒体过分强调新媒介的服务性而忽视新媒介的新闻性，服务的本地化加深了媒体用户社群的地域化。地方主流媒体无法在用户的群体和地域上“破圈”，其影响力也就从胸怀天下日渐变为偏安一隅。与此相反，“澎湃”“红星”“海报”“新京报”等主流媒体客户端因为坚持“包举宇内”的初心，已初步形成了跨地域影响力，成为主流媒体自建客户端中的标杆。

跨地域传播也提升了这些媒体内容的被转载率，这也是影响力的重要体现。被转载率这一指标在以往的流量指标体系中较少受到关注，远不及阅、赞、转、评受重视。这既有商业平台刻意淡化内容出处，突出平台品牌、弱化媒体品牌的原因，也有尊重原创意识不强、“洗稿”泛滥造成统计障碍的原因，还有广告客户更重视直接用户，而不在意被转载后的间接用户的原因。

三、公信力：优势与危机并存

主流媒体最大的优势是公信力，最宝贵的资源是公信力，最彻底的失败是失去公信力。在传播力的各个维度中，公信力往往是主流媒体自认为最有优势的方面。在内容生产上，专业化生产和发布的权威性被看作是主流媒体的“看家本领”，以区别于UGC（User Generated Content，用户生成内容）；在信息来源上，主流媒体被认为具有不可替代的权威性，能够提供事实和真相；在传播生态上，主流媒体被寄望破解算法的“信息茧房”，解决算法引发的公平危机；在传播导向上，主流媒体被相信能够通过传播优质内容，为传播热点提供跟进和反思的空间，引导用户在浮光掠影式的即时快感之外，进行深度的思考。主流媒体的权威形象、专业立场、优质内容意识，确实是其构建和延续公信力的底气。

但我们也要看到，在多元舆论生态中，主流媒体的公信力受到了根本性的严峻挑战。公信力需要培育，而不是被过度消费，尤其是在移动传播的新渠道，主流媒体如果一味消费在旧传播渠道积累的声望，不仅不能增强和延续公信力，更可能吃光进场时的老本。这有以下几方面原因。

一是即时性的时差。若发布信息总是慢人半拍，久而久之就会动摇用户第一时间获取信息的信心。特别是对突发舆情的反应慢，担心过早发声导致表错态，习惯信息完整再发，害怕引火烧身躲着走……都有“等一等”的理由，造成的结果就是权威信息不见影，小道消息满天飞。作为主流媒体，先求证再发布是其责任感的表现，这种责任感也是公信力的基石。但求证的效率，须应移动传播的要求而提高。如果传统意义上的权威信息总是迟迟不至、照本宣科，则是在注重传播准确度的同时，忽视了受众的“先入为主”和他们对信息先发者的追逐。更讽刺的是，部分主流媒体以“求证”为借口的时候慢，真到该求证的时候又急了。在2024年4月底至5月初发生并持续的“胖猫”事件中，被事件反转“打脸”的主流媒体也不在少数。

二是互动性的“温差”。部分主流媒体习惯于单向传播，这不利于巩固用户信任度、加强用户亲密度。若是舆情引导的亲和力弱，表达的视角和方式落后于新传播生态的要求，很多官方发布甚至“火上浇油”，导致用户不买账。2023年9月，由李佳琦直播“翻车”引发的“花西子”公关危机中，让用户从失望、不满到不知所谓的官方发布，归根到底就是以教导用户的视角、自说自话的方式来应对舆情，这也是主流媒体常见的问题。主流媒体还没有习惯用户群体再组织化的特性，倚老卖老、以为传统渠道的公信力能自然转化为新渠道的公信力，忽视了要通过用户的运营重构意见领袖的形象，才能让用户相信、接受媒体所传播的内容，并积极参与到二次传播中。要在互动中激发用户成为传播者的自觉，形成块茎式多元散射的开放传播路径[①]，才能在互联网去中心化的传播方式中，以看似消解主流媒体信息垄断权的形式，通过“大家都在说”的用户参与式分享，实现传播的再中心化。

在新的传播场景、传播渠道中，主流媒体并非天然具备公信力，而是要以符合移动传播规律的方式重新培养出公信力。在分众化、碎片化的传播机制中，主流媒体因其积累的优势，在公信力的重构方面具备其他信息发布者不具备的优势，但也存在显而易见的弱项，甚至已经面临着公信力危机，这是必须正视的。

四、实力：既是起点又是终点

实力是广义传播力中其他维度的基石，而传播力建设又是为了增强主流媒体的实力。实力既是传播力建设的起点，又是传播力建设的终点。主流媒体融合发展最根本的实力，就是资金和资产。当然，主流媒体经过数十年的发展壮大，特别是在报业、广电的黄金时代积累的品牌、人才、数据，也是实力的重要部分；但这些实力的保持和增长，无疑是需要资金、资产为保障的。雄厚的资金才能驱动技术赋能、IP打造、团队升级、数据开发，优质的资产能够带来非媒体业务的收入、补充主流媒体的资金。“你们投了多少钱”一直是主流媒体交流中最关心的问题，跑在前列的媒体，往往也是家底厚、投入多、财源广的媒体。

从各媒体公布的自身数据来看，自建客户端用户数过亿的媒体数，已经从最高峰时期的两位数减少到一位数。一方面是有的媒体主动挤掉了一些水分、不好意思再“吹牛皮”。另一方面，一个真正拥有上亿用户且日活跃用户保持在合理比例的客户端，所需的内容生产、用户

① “块茎”由法国学者吉尔·德勒兹（Gilles Deleuze）和菲利克斯·加塔利（Felix Guattari）提出，块茎的生态学特征呈现出去中心、无规则、多样性的形态。（吉尔·德勒兹、菲利克斯·加塔利著，姜宇辉译，《资本主义与精神分裂：千高原》，上海书店出版社，2010）

运营、技术支撑等方面的资金和生产能力，不是实力不足的主流媒体、特别是地方媒体能够维持的。用户数量的上限，终究是由主流媒体的实力决定的。所以，要实现媒体融合发展的目标，除了汇集用户、关注市场、顺应新媒介传播规律、创新盈利模式、前瞻传播场景迭代外，首先要增强媒体的实力。政府财政资金连续多年的支持为此，扶持鼓励媒体增加资产性收入为此，推动报社广电合并、建设地市级融媒体中心也是为此。根据“观媒·传媒大观察”的数据，截至2024年7月8日，全国已有宁夏、黑龙江、江西、新疆、内蒙古、广西、云南等7个省（自治区）实现地市级融媒体中心建设全覆盖，甘肃、浙江、海南等3个省份距离实现全覆盖只差“临门一脚”①。这一重要趋势，充分体现了国家对增强主流媒体实力的高度重视和推进力度。“抱团取暖”“携手共进”，都是不彻底的革命，必须利用政治优势、组织优势加速“合纵连横”，主流媒体才能更好地在新的传播版图上“开疆拓土”。没有强大的实力，就没有竞争力。没有强大的实力，无论是狭义传播力还是广义传播力，都是无源之水、无本之木。

相关案例

地市级融媒体中心建设

2023年6月，江西在全国率先实现市级融媒体中心建设全省覆盖，11个设区市融媒体中心全部挂牌；2023年底，又实现了人员、业务、流程融合的全覆盖。

——卢瑛琦，《江西实现市级融媒体中心建设全省覆盖》，《江西日报》，2024年5月19日）

① 程达堃：《“中场”来临！全国近半地级市融媒体中心已挂牌》，“观媒”微信公众号，2024年7月9日。

据“观媒·传媒大观察”不完全统计，截至2024年5月，全国27个省会（首府）城市中，南宁市、南昌市、昆明市、银川市、太原市、海口市、拉萨市、呼和浩特市、乌鲁木齐市均已组建市融媒体中心（新闻传媒中心），占比达到三分之一。

——程达堃，《多省全覆盖！地市级融媒体中心已迎来组建高潮》，“观媒”微信公众号，2024年5月25日

2024年6月3日，百色市融媒体中心挂牌成立，这是广西成立的第13家地市级融媒体中心。2024年5月中旬以来，广西地市级融媒体中心扎堆挂牌，7家地市级融媒体中心在近一个月时间里先后挂牌。而广西最后一家——北海市融媒体中心正在路上，同年5月24日，中国政府采购网发布了北海市融媒体中心融媒体生产平台招标成功的公告。广西有望成为继宁夏、内蒙古、江西之后，全国第四个实现地市级融媒体中心全覆盖的省份。

——程达堃，《合并也要争第一，广西地市融媒扎堆挂牌》，“观媒”微信公众号，2024年6月6日

据“观媒·传媒大观察”不完全统计，截至2024年7月8日，全国已挂牌成立的地市级融媒体中心已达到197家，在333多个地级市（地区、自治州、盟）中，地市级融媒体中心挂牌数量占比已接近五成。

——程达堃，《全国7个省全部地市融媒体中心完成挂牌》，“观媒”微信公众号，2024年11月25日；

——周童，《十三太保出头魁，常州打响江苏报业广电合并第一枪》，“观媒”微信公众号，2024年11月26日

第四节
新技术对传播力标准的扩展

除了“狭义传播力”的评价标准，以及包含了“竞争力、实力和引导力、传播力、影响力、公信力”的“广义传播力”评价标准，作为本质上是“新媒介化”的媒体融合，对其成效的观察和评价，也必然随着“新媒介化”过程中作为工具的技术和作为对象的用户带来的传播力标准的扩展。科技在21世纪前四分之一的进程，让我们对劳伦斯·弗里德曼“战略受制于起点，而非囿于终点”的论断疑虑丛生[①]。很显然，在进入移动互联网时代后，产业格局的重构说明了只有能够洞悉未来，才能发现机遇，形成正确的战略。这就让融媒传播力的评价变得更为复杂，因为不仅要看到当下的成效，也要观察其未来的路径，看其是否爬上了正确的“科技树”，从简单的跟随者变为具备变革的自觉性和主体性的引导者，从而能够拥有一个更为广阔的发展前景，而不是在盲目追求短期成效的焦虑和表面上、形式上花样百出的喧哗中陷入困惑和迷失。虽然这些新的标准未必都能量化，但仍然是讨论融媒传播力时应该予以充分关注的维度。事实上，“狭义传播力”和“广义传播力”同样未必能够量化或提出被广泛认可的量化标准。

一、基于技术的传播力标准

与传播中的内容，以及内容的呈现形式、叙事特征、社会效果等精神层面的维度受到更多、更显性的关注所不同的是，媒介之所以成为媒介，其传播载体的物质性很容易因为“理所当然”而不被特别重视。从8世纪上半叶中国唐代雕版印刷的《金刚经》，到11世纪宋代由毕昇发明

① 劳伦斯·弗里德曼：《战略:一部历史》，王坚、马娟娟译，社会科学文献出版社，2016。

但并未得到推广的活字印刷术，历时300年；真正意义上的活字印刷，则要从400年之后的《古登堡圣经》算起；而胶版印刷和电子印刷，都是20世纪才定型的技术……仅从印刷来看，传播载体物质层面变革的时长，都是以百年为刻度的。如果是从纸张来看，每次变革之间的时间跨度更大。但从1999年摩托罗拉公司推出世界上第一款智能手机天拓A6188至今，仅四分之一个世纪的时间，移动网络就成了真正意义上的“主流媒介载体”，不仅是纸媒，即便是最初同样缘起于移动网络的早期社交媒体，或面目迥异，或日趋式微。传播在物质层面的加速迭代，必然要求传播力标准从单一地关注传播内容、传播路径、传播效果等精神层面，扩展到对介质、工具等被媒体从业者统称为“技术”的物质层面。相比内容形式的创新、传播方式的探索、盈利模式的突破，技术用颠覆性的方式重新证明了物质性才是媒介的本质特征，而技术才是媒体和传播无法回避的“元论题”。从现阶段的媒介技术应用实践来看，基于技术的传播力标准至少应该包括人工智能、数据及数字化以及扩展现实等方面。

一般认为，人工智能概念是1956年在达特茅斯会议上被首次提出的。就在同一年，一位年轻人用97张霍勒利斯打孔卡，在IBM军用计算机的阴极示波器屏幕上创造了一个跳芭蕾舞的裸体女郎，完成了自动生成图像的尝试。而在一年后的1957年，莱杰伦·希勒和伦纳德·艾萨克森完成了第一支计算机创作的弦乐四重奏《伊利亚克组曲》。人工智能的应用在2010年被按下快进键，并进入深度学习模式，已经成为传播领域比社交媒体有着更深刻影响的变量。一方面，从应用的领域来看是其快速向AGI（通用人工智能）的演化；另一方面，从应用的环节来看，其已经从作为分析主体、决策主体，跃升到作为创作主体（AIGC）的阶段。伴随着新媒介取代传统媒介，上述过程基本也是在“媒体融合元年”之后的10年中快速完成的。中国人民大学书报资料中心主办的“2023年度人文学科十大热点”评选活动中，“人工智能技术与艺术的融合”入选当年十大热点。在新媒介发展的早期，人工智能就已参与到内容生产和传播中，分析行为偏好、算法推荐内容进而引导甚至决定文本的生产和发布。作为分析者、决策者的AI，已经在今日头条、抖音、B站等商业平台得到广泛的应用。但出于对算法的各种顾虑，主流媒体在对传播对象偏好的分析、内容生产、发布、分发的决策上仍以人工为主，这也造成在打造自建客户端的尝试中，受制于内容供给数量和供给方式的瓶颈，即主流媒体在内容资源的生产中会使用AI作为辅助工具，也会运用AI来获取更多的内容资源。但从内容生产、传播的全链条来看，采用的仍然是“限制AI”的传统人工的方式。这一点，在微信朋友圈铺天盖地都是媒体从业者转发的内容链接中，得到了最直观的诠释。在以AI作为生产和创作主体方面，虽然机器人写稿、数字人、AI创作视听产品的尝试偶有发生，但或是在精心策划的主题上尝试，或是在无关痛痒的话题上炫技，总体上仍不被接受和认可。但可以确定的是，虽然AI生产、AI创作和算法一样，从诞生之日起就受到质疑和限制，但“AI度”（AI在媒体的内容生产、传播中得到应用的程度），必将（甚至已经）成为评价媒体传播力的重要指标。在媒体的实力拼图中，“AI力”正是传播力中的“新质生产力”；“AI化”则是媒体从传统媒介转向新媒介的一个重要特征。

而作为基础的数据，则是传播力“新质生产力”的另一个重要方面，姑且将其称为“数据力”。数据的资产化程度，也是评价媒体传播力的另一个维度。无论是大语言模型，还是文生视频，都为数据的资源化、资产化提供了更好的前景，数据也是主流媒体在融合发展中的一种独有的传播力。不少主流媒体都已经完成了往期报道的数据化，但这些仅仅是具有开发潜力的数据资料，很多甚至没有经过结构化的处理，只是被束之高阁的“沉没的力量”。目前，已经有媒体在这方面进行了尝试，推出了数据产品。但如何充分地发掘这笔被遗忘的资产，还有很多步骤需要完成，更需要有明确运营目的的专门机构和人员，并搭建起数据产品和使用者之间的有效渠道。必须注意的是，数据产品的交互平台和信息传播平台一样，最终都将因“马太效应”而只为少数强者保留地盘。不是所有的数据存留者都会一直拥有建设数据平台、推出数据产品的机会。用户会出于“极简主义”的原则形成对先发平台的依赖性，而后知后觉者手头的数据资源，也只有依附已经形成足够用户群体规模的平台，才能成为可变现的资产。更何况，结构化之后的媒体数据资源，很容易在同一地域、同一时段、同一领域存在不同程度的“同一性”，体现为资源的“同质化”。比如，同城的几家媒体的数据资源之间的“内卷”，在信息传播平台的发展即媒体自建客户端的过程中就是这样的。有鉴于此，媒体在数据的资源化、资产化进程中一定要早决断、早进场，以免再次陷入受制于人的困境。

二、基于用户的传播力标准

在被名之为“大脑模拟器”（或世界模拟器）的人工智能进化出想象力之后，“用户”对传播的改写，已经进入了第二个层次。第一个层次是曾经作为传播对象的“人类用户”在传播场景中的角色和功能的自我拓展。对于传播场景中“用户”的传统定义，是传播内容的消费者，是传播的对象，即用户“用”的是信息。但随着社交媒体对用户主体性、参与性的唤醒，“用户”的角色能够在场景中更丝滑地转换，“用户”已经不再是信息的消费者，也是信息的生产者，被“用”的不仅是信息，甚至已经不再主要是信息，而是媒介本身。用户既是信息使用者，更是媒介或者场景的使用者。第二个层次是曾经被限定为辅助工具的人工智能，从工具思维跃升为创作思维，作为“非人类用户”进入传播场景。ChatGPT和Sora的接连问世，标志着人类独自享有叙事能力、创意能力的时代已经终结。

回顾过往十年的媒体融合，无论是被称为商业平台的社交媒体，还是被定义为“机构媒体”的主流媒体，对于“人类用户”在传播中的主体作用都已经有了或多或少，或积极或怀疑的认知。社交媒体的内容生产传播主体就是用户，“UGC”“PGC（Professional Generated Content，专业生产内容）”的标签在这里并没有主体上的本质区别。而主流媒体对用户创作内容，却始终报以审视的目光，有所保留的态度正是主流媒体在新媒介化过程中最大的障碍。虽然在以客户端为代表的主流媒体自建平台的规划图里，大多数都会为用户创作内容留下想象空间，但在实践中，以“××号”为名的UGC板块，从显示度上看，很少能成为客户端运营者的优先推荐选项；从创作、运营主体的身份上看，往往是主流媒体或政务自媒体，其中很多自媒体的实际运维者也是当地的主流媒体，内容同质化程度很高；从叙事方式、符号体系上看，异口同声的情况也极为普遍。这种有所保留的态度，在评论区的运营上同样有迹可循。主流媒体的评论区的开放度和活跃度已经有了显著的提升，但互动性以及通过与传播对象交互来共同传播文本、推升传播的效果，仍然非常之低。能够在多大程度上重新规划专业媒体人和用户的关系，推动两者在新的场景中成为能够自我调节的有机体，既是媒体融合（传播过程中多元化生产主体的融合）的任务，也是媒体传播力的体现。

就在主流媒体徘徊良久，仍在犹豫要不要接受“人类用户”的第一次改写的时候，“非人类用户”的第二次改写突如其来地“涌现”了。正如尼采在20世纪转折点上发出“上帝死了”的叹息，以及不到半个世纪后福柯宣告的“人之死”，罗兰·巴特也给出了“作者死了”的论断。或者换一个不那么让人战栗的说法，从约瑟夫·博伊斯提出“人人都是艺术家”[①]，到社交媒体出现后的“人人都有麦克风”，同样说出了创作主体的消解。在当时，在我们说着“人人都是×××”的时候，或许并未想过这个句式的主语，并不一定是“人”。无论如何，在立体多元的文本生产空间中，具有主宰地位、特定身份的“作者”“记者”“内容创作者”已经消亡，AI只是让“作者”死在了“非人类用户”的第二次改写。具体到传播而言，生产者、消费者、分解者的界限变得更加模糊且容易转换，评论区和文本成为同等重要的叙事构件。而从媒介是人的延

① 福尔克尔·哈兰：《什么是艺术——博伊斯和学生的对话》，韩子仲译，商务印书馆，2017。

伸的角度，每个用户也可以被看作一个媒介，用户就是媒介。

正如人类社群中的后来者，在加入群体之后，从来不会满足于只被分到一张小板凳，哪怕是给他一个头排的位置。既然“我来了”，就一定要被“看见”，要走上“舞台”，要做出改变。AI在挤入传播场景之后，作为数字传播场景的“用户”，和同一场景下的人类“用户”一样，都会参与到叙事中来，并在更加注重具身性的沉浸式传播中通过虚拟叙事扩展人类对“体验真实”认知，形成与以往的叙事美学不同的“AI美学”。与此同时，后来者也会影响群体中原有的关系，从“人—人”的交互，变成“人—AI—人”的交互，而且AI在交互路径中的位置是不确定的，新的组合增加了更多的可能性。人和AI之间多次跨物种、跨媒介的交接，也会伴随着信息的丢失和增值，也可能形成不同以往的、跨物种文本的互文性。与对人类用户的态度相似，主流媒体对AI用户的态度也未能脱离工具论的范畴，把AI视为创作的辅助工具及更好地实现传播效果的手段，或者仅仅是引发传播对象兴趣的卖点。如何能够更好地实践“人机协同”，与包括AI用户在内的所有用户构成能够自我调节的多元跨物种用户群体，也决定了在融合生产者和消费者，融合“人”“机”之后，媒体传播力的成长性。

第二篇

渠道之争

第二章
从“两微一端”到“N端合一”

主流媒体在渠道建设上大致经历了两个阶段，第一阶段是主动争夺“两微”（微信、微博）渠道，加速自建客户端，这个阶段经历了从“两微”为重，到力推“一端（客户端）”的波动；第二个阶段是侧重打造自主可控的客户端，与第三方平台形成互补，这个阶段则是以自有“一端”为主，在第三方平台多渠道拓展传播版图。两个阶段的时间节点划分，大致在2019至2020年之间。其间，发生了关乎主流媒体融合发展的两件大事，一是习近平总书记主持中共中央政治局第十二次集体学习，并就加快推动媒体融合发展发表重要讲话，时间为2019年1月25日；二是中央办公厅、国务院办公厅下发《关于加快推进媒体深度融合发展的意见》，时间为2020年9月。

第一节
“两微一端”模式的现实意义和历史意义

在以“两微一端”为标配的阶段，由于开通时间有先后、开通比例有多寡、用户规模有高下，事实上，“两微”对于刚刚起步转型的主流媒体，其重要性高于“一端”，多被排在“一端”之前，处于更高的优先级。主流媒体自建客户端的举措，以2014年6月人民日报客户端、新华社发布客户端（后更名为“新华社客户端”）上线，2014年7月澎湃新闻客户端上线为标志。虽然前有南方周末客户端在2009年率先发布，后有广州日报客户端等主流媒体相继跟进，但与微博、微信两大平台的主流媒体官方账号相比，无论是用户数，还是阅、赞、转、评等流量指标，都处于跟随、追赶，甚至是望尘莫及的状态。当时被引用较多的几种传播力综合评价标准，也对主流媒体在“两微”和今日头条的传播表现给予了更多关注，甚至曾有“两微一端”是指微信、微博、今日头条客户端的说法。

根据人民网发布的《2017全国党报融合传播指数报告》，纳入观察的367家党报中，270家在新浪微博开通了官方微博账号，开通率达73.6%。其中，人民日报、广州日报等4家媒体粉丝量超过千万，人民日报单条微博平均阅读量超过了400万，50%的党报微博平均阅读量为1000—5000。微信方面，225家开设了微信公众号，开通率为61.3%，单篇文章平均阅读量超过5000的有31家，人民日报、广州日报等的粉丝数超过百万。相比之下，拥有自建客户端的党报为247家，从自行公布的数据看，其中1家下载量超过1亿，3家超过千万，11家超过百万。众所周知，自建客户端的数据只掌握在各自手里，日活跃用户数、平均阅读数等真实数据想必各媒体心里有数。

相比定位不清、思维不新、资源不足、效果不强的主流媒体自建客户端，把“两微”作为观察传播力的风向标，至少有四个方面的意义。一是安抚性的意义。通过低成本、高效率的平台快速获得用户，并适应、挤进用户的阅读习惯，清晰可见的用户数、阅读数的增长，支撑了主流媒体转战新媒介的信心，有效缓解了“本领恐慌”造成的对新用户的焦虑、对新技术的焦虑、对新产品的焦虑。二是象征性的意义。“两微”作为基于技术的社交媒体平台，提供了一套可量化的传播力指标体系，“阅”“赞”“转”“评”等多维度数据指标，对内容生产者来说显然比“发行量”更直观、更具体，也更容易触摸、把握。微信公号“10万+”的阅读量仿若是一剂“强心针”，而且并非遥不可及。三是示范性的意义。微信提出的每日发布次数、每次发布条数的规则，对用户注意力稀缺情景下传播规律的可视化、标准化，进行了积极的探索；微博对文字数的限制，头部运营者关于微博发布频次、节奏的经验总结，也为初入新媒介的主流媒体作了示范。虽然经过账号运营者特别是主流媒体与微信、微博平台的博弈，发布频次、每次条数、字数限制等平台规则，都进行了持续的调整，但这些规则为移动端如何做到有效传播提供了可以量化的标尺，对主流媒体探索传播规律具有非常关键的示范性意义。四是引领性的意义。被自建客户端广泛运用的弹窗推送、海报生成转发、卡片式阅读等形式，都起源于“两微”的话语、文体变革，而第三方平台助推了“以人为中心”“让信息找人”的新传播形态生成，也让“泛内容”成为传播产品的一种重要形式。

尽管如此，自建客户端对主流媒体而言具有心理上的可控性意义、目标上的终极性意义，故而被视为重点发展的方向和巩固、壮大主流舆论的主阵地。而在实践中，主流媒体客户端大多尚未挤进受众获取信息的重要平台之列。用户规模受限、内容供给不足、资源稀薄分散，在“大干快上”的热潮过后，“N端合一”等做减法的举措逐渐成为趋势，自建客户端的价值需要根据移动传播格局的变化审慎考量。与在第三方平台“寄人篱下”“看人脸色”不同，自建平台对主流媒体最直接的吸引力，是像报纸、电视一样自主可控。这对习惯于自主把握甚至独占传播渠道的主流媒体来说，其在心理上的意义，不亚于美洲土著在日趋工业化的新大陆上找到一块可以延续原始生活方式的保留地。但自主是自主了，与受平台规则限制发不了更多的信息、更长的文章相比，把整张报纸内容平移到客户端上之后，让人心碎的阅读量更让人备受打击。主流媒体自建客户端缺乏算法的支撑，怀疑算法的逻辑。在传播路径上，“让人找信息”的传统分发方式依旧处于绝对主导地位；在内容表达上，具身性和交互性不够显著。自建平台让主流媒体享受到了突破第三方平台规则的快意，却失去了基于用户阅读习惯的平台规则指引。很多主流媒体开设的第三方平台账号，在内容表达、用户连接、流量数据上都有不俗的表现，自建客户端却门庭冷落、信息同质、功能简陋、话语落伍。

第 二 节
判断自建客户端价值的四个标准

麦克卢汉在《理解媒介》中提出，真正对历史有决定性影响的，是传播媒介技术革新，带来人与人、人与世界关系的重构，而传播内容并非决定性的因素[①]。然而，主流媒体强调自建客户端重要性的理由，几乎都是从传播内容的角度，而不是从传播对象的角度出发的。运营者认为每个客户端都有不同的重点领域、主打特色，却较少提及用户能够同时关注的客户端数量、能够用以分配的时间和注意力。而且，技术上已经实现了可以在一个客户端分别满足不同用户社群或同一群用户不同维度的需求，这种逆技术趋势而动的逻辑，显然是站不住脚的。移动网络可以集聚用户，但多数主流媒体却选择了流量分散、用户分散的模式，造成客户端无论是运营，还是内容都聚集不起来，尤其是在同一地区、同一领域开辟多条战线各守一摊的做法。貌似多元化、其实分散化的传播布局，其结果就是大多数媒体自建的客户端，没有客户只有“端”。

自主客户端是有前提的，如果自建、自主客户端无法在用户、数据、服务、内容上为主流媒体提供优于第三方平台的支撑，或者至少能够看到比“借船出海”更广阔的前景，则自建客户端无必要，自主客户端又有何用？至于说可控，与开设在第三方平台的账号相比，自建客户

① 马歇尔·麦克卢汉：《理解媒介：论人的延伸》，何道宽译，译林出版社，2011。

端由于技术薄弱、“bug”丛生，风险点有时更多。而从“党管舆论”的高度着眼，如果中央、省、市，乃至县级媒体都自建客户端，甚至一家建几个客户端，“管得住”的难度系数则不容乐观。自建客户端建不建、怎样建，不能只考虑自主可控，更不能总想着“人有我有”。关键是看能不能更好地连接客户，能不能嵌入数字生活刚需，能不能搭建起开放式内容生产的平台，能不能以技术驱动构建传播新场景。说得直白一点，最根本的判断标准应该是有没有用、有没有人用，尤其是有没有人用。因为有没有用的标准在一定程度上还是偏于主观的，但有没有人用则是客观可见的。

其一，主流媒体的客户端要建立比第三方平台更紧密的用户连接。传统的传播介质之所以失效，就是因为失去了与用户的连接，导致用户放弃旧的渠道。第三方平台因为拥有天量的日活跃用户，为主流媒体重构传播力提供了一条超高性价比的路径。相比之下，主流媒体公布的自建客户端累计下载量虽然不乏过亿、过千万，从用户规模看似乎可以与第三方平台相提并论，但日活、月活则是另一番景象，用户数往往都比不上自身在第三方平台上拥有的用户数。在论及第三方平台与自建平台的关系时，引流功能多有被提及，也反映了自建平台在连接用户上的尴尬。用户行为数据的采集和分析，更应该被作为判断渠道实现连接用户目标的重要参数。主流媒体如果要建客户端，先要从用户群体建起，在客户端主打产品的设计上，在服务功能的设置上围绕用户来开展，来配置资源。一些主流媒体尝试在自建平台引入私域流量，组建网红工作室培育自己的网红，通过他们的影响力和号召力实现引流。如在浙江日报报业集团推行“三端合一”后，集团掌舵人姜军每天在朋友圈推荐、转发、评论“潮新闻”的优质内容，上线百日就已转发了108篇，由社长带头当网红，带动意见领袖点评，为新上线的“潮新闻”提供了“第一波推动力”。

第三方平台会让主流媒体觉得平台不是自己的、数据不是自己的，但通过深耕第三方平台，未必不能积累自己的用户。自建平台让主流媒体有了自己的平台，但切不可有了平台却没了用户。连接用户并不只是获取用户，更要实现对用户的数据采集和精准画像。无论是自建平台，还是借助能更好连接用户的商业平台，关键都是要有效采集一定规模的用户数据，有能力对数据进行运算、分析，并通过数据赋能强化与用户的连接。自主可控的重点是控住数据，通过数据沉淀更好地运营用户，在传播对象的获取上增强自主性、可控性，为他们匹配更有贴合度的传播内容。

其二，主流媒体的客户端要致力于嵌入数字生活的刚需。自主建设客户端要更有利于进行数据的管理、分析和应用，针对性地为用户提供服务。主流媒体在自建客户端时，大多把信息综合服务平台作为规划目标。浙江日报报业集团“潮新闻”客户端“三端合一”的背后，是传播大脑科技公司的成立，将分散的资源聚合起来，形成更强的资源、用户、服务的整合能力。但一个区域或一座城市数字生活刚需的嵌入，不是主流媒体一厢情愿就能实现的。主流媒体应该具备“我要建”的自觉，不只是写在规划上，而是在客户端自主建设启动之前，就要预留为数字生活聚合服务资源、满足区域用户刚需的空间，既有前端的，也有后台的，自建客户端要能够提供多样化的数字化政务服务、数字化社会服务，成为区域内用户的刚需，更要有底气在第三方平台已经成为用户获取信息主要途径的情况下，通过满足用户的数字化服务的需要，获取用户高频应用的机会，实现流量的涌入和转化。与此同时，数字生活刚需的嵌入，更需要城市或区域治理层面的统一规划，赋予主流媒体自建平台服务城市数字生活的使命，并整合、注入服务资源，这就是“要我建”。在过去十年的媒体融合和数字政务平台的建设中，主流媒体声称要提供服务、搭建平台，政务服务资源的持有者考虑的却是媒体以外的其他平台，甚至打算自建平台。正如用户不会关注信息同质化的多个客户端，用户也不会同时使用服务同质化的多个数字生活平台。“N端合一”代表着资源整合、压缩重复建设的冗余产能，推进高质量发展的供给侧结构性改革，但如果这些改变只局限于主流媒体集团这个层面，就只在集约化的内容信息生产和传播方面有意义，对一体化满足用户数字生活刚需、打造群众离不开的渠道，以及真正实现媒体平台化而言，则依然存在“整而不合”的问题，需要从更高层面推动解决。

其三，主流媒体客户端能否成为开放式内容生产的平台。伴随主流媒体平台化的是平台媒体化，后者对前者的价值形成了冲击。用户已习惯通过社交平台在社交、娱乐中获取信息，主流媒体客户端同质化的浏览体验、以单向传播为主的信息生产和消费模式都使用户的使用意愿降低。为了解决互动性低的问题，主流媒体客户端几乎都提出了构建开放式内容生产平台的目标，为内容生产者入驻平台提供了入口。但总体来看，主流媒体平台对UGC、PUGC（Professional User Generated Content，专业用户生产内容）的吸引力微弱，与第三方平台相比差距大，用户生产内容在主流媒体客户端的显示度不够，内容生产的激励机制缺失，用户生产内容对其他用户的拉引作用不强，平台自身未形成一定规模的流量池，无法为UGC、PUGC内容的传播提供流量涌入的机会……这些都造成用户作为内容生产者入驻的意愿不强。主流媒体公布的入驻用户内容生产者数量看似可观，所谓数十个、数百甚至上千个，然而事实上很多只是装点门面，并未真正运营，内容同质化严重的问题更加凸显。在开放式内容生产的平台，主流媒体要解决自身生产内容发布和用户去中心化内容发布的关系问题，而商业平台并不需要这样的考量。而如何直接连通生产者和消费者，为内容生产者带来收益，也尚未在主流媒体平台的建设过程中被纳入考虑。如果主流媒体平台化缺乏用户内容生产者的参与，只是其自身内容的发布平台，那就不是真正平台化的媒体，自主建设的必要性就更值得商榷了。当然，主流媒体在开放式平台建设上，拥有商业平台缺少的公信力这一优势，体现在对内容生产者的强大号召力。人民日报客户端在2018年上线“人民号”之后，已经吸引了超过3万个政务、主流媒体、自媒体账号的入驻，另有38万个入驻账号申请。但在互联网平台竞争中，马太效应的放大，赢者通吃的局面已不只局限于一城、一省，留给其他主流媒体借助号召力、公信力吸引内容生产者入驻的空间还有几许？优质内容生产者即便有再强的发布意愿，其生产能力又能支撑在几个同质化的主流媒体客户端开设账号，并进行有效的运营？在商业社交平台竞相尝试媒体化的过程中，搭建开放式内容生产平台也是优先选项，别说是主流媒体的自建客户端，大多数意在“跟跑”今日头条的平台，跑着跑着就淡出了视线。

其四，主流媒体客户端能否借助技术驱动拓展传播的新场景。技术驱动的传播新场景，可以成为主流媒体等移动传播后来者翻盘的机会。尽管主流媒体在技术、资本等要素的积累上处于劣势，但在内容建构和公信力组织上，也有商业平台不具备的优势。从不同渠道在传播版图上的力量消长来看，既有的渠道强者恒强的格局很难打破，今日头条跟跑者的结局充分说明了这一点，而在新渠道“后来居上”却可以实现。作为2012年8月上线的推荐引擎产品，今日头条最新公布的数据显示“月活跃用户高达数亿”（来源：《2024今日头条平台营销通案》）；快手诞生于2011年3月，2013年10月转型为短视频社交平台，2014年11月更名为“快手”，月活跃用户7.14亿、日活跃用户4.08亿（来源：金融界AI电报；截至2024年11月）；2016年9月上线的抖音的月活跃用户8亿多、日活跃用户7亿多（截至2024年11月）；从公开数据来看，快手和抖音的月活、日活应该都在今日头条之上。而据人民网《2022—2023报业融合发展观察报告》，微信视频号2020年1月22日上线后不到两年，纳入监测的1330家报社中已有65.1%开通视频号，开通比例直追抖音、快手。与这三大短视频社交平台用户快速增长相对应的是，短视频用户规模在2023年达到10.12亿，网络直播用户规模达7.51亿。短视频也是目前最受用户认可的媒介形态，根据《平台工人》报告，用户平均每天有2.5小时用于观看短视频[1]。而对元宇宙场景的研究和探索的赛道也早已开放，在2021年10月8日国家广播电视总局正式发布《广播电视和网络视听十四五发展规划》之后，广电媒体开始加快布局元宇宙领域，综艺活动中出现频率越来越高的虚构主播，能够互动的智能主持人，以及湖南广电在“芒果元

① 青山资本投研中心、“都市快报·橙柿互动”等：《平台工人》，2023年7月。

宇宙平台”建设上的探索，都显示出未来传播形态竞争的雏形。虽然目前元宇宙只是一个理论层面对未来的构想，但作为虚拟视听世界基础的新视听技术研究，已无疑是传播研究的显学和传播实践的方向。在借助技术驱动拓展新的传播场景方面，四川日报报业集团坚持打造“智能+智慧+智库”的智媒体，表现出对智媒体未来的坚信和长期主义的战略定力。2024年7月，由“川观新闻”打造的“智能大模型”同时获得国家“生成式人工智能服务备案”和“境内深度合成服务算法备案”。在智能化生产上，“川观新闻”持续把智能技术作为智媒体的驱动力量，用AI驱动内容的策、采、编、审、发、反馈等全流程；在智能化传播上，持续迭代升级“川观算法”，让推荐算法与主流信息传播有机融合[①]。“川观新闻”的探索，至少给了我们三点启示：一是要主动用好信息技术革命成果，围绕智媒体建设变革体制机制；二是要顺应人工智能发展趋势，坚定在技术驱动和智能传播上的自信；三是要努力把握未来10年、20年、30年的发展趋势，持续强化网络化生存能力。

主流媒体应该相信，无论我们当下所见的传播渠道、传播场景已经应用了多少技术手段，传播场景永远不会止步于主流媒体的自建客户端。移动传播一统江湖，而不是客户端一统江湖。虽然有媒体观察者认为主流媒体客户端已经进入存量竞争阶段，但客户端并不是移动传播的最终形态，更不是互联网的最终形态。如果主流媒体为了掌握传播的主动权而必须自建平台，那应该是一个“科学+传媒”的融合平台，一个媒体技术创新的平台，而不只是信息或服务的平台。主流媒体真正要把握的主动权，应该是在技术创新方面的主动权，而不是纠结于要不要自建一个客户端。在技术创新主动权的把握上，四川日报社在“智媒体”战略上表现出超前眼光和超强定力，“浙江传播大脑”“江西媒体大脑”的先后问世，都值得学习。除了以量的减法实现影响力的加法外，周周有更新、月月在迭代的技术底座优势，似乎是更重要、更基础的发展思

① 李鹏：《智媒体如何系统性变革？》，“观媒”微信公众号，2024年10月10日。

路，而不是只盯着减了几个端。

一组反映互联网用户规模的数据，可能会启发我们对传播渠道建设的思考。2013年，由中国互联网络信息中心发布的第31次《中国互联网络发展状况统计报告》显示，截至2012年12月底，中国网民规模为5.64亿，手机网民数量为4.2亿；2023年，第51次《中国互联网络发展状况统计报告》显示，截至2022年12月底，我国网民规模达10.67亿，其中手机网民规模达10.65亿，网民使用手机上网的比例为99.8%。进入移动传播时代用了十年，十年之后呢？到那个时候，我们的渠道建设“菜单”是在“两微一端”、抖音、小红书之下继续拉长，还是彻底变了模样？

第三节
自建客户端应该避免的四个误区

明确了判断建不建、建多少的标准，可以更清晰地认识自主可控平台建设中的着力点，以避免在平台建设上的四个误区：一是只想着守，却害怕攻；二是只关注融，却无力通；三是只强调有，却忽视用；四是只采集数据，却不能计算。

第一个误区源自小国寡民的封闭意识。只想着“守”本地用户，无意、无力主动攻城略地扩大传播版图。举一个时间有些久远的例子，是关于20世纪80年代初期、中期江苏某小镇居民信息获取渠道的。20世纪80年代初期，电视机在小镇还是奢侈品，中央级媒体《人民日报》、市级报纸《南通日报》主要是机关工作人员、企业行政人员看，县级报纸机关企业也会订，但几乎没人看；省级媒体《新华日报》和外地报纸《新民晚报》，最受有读报习惯的小镇居民欢迎，后者更是出版半个月后都仍在人际传阅。20世纪80年代中期以后，电视媒体因为拥有电视机家庭数量的增加而受到重视。市级媒体南通台和县电视台的新闻几乎没人看，看这两个台的都是为了追电视剧；江苏台想看也看不着，因为信号功率不够，远在300公里外的家用简易天线，根本收不到。小镇居民中收视率最高的是上海台，其次是中央台。在这个案例里，有两点值得关注。一是在省级媒体层面，《新民晚报》取代《新华日报》、上海台取代江苏台，成为小镇居民获取信息的第一选择。其中有距离远近的影响，上海比南京更近，报纸派送更及时、电视信号更清晰；更重要的则是《新民晚报》、上海台的信息更有价值。上海是长三角的龙头，本地新闻素材丰富，更能满足用户获取新知的需求。二是市、县两级媒体的传播力接近为零，主要原因是小镇离市里、县里都近，人员往来频繁、交通尚算便利，信息传播主要靠人际传播、靠消息灵通人士直接转达。小镇居民的感受是，当地媒体上的新闻我已经知道了，甚至上午的事，下午就传开来了，晚上的电视新闻已失去新鲜感，更别提第二天的报纸了。

从这个案例思考下去，似乎也可以得出一个结论：传播力的地域边界在一定条件下会被用户的需求突破。小镇居民在省一级媒体的选择上，更多偏向于《新民晚报》和上海台，就是同为省媒的《新华日报》、江苏台，无法更充分地满足小镇人民开拓国际视野、获取新知、闻所未闻、跟随时尚的需求，而上海的引领力和号召力，在以上维度是全面超越南京的。外来的《新民晚报》能和省内的《新华日报》旗鼓相当，而上海台则几乎直接取代江苏台，是因为电视传播更有助于用户突破地域限制选择更好的信息来源。这种局面，与移动传播中抢先发展起来的主流媒体客户端能够打破地域限制，改变了中央、省、市、县四级传播格局极为相似。电波不分地域，网路更是挡不住的。且不与商业媒体平台去比，如果自建的客户端没有胸怀天下、包举宇内的志向，在满足用户需求上不及其他主流媒体，那又如何“守”住本地的用户，抵御强者跨地域传播的滔天“攻势”呢？

第二个误区源自只知有前端，不重视后端的惯性思维。由于报纸等传统媒介的技术逻辑相对还算简单，纸媒的从业者更关注内容的生产和呈现，而不熟悉背后的技术支撑。就像人民日报曾经产生巨量传播的“军装照”产品，很多媒体人的关注点都是“怎么想出来的”，却很少提及“怎么做出来的”。可能都想要模仿，却没有人能学得来，因为做不到。早期主流媒体的客户端上，相当多数都推出了服务的模块，甚至争相宣布已经汇集了全省、全市的政务服务功能，其实就是在客户端页面上设置了一个进入相关服务页面的入口，连稳定的链接都没有搭建起来，看上去像回事，其实根本不是那回事。这样的融合，与把各政务自媒体的资讯放到客户端上一样，其实是一个“假平台”。后端掌握在服务提供者的手里，连用户身份的识别都无法打通，更不要说记录用户在平台的行为，完成对其服务需求的画像了。至于改善用户使用体验、打造用户离不开的渠道等等，更是无从谈起、痴人说梦。

第三个误区源自对用户运营的陌生和傲慢。与不擅长让信息去找用户一样，不少客户端未习惯于让服务去找用户。要让用户关注到平台提供的服务，让用户参与服务体验的改善，从“用”的角度去寻找客户、留住客户，而不是把能提供的服务摆上客户端，或者服务上线时做几次宣传、搞两场活动就完事，那样的平台其实是一个长满荒草的土坡。这个世界上本没有路，走的人多了就成了路，没人走了就又没了路。任何一项服务成功推出的过程，必然是与其他平台激烈拼杀、争夺用户的过程。必须抱定“不是东风压倒西风，就是西风压倒东风”的决心，制定清晰的用户争夺计划，提出有效的方案抢人、留人。不能认为只要争取到政务资源的注入，带来的导流效应就能够让用户运营一劳永逸。

第四个误区源自“自卑”作祟、不懂装懂。有时候听一次讲座，就有人举手说“我懂了”；做一次调研，就顿感“信心满怀”。主流媒体在融合中多有提及平台的建设、枢纽的打造，大数据、云计算更是发展战略的高频词。但在尝试实施方案之前，在真正把相关措施落地之前，应该想清楚一个问题：大数据只是基础，云计算只是手段，通过云计算，媒体要“算”什么？这个问题如果换个问法，从平台运营者的角度来说，是要弄清通过我的平台提供的服务，与其他平台有什么不同？从用户的角度来说，是要让他觉得平台的推荐让他得到了增量的服务。如果这些问题得不到确实的答案，即便能沉淀数据，也没有价值，能进行计算，也没有用武之地，纯粹就是为了数据而数据，为了计算而计算，无助于服务的改善，无助于在综合服务平台的构建中演化新的服务产品、服务体验，也无助于满足用户更细化、更个性化的服务需求。

在传播渠道的选择上，上海报业集团于2017年1月1日起停止出版《东方早报》是一个具有示范性的案例。当中，既有破釜沉舟的勇气，也有对新媒介前景的坚信。如果能够确认新媒介才是正确的方向，而传统媒介注定要成为历史，早晚要转，不如早转，特别是在资源不足以同时支持在报纸和新媒介都实现最好的传播效果时，果断舍弃一个，是最明智的选择。当然，大多数报社坚持报纸的出版，并非只是出于对往日情怀的纠结不舍，更不是因为保守顽固，报纸仍然有这样那样的理由必须存在。比如还能带来经济收益，还未有上级文件作为依据，停刊可能引发负面舆情，《人民日报》等央媒和多数地方纸媒仍在出版等等。当澎湃新闻的品牌在新媒介初露头角时，上海报业集团就能够在国内主要报纸中率先停刊《东方早报》，才显出了过人之处。在旧渠道还有传播价值时舍弃，必然要牺牲一些仍附着在上面的利益，但也释放了被报纸牵扯的精力、分流的资源。与“N端合一”相比，在资源整合、力量集中的意义上，显然是上海报业集团停刊《东方早报》更有决断力。前者只是同一类渠道不同产品的优化，后者则展示了鲜明的导向，没有点底气不行，没有点勇气也不行。与整合重复建设的客户端相比，主流媒体在力量和资源受限的前提下，更应该明确新渠道拓展的重点，主动放弃一些非关键性的、自身不占优势的渠道。

相关案例

上海报业集团

2024年11月11日，观媒·传媒大观察从多方信源获悉，2025年1月1日起，上海报业集团所属三大报共建、共享、共用全新的上观新闻客户端，原有的文汇客户端、新民客户端同步停止更新；新闻晨报主办的周到客户端，东方网旗下的东方新闻客户端、翱翔新闻客户端也将陆续停办。

——程达堃、周童、肖玉，《破釜沉舟，上报集团官宣关停5款客户端》，“观媒”微信公众号，2024年11月11日

浙江日报报业集团

2023年初，浙江日报集聚集团旗下三家App的力量，做强潮新闻客户端。从2023年2月18日起，浙江新闻、天目新闻、小时新闻停止更新。

——《“潮”起东方，它来了》，“长安街知事”微信公众号，2023年2月18日

大众报业集团

2024年2月2日，“大众”新媒体大平台上线仪式在济南举行，大众报业集团以大众日报客户端为基础，大众日报、海报新闻、齐鲁壹点3个综合性客户端融合共建统一的旗舰平台——大众客户端。

——赵琳、卢鹏，《“大众”新媒体大平台上线》，海报新闻客户端，2024年2月2日

重庆日报报业集团

2021年11月22日，重庆日报报业集团宣布，由集团层面主导，上游新闻客户端将引入华龙网战略投资基金2.01亿元。

——《重庆报业加注上游！宣布华龙网2.01亿元战略投资》，“观媒”微信公众号，2021年11月22日

2024年3月，重庆日报报业集团旗下重庆日报客户端与华龙网集团旗下新重庆客户端整合，推出全新的新重庆客户端。

——程达堃、周童、肖玉，《破釜沉舟，上报集团官宣关停5款客户端》，“观媒”微信公众号，2024年11月11日

重庆广播电视集团

2024年11月2日启动改革方案，以整合“第1眼新闻”客户端和华龙网（由重庆日报报业集团创办并控股）为突破点和总牵引，打造推出具有国际影响力的大视听新媒体平台“第1眼TV”。

——周童，《系统性变革！重庆报业华龙网与重庆广电第1眼合并整合》，“观媒”微信公众号，2024年11月2日

第三章
“中央厨房”在生产流程再造中的是与非

“中央厨房”在主流媒体开启媒体融合之路时，被看作是解决新媒介生产流程问题的一种重要探索，寄望借此建立起不同于纸媒、广播电视新闻定时发布周期较长的生产流程，寻求比编前会更有效的方式整合内部资源，推动采编力量更顺畅地向新媒介转移。与此同时，从出版安全的角度着眼，“中央厨房”也在探索对多个渠道内容生产的统一指挥、统一把关，意在通过统一指挥促使记者养成全媒体报道意识，通过统一把关保障各类复杂多元渠道的出版安全，并实现新媒介和传统媒介在导向正确、客观真实上采用统一标准。但“中央厨房”的建设规划中，智能生产传播的图景、对日常报道流程的再造，都在实践中受到复杂因素的影响，留下了缺憾。

第一节
局限：未完成的日常报道流程再造

仅就内容生产和发布而言，由一个编辑团队完成同一稿件，再在不同渠道分发的可行性极低。从实践来看，传统媒介和新媒介的内容发布基本上都是不同团队来完成的，不仅报纸和新媒介因为传播规律不同，发布工作无法完全整合，PC网站、移动客户端、微博、微信、抖音等不同渠道，都有自己的规则和规律。多个渠道发布的即便是同一条稿件、同一段视频素材，在前端编辑环节仍存在着巨大的差异性，由一个编辑团队包揽所有渠道的内容发布很难实现。

主流媒体“中央厨房”曾经尝试在对视频类产品进行基础编辑后，再分发给不同渠道的编辑进行“深度加工”，但收效甚微。因为不同渠道对视频产品的要求，包括渠道已经形成的调性、集聚的用户，都存在差异。同一段视频产品分发的做法，对展现产品的吸引力、增强用户黏性、形成独特风格，都是极为不利的。而文字类的内容生产也尝试过二次编辑的形式，即在“中央厨房”设置基础编辑岗位，对稿件进行“初次加工”。但基础编辑受制于不直接运营端口，不了解渠道调性，不好把握“初次加工”的精细度，基础编辑经手的稿件在传递到稿库后，各渠道的编辑仍需根据渠道的规则和特点重新编辑。

不仅是人力资源上的浪费，端口差异性的存在也使技术上关于“一键多发”的探索失去了实用价值。不同类型、不同特性的第三方平台对产品的要求不一样，“一键多发”只会让自身失去个性、失去生命力。而多个自建客户端如果定位、调性、用户差别都不大，则属于重复建设，浪费的技术成本、运营成本，与“一键多发”能够节约的人力成本相比，要高得多。“统一把关”的尝试也在实践中受限，多个端口的待发布稿件集中审校后再分发编辑的模式也无法实现，发布环节本就是采编流程中容易出现差错的高风险环节，统一审校之后，也无法防范后续环节出现问题，一次把关、多渠道发布并不现实。

统一指挥是“中央厨房”的另一项重要功能，也是在媒体融合中实现得较好的一项功能，实现了“中央厨房”对内容和素材采集环节的指挥、协调。在一次采集、多元发布理念下，“中央厨房”根据所有端口的需求，在重大报道中提前策划，明确在信息采集环节需要完成的文、图、视频多维度任务是必要的。这种提前列出“采购单”的形式，保证了采集环节能够全面高效地完成所有素材的采集，并对后续生产环节的工作提前进行规划，保障了各个渠道的内容产品都能有足够的第一手素材可用，并可根据渠道需求和特性提前策划产品。“中央厨房”统一指挥功能，在重大题材报道中显得尤为突出。那么“中央厨房”是不是像某些批评者所说的“节庆厨房”呢？从发展趋势看，“中央厨房”在惊艳亮相、红火一时之后，已在相当一部分媒体的全媒体生产流程中逐渐淡出。而即便是在表现最显眼的阶段，“中央厨房”确实也是和重大报道题材相互依存的，往往在重大节庆时才会成为显性的存在。在日常内容生产中作用并不明显，即便有些日常报道特别标注了“××××‘中央厨房’出品”，也并未因此体现出与“非‘中央厨房’出品”的不同属性。

需要指出的是，在“中央厨房”的建设和运营中，新兴技术手段在生产流程管理、传播路径监控、数据实时反馈等方面得到了广泛的应用，在多个环节都可以看到作为辅助工具的人工智能的存在。比如，不少“中央厨房”的数据大屏都可以展示对用户画像的分析结果，对网上热点的监测能够进行非常直观的显现，各端口内容产品在发布后的传播数据、传播路径，也可以通过各类图标、图像反馈采集、分析后的结果。由此可见，“中央厨房”一开始就是按照一个“智能化采编中心”的蓝图来搭建的，人工智能在分析、决策的环节完全可以发挥更多的作用，这些也都让日常化、常态化进行“统一指挥”的目标有了比较坚实的技术基础。但遗憾的是，人工智能在这个阶段的应用，似乎主要还是停留在更有科技感地呈现融媒体产品的层面，对流程的再造尚未完成。虽然各种“后台”“中台”“枢纽”的概念，在主流媒体关于“中央厨房”前景和成效的描绘中被高频率提及，但实践中借助人工智能来提升生产力，大多数时候只存在口头上，甚至连作为“人机协同”生产主体之一的记者、编辑，都没有感受到近在眼前的新玩意就是人工智能，更没有想过能用“它”来参与自己的工作。渐渐地，除了“节庆”，就没人想起去用“它”，这样的“中央厨房”，当然难逃“节庆厨房”之讥。

“中央厨房”之所以如此，部分是因为上文所述的局限性，愿景中的统一生产、统一把关等功能没有实现，更重要的原因，是尚处于初生阶段，尚未能对整合资源、优化流程、变革机制等隐性的维度形成催化作用，而这些隐性的维度才是最根本的。变化停留在显现出来的表层，没能从底层改变，尚未能真正构建起全新的生产关系。预设的功能可以在重要时间节点、重大题材报道上“爆发”一次，已经是勉为其难了；要成为经常、化为日常，则难上加难。而当人工智能开始拥有相对成熟的、“类人”的想象力，以超过我们预判的速度从辅助工具跃升为创造主体的时候，对“AIGC”该怎么看待、该怎么用？既给了半睡半醒的“中央厨房”一次重生，一次在应用中焕发异彩的机会，也对融媒体生产关系的重构提出了新的问题。我们不能再图个新鲜、看个热闹，若不能和AI一起生产，我们很可能就没有机会再作为新闻生产者存在了。

第二节
缺憾：未成形的智能生产传播图景

由于“中央厨房”脱离了主流媒体在采编流程上的既往经验，主流媒体很容易在建设方针上受到各种尚未成熟的观念误导，更容易把体制机制的探索、生产流程的构造，误解为只是一个办公场所、一些办公设备、一种办公场景的构造。

按照规划中再造生产流程的图景，“中央厨房”与传统的编辑部相比，其主要区别应体现在三个方面：一是覆盖的渠道从单一走向多元；二是内容产品的形态由平面的文图拓展为文、图、视频、音频、直播以及H5等创意互动产品；三是新媒介编辑除了内容生产之外，还需要同步负责渠道的运营和用户互动等工作。而在新的生产流程中，“中央厨房”核心部门与内部其他部门之间，则是加强了信息的实时共享、强化了协调与被协调的关系。由于新媒介能实时反馈内容产品的传播效果，“中央厨房”也被赋予对传播效果进行分析、归纳和向媒体内部其他团队反馈的职能。总结以上这些功能，“中央厨房”建设的初衷是适应、加强、沟通、协调、整合数据资源的需求。在生产流程上，交稿的方式、时效、素材的要求都相应地发生了变化。以前记者是内容生产的发起者，除了重大策划的交流沟通外，编辑部主要是在等稿子；而新媒介的生产流程中，编辑作为内容生产的发起者，给记者“下单”，协调多个采访团队规模化作战的情形是主流。在资源供给上，全媒体的生产流程中编辑要素的主动性跨越式地提升，编辑自行通过多种渠道收集内容素材的行为爆发式地增多，对图片库、资源库、数据库的需求更加迫切。比如，报纸的编辑搜集资料，一是找图片，所以一开始买了很多画册来扫描图片，后来用上了图片网站；二是搜集延伸阅读资料，所以一开始是买了以往的资料或者刻录电视访谈节目来摘抄、摘录。而新媒介编辑高频次需要的素材，延展到表情包、H5制作模板、背景音乐、字体、各类创意符号等，而为了加工好这些素材，也需要用到合成工具、创意互动产品的制作软件等。这些才是“中央厨房”最需要解决的问题、最需要提供的支撑。要促成新媒介的内容生产和提升内部沟通机制，提供生产资料、生产工具、生产关系等方面的便利。

但在实践中，“中央厨房”的智能生产传播图景并未成形。主流媒体的编辑部通过办公设备的更新、数据支撑的优化，提升生产资料获取的便捷程度，对全媒体内容产品的生产起到了促进作用。但也毋庸讳言，出于对传统媒介“落后”的焦虑和对新媒介“陌生”的恐惧，对硬件的重视优于软件，积累生产资料、调整人才结构、优化生产流程、尝试AI应用等，尚未提上日程。

实体的“中央厨房”建设在空间的营造最火热的时候，被概括为物理融合。这曾是媒体融合经验总结和发展规划中的高频词，甚至出现在专业期刊和部分著作的表述里，并被认为是化学融合的前提或前奏。事实上，从物理融合起步，到打破主流媒体生产流程、绩效考核、产品孵化等体制机制层面障碍，最终催化“化学反应”、催生新的生产流程、催生新的生产关系，还有很长的路要走。

主流媒体启动媒体融合的背景，是传统媒介传播力的日趋式微，经营收入进入下行通道，是“报纸+广告”的二次售卖模式难以为继，是媒体的收入和收益率在减少、在降低。而“中央厨房”的建设，生产工具、生产资料的升级，需要比以往更多的投入，融媒体内容生产团队的扩容也让人工费用陡增。旧渠道的盈利能力江河日下，新渠道的建设成本与日俱增，上行和下行这两条曲线，构成了主流媒体融合传播力建设的背景板。

经过十年的探索，相当一部分主流媒体仍未迎来媒体融合发展的资金投入与新媒介所带来收益的投入产出平衡点。在“中央厨房”一路高歌猛进之时，媒体一边靠盈利能力减弱的传统媒介的收入供养新增长点，一边用自有或上级拨付的资金加速新平台、新渠道的建设。但传播力的建设和盈利能力的建设不是同步的，是否持续投入资金，取决于不同媒体家底厚薄的落差，也取决于收入和投入之间的剪刀差、投入和收益之间的时间差，这些都影响着“中央厨房”模式的发展轨迹。随着大投入、大手笔建设“中央厨房”的热度逐渐消退，主流媒体迫于经营压力，从花钱向找钱“急转弯”，“中央厨房”在硬件建设上被按下了暂停键，而在软件（即打通生产流程、统一后端支撑）等方面的探索，随着媒体在经营、叙事上的变革，正在上下求索。

相关案例

2016年10月，媒体观察者“传媒大观察”推出了“‘中央厨房’大讨论”专题，先后对话喻国明、张志安、沈阳、郭全中、董林、孟磊等多位学界和业界专家，引发广泛关注。“中央厨房大讨论”期间，学界和业界专家都提出了各自观点。喻国明认为，“中央厨房”大而化之无法满足个性需求；孟磊认为，“中央厨房”本身没问题，问题在配套环境；张志安系统阐述了“中央厨房”的利与弊；崔健介绍了重庆日报集团“中央厨房”的实践。

——陈浩洲，《观媒率先发起“‘中央厨房’大讨论”引学界关注》，“观媒”微信公众号，2017年3月30日

第三篇

叙事之变

第四章
纸媒在网络传播初兴阶段的内容生产应对策略

在网络传播兴起的早期，叙事方式的改变就受到了主流媒体的重视，主流媒体纷纷在内容生产上提出应对策略。在以新闻网站为主流网络传播渠道的阶段，各级、各地报纸和广电基本都成立了新闻网站，以新闻网站为依托，借助21世纪初政务网络化的第一次浪潮，尝试开放式内容生产。如“城市留言板”“市长在线”等栏目，都以互动性作为显著特点，与传统的单向传播内容生产形式不同，这也影响了纸媒的内容形态。而网站在内容呈现形式上的细分、垂直，也推动了传统媒介在栏目设置、传播对象上的分类方式，健康、求学、时尚、户外、男性、女性、宠物等新的专版、专栏，让“长尾效应”更加凸显，成为传统媒介在内容创新上的一大特色。在微博等社交媒体初兴的阶段，“限140字”等新的内容产品标准，被传播对象普遍接受、认同。一方面，浅阅读、短文章逐渐被奉为传统媒介内容产品应时而变的圭臬；另一方面，在深阅读、长文章上寻找差异化传播效应，被看作是更有利于发挥传统内容生产者优势、保持专业化特征的重要方向。内容的“蝴蝶”最先扇动了翅膀，主流媒体在不久的未来被卷入变革风暴，在这个阶段已经在积蓄力量，萌发内生动因。

在移动传播成为主流传播形式之前，纸媒在内容上所做的探索，至少说明主流媒体已经逐渐明确、并积极实践以下这些方面的认识。一是更加注重传播对象的需求。写什么、怎么写、写多长，无论是在新领域、新题材上的拓展，还是话语、文体等叙事方式的革新，都更注重顺应网络传播渠道反馈的用户需求、用户体验；媒体在积极模仿人有我无、人强我弱的网络新兴叙事方式，以免跟不上形势。二是更加注重对专业机构媒体既有优势的挖掘和凸显，在“人人都有麦克风”的逼人形势之下，在传播渠道、传播对象都开始酝酿巨变的危机面前，要保持住主流的地位，要提升传播力、维持影响力，必须更加强调人无我有、人有我优的专业内容生产能力，更加自觉地总结和巩固自身的本土优势、专业优势。三是开始尝试让传播对象参与内容生产，“开放式内容生产”的意识逐渐明确。从留言、评论到征集需求、征集线索、征集第一现场素材，用户对内容生产的作用在放大，用户参与内容生产的方式在丰富，向用户开放的内容生产环节在增多。

第一节
直接基于传播对象需求的内容创新

从广义上来说，传播的所有内容，都应该满足用户需求、契合用户期待的视野，才能真正实现有效传播。锚定用户身边、用户服务的身边新闻、服务新闻，承载这些内容的专题、专栏、专版，则可以定义为直接基于传播对象需求而生产的内容。这类新闻在传播对象上的针对性更强，但传统意义上的“新闻性”则相对较弱，更像后来所说的“泛内容”。传统媒介在新闻（或者说内容）上的泛化，一方面是受到网络平台、社交媒体在信息的组织、呈现、推送上的新形式影响，是互联网平台的流量本位逻辑对内容生产的“色彩干涉”，是鉴于平台通过“泛内容”获取了比传统媒介更有商业价值的用户黏性，期待能够通过“泛内容”巩固、增强媒体和用户之间的纽带。另一方面，传统媒体一直遵循的新闻本位逻辑中，本就蕴含着服务传播对象的基因，虽然在“内容过剩”时的选择标准，受制于“铁框无情”而不可能真正以海量信息满足用户更细化的信息阅读需求。但无论是深入基层的理念，还是深耕本土的战略，都能看到纸媒对传播对象的重视。将这两个方面结合起来看，纸媒在内容生产上的泛化，既是平台的流量本位逻辑与专业机构媒体的新闻本位逻辑的融合，也是新闻逻辑中原本就有的服务理念的升级，是外部压力和内生动力共同作用的结果。

《广州日报》在2003年改版后推出的“实用新闻”“说法”等版面，正是在受到早期网络传播的影响时，主动顺应传播对象对泛内容的需求而生的。“实用新闻”版面的要义在“用”，从天气、出行到反诈防盗，从育儿、美食到和谐人居，受众关心的、需要的，就是栏目设置、主题选取的标准。“说法”版面的要义则在“说”，不把案件细节作为重点、不偏重于猎奇，而是关注其中的法律依据、以案普法。在“实用新闻”“说法”等版面问世之时，移动互联网渠道远未成形，新闻网站、门户网站也刚刚起步，作为21世纪初国内最有影响力的报纸之一，《广州日报》从受众需求的角度探索新的传播内容类型，是主流媒体自发自主推动内容生产创新的一个观测点。

用户视角的内容创新，首先体现在与受众的贴近性上，既有传统在地域上的贴近，更有细分受众之后在社群上的贴近。《广州日报》在2006年改版后先后推出“博雅”“心理”“求学”“户外”“宠物”等版面，就是在细分用户需求的基础上，发挥专家型编辑、记者在相关领域更灵敏的嗅觉、更专业的解析、更长期的关注积累的优势，对垂直领域的信息需求给予更贴近的回应。而2012年初“第一纸”、2012年末“身边纸”的推出，则突出了地方媒体在需求和视角上与受众的贴近性。

改变的不只是写什么，还有怎么写。除了鲜明、突出的贴近性、服务性，用户视角也嵌入了内容呈现形式的选择标准中。以“实用新闻”

版为例，为了更清晰、更直观地为受众呈现服务性的内容，形式上的创新如版面编排、文图比例等，都与以往不同。首先是插图等更易于说明、服务、指引的形式更多地被运用，一图读懂更是最先在这一类题材的内容中开始探索，表格、图表等让相关的数据变得更便于比较。在这些版面和栏目中，文字的占比大幅缩小，这种通过呈现形式层面改变用户体验的意识正在初步形成，并且越来越明晰。

在主流媒体推动垂直领域的泛内容生产，并有意识打造相关领域内容品牌的过程中，传统场景、传统渠道的局限性随着探索的深入而日益凸显。一是互联网与报纸在传播介质上的本质区别，决定了纸媒用户思维的想象空间，制约了纸媒对用户需求的满足度。无论是服务的针对性还是即时性，都因为没有更快捷、更直接的互动渠道而难以实现信息和用户的双向奔赴，在信息的选择和推送的时机上，仍是传播者单向的主导。在主持“广州日报·实用新闻”和升级之后的“今日服务”专版的期间，最常困扰笔者的是难以确定用户最需要的信息是什么，收到的读者反馈严重滞后或需求不明确。虽然该专版的意图是要更精准地服务受众的需求，但仍主要依赖编辑的个人判断，因此这类内容能否击中用户的痛点、痒点，更多也取决于编辑在相关领域的深入程度和经验是否足

“身边新闻纸”版面更加贴近受众、着力深耕本土，反映出广州日报社在纸质媒介阶段“用户意识”的强化、深化

够。二是纸媒在内容生产上立足新闻本位、围绕新闻价值形成的工作节奏，让服务性的内容往往跟不上受众需求的节拍。用户在网络社交中形成的生物钟，与纸媒的生产周期并不同步。重大新闻事件还可以通过号外来弥补出版周期之间的真空，但服务类、垂直类的“泛内容”，则因其新闻价值弱而出版周期更长。三是泛内容在资源配置的方式上更为受限。无论是提供更能吸引用户注意力的发布位置，还是从生产的主体方面培育优秀的生产者，都不是专业机构媒体的优先选项。甚至，为了保证重大新闻报道的版面，纸媒的一些具有较强用户黏性的版面，到了某些特定时间节点就会在受众视野中消失，这无疑是对用户连接巨大的扣分项。由于泛内容生产的力量以编辑为主，既缺乏内部团队的支撑，更无UGC等重要的外部力量的加持，要长期稳定保持内容的质量并不容易。往往是主持相关内容生产的人成为版面、栏目存亡的关键，随着主事者职务变动甚至离开，这个细分领域的内容生产也就偃旗息鼓了。

第 二 节
在内容呈现形态上“浅”和“深”的波动

一种出于用户可能没有时间看完、没有耐心看完的焦虑，在报纸的编辑部上空游荡。

在社交媒体初步兴起的阶段，网络内容的显著特征是短。微博提出的140字限制，最初是起源于对Twitter的模仿。Twitter在创造时设定了每一条的字符数是140，因为在美国，手机短信限定为不超过160个字符，而Twitter又预留了20个字符用于显示用户名。但140个英文字符，并不等于140个汉字。对此，新浪微博原副总经理水洋曾经通过个人微博给出过标准答案：“因为Twitter是140个字符，兑换成汉字不够写，所以我拍了一个140汉字，最早还争议过200个汉字，大家嫌太多”。可见微博140个字的限制，其模仿的对象Twitter最初是出于技术上的考虑，及受到美国手机短信关于字符数的限制，而新浪微博则主要是“嫌（字）太多”。在当时对网络用户的画像中，用户会懒，没有能力（或耐性）阅读长文章，习惯于碎片化获取信息，这些观点被网络平台运营者和早期从事网络信息生产和传播的内容创作者较为普遍地认同。这一观点也影响了主流媒体的从业者，要写短文章，要把长文章删短，或者拆分成几个部分，要为长文章提要篇幅短小的要点，这些旨在便于受众速览的编辑手法和写作要求，曾经颇受传统媒介尤其是报纸的重视，当前也被普遍采用。

除了文章篇幅的短，还有受众获取信息时间的短。为此，几乎穷尽了平面媒介的所有想象力，让版面上的文字块变得更小。在名为“浅阅读”的这一轮探索中，从稿件篇幅的限定开始，直到每个版面的纯文字篇幅占比，媒体对文字形式之外的其他呈现形式，如插图、示意图、漫画、连环画、图表的尝试，都不遗余力。笔者在2006年9月至2012年3月曾负责《广州日报》头版的编辑工作，即便是被普遍认为严肃、重要甚至应该相对保守的头版，都在内容呈现形态上作了想象力四溢的大胆创新。从结果上看，变的只是编辑手法，但在时政要闻头上动土，更是观念上的彻底开放。《广州日报》头版曾经用四幅连环画解读中央重要文件，这一案例曾多次被来访交流的同行为之惊叹，而心底其实都是捏了一把汗：画错了怎么办？被认为不严肃怎么办？《广州日报》头版能够不被这些事关重大的顾虑所束缚，足见整份报纸在“浅阅读”、抓读者上的决心和力度之大，这其中反映出来的“以用户为中心”、内容生产要服从于用户需求的意识，应该被充分肯定。

基于对“用户没有那么多时间看长文章”的认识，无论题材一律追求短小的泛化，在顺应了相当一部分受众快速阅读的需求同时，也让坚持深度、坚持思考的专业价值受到了动摇。互联网传播确实在很多方面体现出快餐文化的特征，用户对碎片化获取信息的方式更是颇为认可，但能够体现机构媒体价值，体现专业新闻内容生产者功力的长文章是否就只能被定义为落后生产力，退出传播的舞台？这在当时就备受质疑，随着主流媒体更深入地融入传播新场景、新渠道，其更是意识到要在互联网传播中保持和发挥专业机构媒体的优势，就不应只有短文章这一种手段。实践已经证明：用户对信息的需求并不是单一的，当信息的传播和被获取需要更多篇幅时，文章的篇幅并非短就是好。在互联网传播中普遍对篇幅的有形或者无形的限制仍未能突破的时候，类似图片长微博、阅读全文、预告阅读所需时长等手法，都可以看作是在不断寻求能承载更多信息的内容呈现形式。而在篇幅上的“长”得到再认识的同时，与便于用户速览、缩短获取信息时长的“浅”相对，能够承载更丰富、更立体的信息，提升用户获取信息质量的“深”，其价值也随着网络平台从社交化转向媒体化、广场化而回归。

值得一提的是，2016年3月，新浪微博正式宣布取消140个字的限制。新浪微博CEO高飞发布了一则近2000字的微博解释此事，这篇长长的微博说了五点，其中有两点颇值得玩味：一是140字比10 000字门槛更高，取消140字限制，体现出内容发布平台不断降低内容发布门槛的趋势；二是从当年1月开放给会员，到3月开放给普通用户，他们观察了一段时间发微博量和互动量。简而言之，就是写超过140字的长文章比限制140字是降低了门槛，而开不开放关键看内容生产者到底有多大意愿写长文章，受众有多大意愿看长文章，所以先给会员试用了2个月。事实证明：用户并没有丧失阅读长文章的能力；相比140字的限制，用户多元化的内容消费需求更为重要。

随着主流媒体追随用户的迁移，将内容发布的主阵地转移到互联网平台上，以往报纸内容网络化的尝试已经基本完成了阶段性的历史使命。在此之前，主流媒介仍然是报纸，为了让报纸受众在被互联网“卷”走时仍能够尽可能多地被报纸所吸引，为了让受众在报纸这个传播渠道上离开得更晚一些，报纸力推浅阅读、主打短平快、多用网络热词，让内容更适应受众被互联网平台改变了的口味，让编排、篇幅、形式、风格显得更有“网感”。但当传播的主要渠道已经不再是报纸，开始全面转向互联网平台之后，主流媒体要考虑的不再是如何让传统的渠道更有吸引力，如何让报纸的内容迎合受众在网上形成的习惯，而是如何在互联网平台上突出主流媒体职业化、机构化的价值，扬长避短。保住报纸等传统渠道、受众，已经不再是优先选项，主流媒体已全面挺进互联网平台的主战场，重点不再是用报纸的渠道与互联网的传播渠道争受众，而是在同一个互联网平台上和其他内容生产者争受众。“报纸内容网络化”的阶段已经结束，而在互联网平台上发挥专业机构媒体优势的内容生产，或许可以名之为“网络内容专业化”。过去，是努力让受众在报纸上看到有网感的内容；而现在，要让受众在互联网平台上看到类似于过去报纸优质内容的高质量阅读产品。在经历了用户流失的考验（尤其是心理上的考验）后，主流媒体更清晰地认识到平台型媒体的流量本位逻辑，在这一逻辑中，虽然最终要通过绑定用户与平台的关系激活和扩张流量，以实现流量变现、产生商业价值，但其起点仍是通过内容（泛内容）的生产与传播来吸引用户。既然如此，即便在流量本位逻辑日趋得到凸显之时，在内容生产上的新闻本位逻辑也仍然成立。

从用户对传播内容的需求来看，互联网平台在提供海量信息增加了选择的同时，受流量本位逻辑的驱动，也产生了对有效获取信息造成干扰和障碍的问题。其一为“信息茧房”的问题。海量信息的有效推送必须依赖对用户阅读行为习惯的记录、计算，但受到用户阅读偏好和信息需求测不准、推送算法还不够强等限制，根据算法推送给用户的信息，并不能完全覆盖用户的信息需求。其二为新闻泛化或去新闻化的问题。大量的信息片段泥沙俱下，过度迎合用户情绪，一味强调吸引眼球、争夺用户注意力，内容中的有效信息含量被严重稀释，导致用户在互联网平台上为获取信息所花的时间成本比传统渠道更长，而获取的有效信息反而更少。一方面，注意力稀缺增加了内容生产者的传播成本；另一方面，优质内容的稀缺也增加了受众获取信息的成本。其三为真伪新旧难辨。基于流量本位的“泛内容”加速异化，催生了新闻价值被扭曲的

“伪新闻”“弱新闻”；不真实、半真实，以及新闻价值低、已经失去实效的内容在包装之后被推上热搜，或是被周期性翻炒；有些杂糅、混剪后新闻旧闻三七分、四六分的混合体，甚至是真实与虚假的合成真相被大量推送。在新闻泛化、信息泛化的情景下，互联网平台的信息传播再次陷入类似历史上专业新闻机构诞生之前的混沌状态。这就更显示出了新闻本位的专业内容生产，在帮助受众获取有效信息上的价值。

从内容生产者自身在传播中的价值来看，用户对获取真实信息的需求，让其在新的传播平台上找到了更坚实的立足之地。即使主流媒体在融合的进程中纷纷搭建自主的数字化媒体平台，但不同于互联网公司只搭建平台、很少生产甚至不生产内容，内容生产仍是机构媒体最重视的工作。主流媒体在关注用户服务多样性的同时，更须坚持内容生产的专业性，尤其是在ChatGPT、Sora等生成式人工智能模型实现了内容生成技术的新跨越之后，在新闻和信息加快传播的同时，相应加快的内容生产速度，使虚假信息、合成信息的生成和扩散更为便利。除了文字内容的编撰、摘抄、拼接，AI生成的虚假照片和视频也四处流转，虚构、伪造、不符合新闻真实性规范的内容爆发式增长。2023年11月27日，韦氏词典出版商宣布将英文单词“authentic（真实）”定为2023年的年度词汇。对此，韦氏词典编辑皮特索科洛夫斯基表示，他们将2023年视作真实性遭遇危机的一年。与真实性的需求相伴的，是对完整性的要求。[①]

互联网平台的非专业信息生产者，受到内容发布者情感和自我表现等主观性因素的影响，一方面将情绪的感染力置于信息的真实性之上，“语不惊人死不休”，让真实性遭遇严重危机；另一方面受限于缺乏获取完整信息和解读信息的专业能力，往往又只顾一点、不及其余，让完整信息变得稀有。真实、完整这两个方面，正是专业机构媒体的优势所在。高质量内容的供给能力，才是主流媒体在互联网传播中不可替代的价值。而一些主流媒体在转到新媒介之后，受制于粉丝群体的偏好，过

① 汪品植：《韦氏词典2023年年度词汇：真实》，《环球时报》2023年11月28日。

度偏重于跟随网上热点，形成文摘报式的调性，大量“二手”的、失去特色的内容，虽然在流量上仍有不错的表现，但代价则是内容生产上的能力弱化、专业媒体价值的弱化。这种流量本位导致的专业媒体降维的情况，在微信公众号、微博、抖音等平台的主流媒体账号上最为突出，去特色化、去专业化、去新闻化的结果，是丢弃了主流媒体不同于自媒体的优势，从流量的维度叫座，但从内容的维度却不叫好。因此，在一些榜单上，排名靠前的账号却未见有什么拿得出手的原创内容，榜单一出，出人意表，但随之又归于沉寂。

第三节
主流媒体对用户内容需求的辩证认识和实践

用户思维最初是运营、销售领域在信息化时代的底层逻辑，与之相对的是工业化时代的产品思维。工业化时代产品供不应求，而信息化时代则表现为产品过剩。互联网传播中用户思维的概念很早就被提出，罗振宇在2017年跨年演讲《时间的朋友》中提出了“超级用户思维”，并引用德鲁克的“企业的使命是创造并留住客户”这一观点，提出要为用户建立荣耀感，做让用户觉得长脸的事，绝不给用户丢脸。报纸对于用户的关注，虽然还不是真正意义上的“用户思维”，但显然比互联网传播中用户思维的提出和实践要早得多。而在互联网传播初兴阶段，基于被网络平台夺走用户的焦虑，对于如何让用户有更好的阅读体验，更高效地获取信息，更多地参与内容生产以产生参与感和荣誉感，主流媒体都进行了多方面的尝试。当然，以采编人员为中心的中心化生产方式，限制了用户参与的环节和范围，UGC在主流媒体的内容生产中，不仅在报纸的介质上无法完全展开，即使在互联网平台（无论是第三方平台还是自建平台），都只是主流媒体内容生产的补充或从属，无法真正像社交媒体的个人账号一样成为信息的独立生产和传播者。但在通过发挥专业内容生产者优势，满足用户对信息的真实性、完整性的需求方面，这也避免了用户思维滑向流量思维，把以用户为中心，变为以流量为中心。

在主流媒体更清晰地认识到自身生产的内容在海量信息中独具优势之后，应该在满足用户阅读需求的方向上，努力培育用户、引导用户，激发用户对网络信息泥沙俱下、断章取义、支离破碎的不满，以及对真实、权威、完整信息的渴求，借此重塑自身的价值。网络平台所倡导的用户思维，在实践中往往是流量思维，已经习惯了“大流量+转化率”的打法，又迫于通过流量转化获得商业利益回报的压力的新媒体，盯着的是流量的多少，甚至完全跟着数据的指挥棒转，而用户真正的需求反而退到了次要位置。就像点击率一样，为了吸引用户点击，炒作旧闻、夸大卖点、“标题党”等低劣的内容包装手法被严重滥用，而点击之后有没有看完、有没有获取到需要的信息，则被忽视或重视不多，所以才有视听媒介生产者提出了短视频不仅要看播放量，还要看完播率。

主流媒体在应对网络传播的过程中，应注意其内容生产模式上的变化，特别是早期处理浅阅读和深度报道的关系时。一方面，以自我革命的精神着力创新，主动在报纸呈现的内容和呈现方式上寻找网感，努力提升用户的参与度，迎合用户快餐式的阅读习惯；另一方面，新闻本位逻辑与流量本位逻辑之间的互斥性，以及专业新闻工作者对新闻真实性和高质量内容生产、传播的信念，让主流媒体在失去了自己主导甚至在某种程度上是独有的传播渠道之后，更清晰地认识到，坚持生产高质量的内容才能巩固和扩大自身的优势，而不是如网上多数的信息，特别是过度借助AIGC、扩展现实等技术生成的信息那样浅尝辄止、盲目跟风。这其实也对主流新闻媒体的内容生产能力提出了更高的要求，即如何在更快的传播节奏中踩准自己的节拍、调准自己的声调。2023年6月，江西省工业职业技术学院发生的“鼠头鸭脖”事件中，主流媒体报道的准确、态度的鲜明和反应的快速，都不失为这方面最好的案例。从具体的舆论引导过程来看，以央媒（侠客岛）为代表的主流媒体对舆情的把握准确稳妥，在南昌市市场监管局的公开回应发布之后，面对模糊不清的通报内容，不是不加质疑地盲从，而是从用户的疑惑出发，要求公布更详细的过程。在舆情引导中站在用户角度，说出用户的心声，进而以主流媒体的公信力赢得信任、凝聚人心、因势利导，谁说这不是用户思维？是迎合用户猎奇心理和看热闹不嫌事大的心态，甚至造谣、传谣、随意臆测，还是正视用户对真相的需求，表达出他们要求政府部门还以公道的期盼，推动某些不良作风的改进？这种权威性和专业性，体现主流媒体担当的主动性，更体现出主流媒体在满足用户需求中最值得正视的价值。

《广州日报》2012年推出“第一纸”四联版的版块规划中，在追踪、跟进网络新闻的“今日互动”版设置了“广调查”栏目，并在经过三年的持续优化提升后获得了2015年度广东新闻奖。“广调查”栏目设置的初衷，就是要发挥《广州日报》作为主流媒体的调查优势和权威地位，针对网络热传，但又莫衷一是，或者以假乱真的信息，通过记者的深入调查，汇聚媒体手中党政部门、专业机构、专家学者的资源，对事情的真相进行还原并完整、客观地呈现，对其中的疑点、争议点给出合理的解释。《南方都市报》也推出过以辟谣为特色的专栏，并在调查的基础上，针对一些仅靠文字难以说清的问题开展实验，将实验过程和结论通过报道向读者公开。调查类、辟谣类的报道，以还用户真相为目标，不同于网络信息的人云亦云，既坚持了专业媒体的新闻标准，也是对用户求知、求真等更高层次需求的满足，并充分体现了主流媒体在舆论引导中“压舱石”的作用。

第四节
让受众参与报纸内容生产的探索和局限

与广义的用户通过来电、来信提供新闻线索，或者向报纸副刊、专栏投稿等参与内容生产的形式不同，用户真正意义上参与报纸内容生产，是以对新闻事件的评论展开的。网络社群的出现，让用户在获取新闻内容之后，从文本阅读关系中的情感性联系找到了表达交流的空间。过去在通过阅读获得意义和愉悦之后，其与文本之间的情感性联系是限于个体的，即使有表达的欲望，也缺乏与其他受众交流和互动的空间。但这在网络社群中则能够实现，并且随着新浪微博、哔哩哔哩等能够承载巨量网络社群的社交媒体的涌现，用户卷入文本的形式从接收、阅读，拓展到参与文本创作，并且经过社交媒体中介，形成参与对象更广泛的文本与用户之间的互动，即时或非即时的用户网络讨论则成为“网络原住民”群体知识获取、社会参与的方式之一。而作为传统媒介的报纸，通过收集、汇编读者的评论来作为新闻内容的延伸，正是尝试为受众创造一个与网络社群文本类似的情感性联系空间。但在实际操作中，这种做法又很容易变异为以用户的口吻表达内容生产者想表达的东西。其中蕴含的让用户在阅读文本之后能够有渠道抒发“未尽之意”的用户意识，可以看作报纸作为传统媒介消化、吸收互联网传播新形式的一种努力。

以《广州日报》创设于2001年9月的“追说新闻”版为例，专版设置的初衷，在“追”“说”两个关键字中得到了最直观的体现。“追”寓意为已经发布的新闻报道之延伸，同时也暗含了新闻内容的生产并未完全终结，希望由用户接续的意图，使得新闻事件的传播形成一个“采写—编辑—发布—阅读—反馈”的闭环。“说”则明示了由用户参与生产的这一环节，其主要表现形式为评论、议论。“追说新闻”中的“新闻”，是“追”“说”的基础和对象；而“追”和“说”则是由用户接续尚未完成的新闻，也可以看作新闻的一部分。这一认识，类似于用户在社交媒体获取新闻信息时，觉得看完了其他用户的评论才是看完了整个内容。笔者曾在2001年9月参与了筹划和创设“追说新闻”专版的过程，并在2001年9月至2004年4月承担专版的编辑工作。该版面在刚开设时，每周通过来信、电邮收到的读者来论都超过1000封，用户对表达、交流的需求可见一斑。但这种与用户建立连接的方式，虽然不同于以往的来信、来电报料和向副刊专栏投稿，仍无法脱离“作者中心化”的内容生产窠臼，与类似于无领袖自由讨论的开放式、去中心化生产方式有着本质的区别，这也就限定了其互动性和开放性的“天花板”，对保持用户参与讨论的积极性缺乏有效的办法。在主流媒体的组织化新闻生产流程中，开放给用户参与的生产环节，仍是以职业新闻采编人员为主导的。尽管在“追说新闻”等用户直接参与的生产形式中，版面的编辑团队努力地体现用户对新闻事件处于不同视角的多样化评述，但起决定性作用的仍是编辑团队的专业标准，而且与收集到的用户评论数量相比，最后能够得到呈现的是极少数，这就让编辑团队的影响力进一步放大。用户在内容生产中的参与度，并未有效转化为内容产品中的显示度，很大程度上真的只是“重在参与”。这种从过程上看用户参与了，但从结果上看其实又没有参与的现象，延续到了主流媒体的网络传播中。主流媒体在网络发布内容下的评论区中的评论大多数都是与发布者情绪倾向、态度倾向一致的，与之不同频的评论很少会被采用，有些甚至只是简单地重复，看起来更像是机械的复制，而不是一个个有独立主体意识的网络行动者在发言。

第五章
内容价值的再认识及视听新媒介的兴起

无论是在网络传播初兴阶段的应对，还是全面转向移动传播之后的变革，主流媒体的创新都是从内容上开始的，但对内容价值的认识，却有着一个曲折的过程。在相当长的一段时间内，如何在新平台上拓宽渠道、如何提升新渠道的量化指标，都是被优先关注的事项，而内容本身的价值，则被外化为其呈现的形式、发布的平台、获取的流量等指标。传播力指标体系的探索和适用，确实让以往基于主观阅读体验的模糊评价变得清晰、可量化，同时也让内容的价值标准变得复杂、多元，内容的叙事美学也被逐渐解构。但随着转向移动传播后“做平台”“追流量”的目标频频受挫，内容的价值，内容的生产能力的价值很快就被重新认识。于内，无论是主打内容、还是服务，相当一部分主流媒体“做聚合平台”探索都经受了颇重的打击；于外，一些成功构建起移动传播力的媒体在内容生产能力上的坚持和厚积薄发，也让做内容的信念得到了有力的实证。

2024年6月11日，江西广播电视台运营的“白鹿新闻”上线。值得关注的是，在发刊词中，白鹿新闻提出的两个口号：“做有影响力的深度报道”“为影响而做最深度、最温度的长报道”[①]。“影响力”“深

① 周童、程达堃：《低潮里，“致力于深度报道”的白鹿新闻上线》，“观媒”微信公众号，2024年6月12日。

度”“长报道”三个关键词的组合，明确提出了内容和影响力这两个职业媒体人最关注的概念，以及两者之间的逻辑关系。“白鹿新闻”给出的制作团队画像是“一批自纸媒时代走进新媒体时代的资深媒体人”[①]，精准描述了处于转型中、坚持内容价值的媒体人群体特征。尽管有传媒观察者认为，“白鹿新闻”上线时，以原创报道为特色的全国性新媒介正逐步转入低潮期[②]，但似乎也可以认为，对内容价值的再认识，是转型中的职业媒体人在现实里反复碰壁后，更加意识到自己能够依仗、必须坚守的优势，仍是专业内容生产能力。坚守内容价值，在职业媒体人生存压力和转型困难的大背景下，与其看作是坚持理想，倒不如看作是更加面对现实。如果套用“价值”和“使用价值”的理论，把内容的传播、变现看作是一种商品价值的实现，虽然好的内容不一定能成功变现，在传播平台上通过类似商品交换的过程实现价值，但如果放弃对内容的看重和追求，则其作为商品的使用价值将不复存在。

第一节
对移动传播平台内容价值的再认识

对内容价值的再认识，不仅反映在主流媒体、专业媒体人生产内容的层面，也同样反映在用户生产内容的层面。从用户生产内容的模式变化来看，从UGC到PUGC，概念上的嬗变，本质上也是对优质内容价值再认识的体现。新平台为用户生产内容提供了可能，但冠以“P”这个凸显专业特质的首字母，说明新传播平台的内容生产，在经过了自然生长的洪荒时代之后，无论叙事主体是否职业媒体人，符合叙事美学基本要求

①②　周童、程达堃：《低潮里，“致力于深度报道”的白鹿新闻上线》，“观媒”微信公众号，2024年6月12日。

的内容，都更有可能符合高客单价的需求。从传播渠道为专业机构所独有，到“人人都有麦克风”，去除了内容生产和发布的渠道门槛，但无法去除让内容更具价值的专业门槛。必须指出的是，职业并不完全等同于专业，在刨除了渠道独有性这一附加优势后，职业媒体人并非就具有让内容更专业、更有价值的天然优势，甚至可能囿于既往养成的思维定势，在优质内容生产中显得力不从心。这种反差，在向新媒介转型的过往十年里，主流媒体和职业媒体人可以说是多有体会。

对于新闻类的内容，主流媒体在最初始的新闻线索、第一手资讯的获取上，除非碰巧，很难做到第一时间在现场，就失去了大多数新闻事件的首发机会，剩下能做的就只是追踪报道。用户最先获悉新闻事

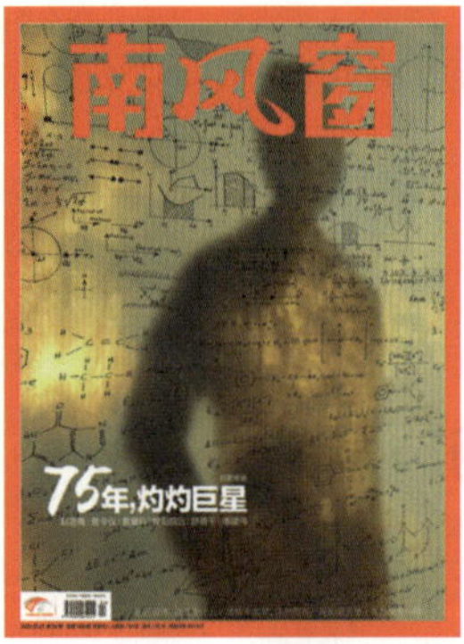

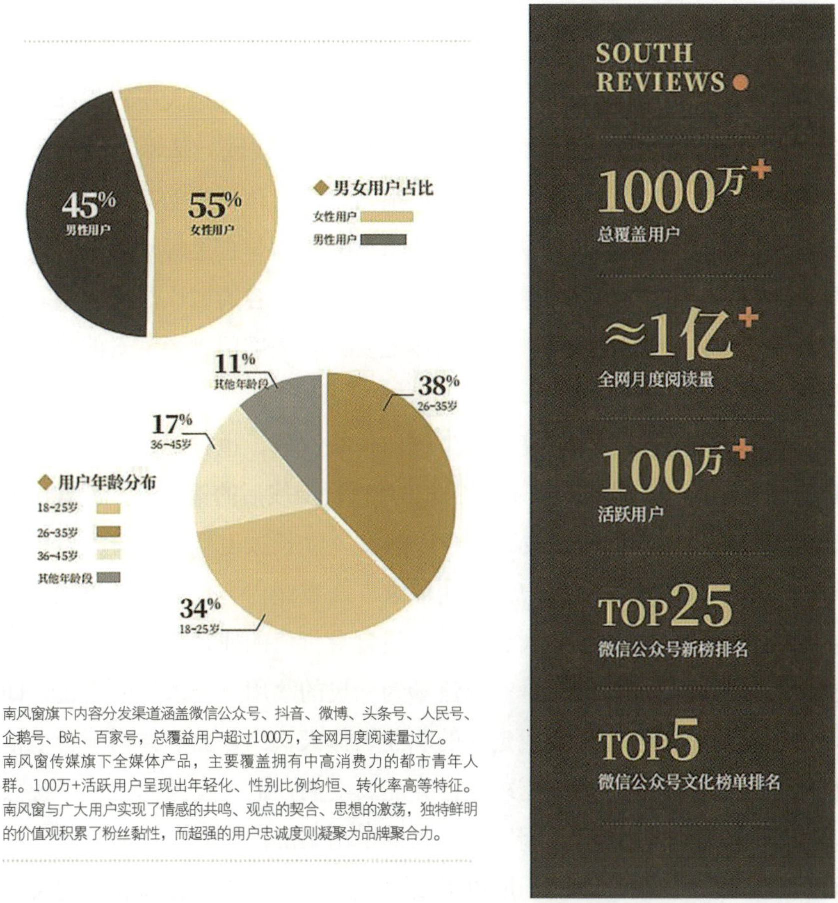

“南风窗”微信公众号坚持在新媒介传播中仍然要以优质内容吸引用户

件的渠道不再是主流媒体，尽快抓住“第二落点”，也因此成为很多职业媒体人仅剩的发挥空间。这种“跟热点”又往往是一种两难的陷阱。难在，若跟得不紧，别说“第二落点”了，甚至“第三落点”“第四落点”都赶不上，只能在盛宴之后，试图搜罗、拼凑一些残渣端上桌，看看已经饱腹的“吃瓜”人还愿不愿意拿来塞一塞牙缝；难在，若跟得太紧，还没来得及细问、细察就发声，很可能成为后续“反转”的牺牲品，这种被打脸的境况，在2024年4月、5月的“胖猫事件”中表现得尤为典型。事件在警方通报后的大转向，让所有跟过热点的媒体（包括主流媒体和自媒体）都措手不及。但相比而言，对一向把“真实”“权威”作为优势的主流媒体来说，打击度、杀伤力都远远大于自媒体。主流媒体在新闻类内容的时效上还能保持优势的领域，基本上被局限在“有关部门”的官方发布上。为此，很多主流媒体也把能第一时间发布政务资讯作为“亮点”予以突出。但与移动传播平台上每时每刻首发、翻新、以旧冒新的内容总量相比，政务资讯类内容的占比显然太小。即便在这么小的一块地盘里，主流媒体还要和有关部门“亲生”的政务自媒体比权量力。

鉴于这种困境，“深度报道”这一传统武器，也被很多转型中的媒体重新祭出。“白鹿新闻”在2024年6月11日上线后的第三天，就推出了13 000字的长文，以印证发刊词中“深度”“长报道”的愿景。希望通过做“长文章”满足“用户的真实需求”、重塑内容价值，被不止一家主流媒体和众多职业媒体人看作是实现自身价值的捷径。满足“用户的真实需求”这一潜台词，是对以流量为标尺的“用户需求”的否定，即习惯了对优质内容进行自我定义的职业媒体人认为，新的传播平台上依据流量映射出来的“用户需求”，并非真实的，而是虚浮的，或者说只是表层的，而非底层的。因为对需求催生出来的流量乃至产品，是不符合实现内容价值的要求的，所以需要对“用户需求”进行重新的定义。这似乎和“高雅”“媚俗”之辩，颇为相似。但无论对“用户需求”如何定义，最终都要评判其对需求的满足度。即便是再“真实”的需求，如果没能被发掘或培育，应需求而生的内容价值也就无法在内容与用户注意力交换的过程中得到实现。需求意识、用户意识、产品意识，往往与内容生产能力一起被列入媒体传播力建设的必要条件。鉴于这一点，《南风窗》抒发过“没有什么是一篇好文章解决不了的”这样的豪情，而在总结自身融媒发展经历时，《南风窗》也明确“拥抱市场，主动接受读者和用户的检验”，把接受市场检验，作为其内容传播力和议题设置能力的重点。《南风窗》只用了不到3年时间，就交出了微信公众号粉丝数提升了近6倍、收入提升20倍的成绩单，确实也让其坚持的优质内容，有配得上“优质”这个定义的价值。

“名医大讲堂”的王牌栏目“名医微课”“医学人文演讲”“名医值班室”凸显出媒体人在垂直领域的“产品意识”

而在非新闻类的内容上，有能力做出比真正意义上的“PUGC”更高价值内容的主流媒体和职业媒体人，其实是稀缺资源。这个结论有点悲哀，但却是事实。当然，在传统媒介时代有着深厚的沉淀积累，而且能够在向新平台转向时构建起人才和品牌上的绝对优势，或者构建起垂直领域的相对优势的主流媒体，为数并不少。他们已经形成比较成熟的内容和服务品牌，并有着发展、壮大品牌优势的体制机制，重新完成了团队成员内部的分工、分化，都对专业性的内容生产能力和机制给予足够的重视。

比如，广州日报社的“健康有约”垂直项目，从早期的萌芽时期，直到形成基本符合一体化生产传播运营规律的组织架构和运作机制，始终把健康领域专业化内容的持续输出能力作为品牌培育起点和一体化运营的关键节点。项目运营团队以长期深耕医疗线口的专业化记者为核心力量，从纸媒阶段就注重把记者培养成专业的医疗健康新闻资讯生产者，进而成长为广州日报第一批致力于将视野拓展到知识服务领域的关键意见领袖。

在坚守内容专业化的同时，“健康有约”也一直在探索内容的产品化。如从纸媒时代就是“健康有约”项目标杆产品的“名医大讲堂”，突破常见的“问诊”“导医”的模式，从构建顶流科普渠道的高度，邀请中国工程院院士钟南山等国内知名医学专家直接面向受众做科普。值得特别指出的是，之所以将“名医大讲堂”的科普特征，作为与媒体在健康领域的垂直项目运营中更多选取的“问诊”“导医”等模式的差异，是因为虽然两者都是借助媒体的公信力、影响力为用户提供权威的健康资讯服务，但从着眼点上看，“名医大讲堂”的模式，在蕴含“用户意识”“服务意识”的同时，更能体现“内容优先”的价值取向，即更加注重为用户提供专业、权威、普适的医疗健康知识，而非单纯以媒体的公信力背书，为有特定医疗需求的用户提供求医问诊的指引。以“名医

广州日报社的“健康有约”项目有着专业内容生产能力和机制

大讲堂”为起点，“名医微课”“岭南名中医直播”“秒懂健康微视频”等一系列具有显著科普性质的内容产品，尝试了网络课程、直播、微视频等多样化的形式，但其对内容价值的凸显，却是一以贯之的。而与这些内容产品伴生的“实力中青年医生”“最强科室”等更贴近用户实用性、服务性需求的健康服务类产品，虽然是通过服务黏住用户，但不妨看作是内容产品价值实现之后，衍生出来的“周边”。

第二节
视听新媒介在传播中的突出地位

从多样化传播形式的分类表现来看，虽然职业媒体人对“长报道”“长文章”委实不舍，但视听新媒介在传播中的突出地位是毋庸置疑的。在抖音、B站、快手等视频传播平台崛起的初始阶段，微博、微信和机构媒体自建客户端，看似还能作为文字传播形态的“保留地”。虽然在发展历程中渐次加入了在文章中插入动图、短视频等功能，微信公众号从诞生之日起一直就是职业媒体人和内容创业者延续文字传播路径的重要渠道；“阅读全文”的功能，在机构媒体的公号文章中被高频使用。而在图片式的“长微博”突破了140字的限额之后，似乎更让文字等抽象媒介形式看到了新的曙光。至于机构媒体自建的客户端，更是经常被用以承接从纸质媒体原样搬运的稿件。

但事实却是，自从视听新媒介被看作是新的风口，其就一直是风口，且至今尚未看到下一个风口。从2018年起，最初兴起于海外网站YouTube的Vlog（视频博客video-blog的简称）在微博等国内平台走红。出于对“春江水暖”的感知，中央媒体最先更新表达方式。《新闻联播》主持人康辉的系列Vlog，于2019年11月9日开始在新浪微博平台发布，以“日记式”风格记录社会和个体的视觉新形态，甫一推出，即受到公众的好评，更被业内广泛关注继而群起效仿。时隔两月，被很多媒体人定位为“发内容”（文字内容）的微信平台，其运营团队也在微信公开课上官宣了对视听新媒介的特别关注。随后，微信视频号应声而出，并被机构媒体迅速纳入了在第三方平台拓展传播版图的重要节点。如果以2018年Vlog在微博等平台的兴起和微信平台推出视频号为节点，排除内容生产和传播中其他因素的显现和影响，可以把媒体融合第一个十年（2014年—2023年）的传播之变分作两种路径：一种是从传播渠道入手，为内容找到新的渠道，在新的渠道重新建立和用户的连接，但内容仍以文字形式为主；一种是内容的重构，抛弃文字等抽象媒介的旧形式，探索视听等具象媒介的新形式。第一种形式突出表现为主流媒体蜂拥而上建设自有客户端，以及全面开花般地在第三方平台拓展传播版图。第二种形式则为集聚视听内容生产资源、探索技术生成内容模式、构建视听内容生产能力。巧合的是，在媒体融合的第一个十年里，两种路径各领风骚五六年。

视听新媒介产品兴起的背后，是场景媒介理论在移动网络传播中的发展和深化。从场景理论鼻祖埃尔文·戈夫曼，到被视为媒介环境学派第三代代表人物的约书亚·梅罗维茨，都提出过前台/幕后（前区/后区）在媒介场景中变得模糊和交互的观点。尤其是在约书亚·梅罗维茨《消失的地域——电子媒介对社会行为的影响》一书中，对作为场景的新媒介、新场景中人的新行为进行了定义。比如，电视把不同年龄阶段、不同性别的人带入同一种场景之中，而不再受物理地点的约束。而对物理地点约束的突破，也正如麦克卢汉在人对媒介感知的关系中所说的那样，认为媒介可以使人感受到超越地理意义上的“空间感”并使之延伸扩大[①]。在当时，梅罗维茨所说的新媒介指电视，认为电视让人们从旧有的近距离场景，进入到一种跨越时间、空间的宽广场景，最显著的两个变化，

① 马歇尔·麦克卢汉：《理解媒介：论人的延伸》，何道宽译，译林出版社，2011。

一是打破了不同信息群体系统的分离状态，二是通过生动具体的传播成为观察他人私人行为的渠道，营造出“公众情景”合并“私人情景”的现象[①]。但在这种新的媒介场景中，真实的地域语境和电视媒介语境是分离的。

值得注意的是，在移动互联网的传播中，媒介技术让作为“身体的延伸”的媒介再一次实现了场景的超越。网络与人的身体处于同一个地理环境中，媒介环境变成一个个向中心流动的信息系统，场景的地域语境和媒介语境重新具有了一致性。或许是为了印证“物极必反”的辩证逻辑，在全新的媒介场景下，梅罗维茨曾经描述的，人们被电视媒介带入同一个场景模糊的公共领域的情形，却被新闻生产的社交化所颠覆。在移动传播带来的新媒介、新场景中，一方面是新闻进入“后真相”时代，真相被淹没在持续喷发却又泥沙俱下的信息洪流之中，受众要做自己的把关人；另一方面，人们在社交媒体中寻找情感共鸣和价值共识，往往是在选择性地接受中不断强化契合自身认识的观点，而将更多的事实拒之门外。在网络平台海量的信息来源中，人的媒介生活更自由、多样，但过去电视媒介场景中的共同点正在减少。作为生产者和受众的复合体，人们的注意力更多地投入“我”感兴趣的领域，而与他人的共同领域变得日益狭窄，曾经打破了不同场景边界的信息系统，如今正被主动地分隔开来。

继承和发展了欧文·戈夫曼“拟剧论”[②]的约书亚·梅罗维茨，对媒介场景进行了“前区”“后区”的区分。不同于“前区”的表演化，“后区”是去表演化的。新媒介场景中的“后区”越少，表演者和观众之间趋同的可能性就越大。梅罗维茨也提出了并行展示两者的“中区”的概念，他认为，“情景”在大多数情况下是混合交互的，“中区”行为将

① 约书亚·梅罗维茨：《消失的地域——电子媒介对社会行为的影响》，肖志军译，清华大学出版社，2002。

② 欧文·戈夫曼：《日常生活中的自我呈现》，黄爱华、冯钢译，浙江人民出版社，1989。

两者融合之后并行展示，这才是媒介的常态[①]。因此，在移动互联网的新媒介、新场景下，更好地实现对物质地点的突破、延续媒介对身体的延伸，仍是必须继承的命题。新媒介以数字信息为基础，其编码方式的多样化、传送双方的交互性、表演者和观众身份转变的便捷化，相较于以往的印刷媒介场景，甚至是梅罗维茨所关注的电视媒介场景，更具融合性。移动互联网传播中视听新媒介的成功，正是重新打破场景边界对人的分割，通过更高融合度的场景交互来丰富并行展示的“中区”。

我们来看两个例子。第一个例子非常有转折性的意义，就是前文提及的康辉Vlog。康辉Vlog系列采用超越用户对央媒期待视野的新表达方式，通过“前区”和“后区”的交互展示，融合了康辉跟随国家政务出访团队时，对国事交流“台前”和“幕后”的观察。在这样的新闻记录形态中，博主既是观众，又是表演者，原本在受众眼里颇为神秘的出访活动，通过去表演化的工作“后区”和主持人私人领域的展示，让受众的“窥视”心理得到满足。国事交流和央视主持人不再只是作为抽象而严肃的符号存在于官方的叙事程式中。伴随着神秘感的消解，亲和力自然浮出，超越已经成为范式的既往场景，与受众建立起比以往任何传播形态更亲密的信任。而这种“后区前置”伴生的，是在表达和交互上的“前区后置”。博主淡化了央媒主持人的角色特征，通过平民视角把自己下沉到与受众平等的观众地位，借用了受众日常的表达方式来生产内容。可以说，与诸多提出“沉浸式报道”口号的新媒介产品相比，这种央媒主持人视角和受众视角的反差，更能够增强受众的参与感和沉浸感，进而转化为内容的可信度。学者张培认为，传播者和传播对象这种高亲密度、高可信度交互关系的建立，并未完全像梅罗维茨所说的那样，在“祛魅”的混合情境中催生话语权的变更，反而引起特殊的“真实”效果，巩固和重构了传播者的权威性和影响力。官方媒体话语体系

① 约书亚·梅罗维茨：《消失的地域——电子媒介对社会行为的影响》，肖志军译，清华大学出版社，2002。

对民间话语、主持人私人话语的吸收，产生了重构权威的效果[①]。

第二个例子在主流媒体的视听新媒介作品中较常见。2024年6月6日，“新华日报·交汇点”新闻推出一部以“现代男”带领“穿越女”饱览长三角一体化新图景为总体思路的视频作品《“长”歌行》。作品被打上了“沉浸式”“AI”“XR（扩展现实）”“新闻情景短剧”的标签，去除标签中关于技术建构手段的描述及“微短剧”的自我定位，仅从“沉浸式新闻”的维度而言，确实很具有典型性，在发布后24个小时内就收获了超过百万的观看量。作品设置了两位在真实场景中物理地点和时间都不可能重合的主人公——古人柳永之妻“瑶卿”和现代人长三角青年“小王”。他们在“新闻情景短剧”里进入同一个场景，一起在杭州西湖边“荡荡儿”，在皖南油菜花田里“摆pose”，并且让现代都市的楼高车快和古画人物的宋美唐风同框，共同环绕在“小王”“瑶卿”身侧……这一幕幕极具冲击力的画面，被媒体观察者“观媒”微信公众号看作“XR技术对传统文化传播话语体系的解构”[②]。而媒介让人感受到超越时空的体验，也不妨看作是对媒介场景理论的实践。穿越女“瑶卿”可被视作场景理论里变身为表演者的观众，视频的观看者能够从她的形象“借壳”，沉浸、参与到过去只能“看见”的新图景中。而原本作为表演者或者说媒介场景中传播者的现代青年小王，在瑶卿借助场景的融合转为表演者之时，却在情境微短剧中扮演起观众的角色。微短剧中小王带领瑶卿饱览新图景的行为，是将过往只能作为观看对象的前区，通过“带领”的交互性行为，变为“去表演化”的后区，表演者将视角下沉到与受众平视，“荡荡儿”“摆pose”等公众日常行为被引入对新图景的体验中，体现出与用户平等对话的亲密姿态。

无论是AI在生产流程中的深度介入，还是XR带来的沉浸体验环境，

① 张培：《权威重构：媒介情景论下“康辉的Vlog”研究》，《东南传播》2020年第8期。

② 李璞、徐亦丹、吴盈青、穆怀佳：《新手BUFF加持，记者小编自拍“新闻微短剧”成了爆款》，“观媒”微信公众号，2024年6月17日。

视听新媒介作品借助技术手段实现的，绝不只是内容形式的创新和超越，更是新媒介对人体的进一步延伸，建构了一个更能激发用户参与的交互场景，更容易达到前区和后区并行展现的效果。从表层来看，是新的内容呈现形式持续成为热词，ChatGPT、Sora正在实践中丰富着传播的手段，而元宇宙的远景更让媒体从业者或期待或焦虑；如果从媒介场景嬗变的角度来透视，戈夫曼所说“永不谢幕的舞台”[①]正在新媒介的重组中变得更加宽广、更贴近身边，视听新媒介也让“每个人的表演”更多彩、更有趣味了。

① 欧文·戈夫曼：《日常生活中的自我呈现》，黄爱华、冯钢译，浙江人民出版社，1989。

第六章
新媒介叙事美学中的具象媒介精神

新媒介给了传统意义上的观众在新媒介场景下表演的舞台，走上舞台的观众也推动了内容呈现形式更替、叙事结构变化和话语权的迁移，在实践中解构旧媒介场景中的内容叙事美学，建构起新媒介的叙事美学，特别是视听新媒介产品，展现出奇幻而富有张力、色彩和情绪饱满的具象媒介精神。在这一全新且仍处于剧变中的叙事美学中，官方和民间、专业和业余、公众和私域的边界，正在如传播场景边界一样变得模糊。以往够不上“登堂入室”标准的，已变身为传播新舞台的“顶流”，被作为舞台“原住民”的职业媒体人密切关注、争相仿效。热词、热梗、热门言说方式……引领者成为被风潮引领的跟从者，被引领者正引领着这些风潮，很多时候甚至分不清到底是谁在引领谁。正如加缪在《西西弗神话》中所说：“不要走在我的后面，因为我可能不会引路；不要走在我前面，因为我可能不会跟随。”新媒介场景下每一种新叙事方式的推出，都有可能是模仿或模仿后推陈出新的，也都有可能引发更多内容生产者的模仿，这被视作爆款速成的捷径。正如2024年5月的菏泽南站，“菏泽树哥”郭有才翻唱了《诺言》之后，站前广场上遍地都是“我有才”。但我们却不能轻率地否定、矮化这些看似“东施效颦”的模仿者，他们的表演未必不能成为下一个热搜，我们也随时可能是他们的模仿者。

第一节
日常美学在新媒介作品中的应用

好的新媒介内容产品，经常会获得“有网感”的评语。“网感”，可以具象化为故宫“国潮”这样的视觉元素，可以是成都“迪士尼”那样的空间元素，而言语元素（打工人、霸总）、动作元素（航母style）、形象元素，更是被广泛运用，甚至泛滥成灾、沦为恶俗。但从美学的维度来看，“网感”本质上是符合视听新媒介产品交互规律的日常美学。

一、降低受众沉浸门槛的平视视角

要建构一个让受众（观众）获得沉浸式体验的媒介场景，就必须降低受众进入场景的门槛，让视角下沉到与受众平视的高度，让受众自然地被激发，进而转化为场景中的表演者。无论作品的立意高低，这种视角都应该表现为受众日常情怀的鲜活铺陈。近两年，一些地方领导以个体体验者的角色进入直播间、进入宣传片的镜头，从文旅工作管理者下沉为当地文旅服务的推介者、体验者，扮演起了文旅产品的KOC(关键消费者）。女县长跃马扬鞭、文旅局长飞花摘叶，这些对网红打卡攻略的另类实践，营造出了一个个表演者和观众往复交互的媒介场景，成功实现了移动传播平台的流量效应。而其中不成功的跟随性作品，正是因为在视角切入时的不自然，而流于苍白和浮躁，受众当然也就不认可。视角的下沉，不是简单地放低，而是下沉到能够让受众代入、能够真实展现场景中各种元素的高度。

王国维在《人间词话》中点赞纳兰性德的作品，认为是“以自然之眼观物”，说的是诗人的自然[①]；同理类推，能够让受众沉浸其中、感同身受的视听新媒介作品，则应该以受众的眼睛去观察，要体现出个体的、真实的观察，这是平凡世人的自然。普通受众并非盲者，平凡所见并不难寻，为何真实自然的观察被看作一种难能可贵的美学追求？“自然之眼”因何被蒙翳？王国维认为纳兰性德的“自然”，是由于“初入中原”“未染汉人风气”[②]，这当然不是“地图炮”（对某个群体进行言语攻击的行为），而是说叙事风格的流弊，“无病呻吟”“矫揉造作”“故弄玄虚”“不接地气”……诸如此类，不一而足。陈腐的叙事方式、自命不凡的视角，这正是当前一些传播者，尤其是政务媒体、主流媒体的通病，无怪乎他们的内容产品让受众厌弃、让业内无语。另一些则是“邯郸学步”，徒具网红之形，而难收爆款之实。

平视的视角，不是假装用受众的眼睛去看，却在平常所见所闻中拼接一些不该属于这双眼睛的情景。平视，就不该有过度的滤镜效果，呈现出来的画面和情景，应该是无惧琐屑和平凡的，应该主动背弃过于高大上的影像奇观，把无可抵挡的日常的魅惑，天然流露在个体化的视域，弥漫在所有的情感和伦理空间，以及一切描述和想象的天地之中。不回避艰辛困惑、看似琐碎平淡的细节，更有烟火气，更能引发代入感。用质感满满却又世俗、平淡的镜头，体现鲜活可感的生活真实，展现出具象媒介精神的美学力量。广州日报曾在2018年全国两会前推出过一部MTV作品《福气广州》，创作思路是让生长、打拼在广州的厨师、流水线工人、地铁站引导员、港口工程师，用改编过的歌词咏唱“家中的美好”。“家中”的美好，无非是日常茶饭、平淡行止，而没有任何超出平凡世人视域、被拔高的观察点，引领性的主题被巧妙隐藏在日常所见的叙事框架中，更能触动人心，体现出有诗意的现实主义。

平视的视角，还应该成为一以贯之的“产品画像”，即不只是在某一个作品中玩一把，而在其他作品中又回到原形。那样，就感受不到一

①② 王国维：《人间词话》，中国文史出版社，2014。

种长期主义的坚持和诚意，而更像是为了蹭热度、蹭流量的投机行为。很多媒体观察者和从业者经常会提出“出圈之后”的追问，有鉴于过往有太多的例子，是在“火过之后”因为缺乏长期画风的维护，最终接不住井喷式的流量带来的“泼天富贵”。

二、吸纳个性化表达的话语方式

有“自然之眼”，也要有“自然之舌”[①]。日常的视角和情怀，需要用日常的语言（尤其是镜头语言）来表达。在让受众“代入”之前，先要把受众熟悉的语言“带入”作品。“热词”“热梗”往往被视为新媒介作品“网感”的一项标准，如何用好网络日常语言来表达对现实生活的观察和思考，是所有内容生产者必须面对的问题。很多机构媒体坚持每年征集、评选网络热词、新词，作为语言规范性文献的词典在修订时注意吸纳新词，并做出符合语言发展规律的解释，也是以网络为代表的民间话语被带入主流话语体系的一种方式。尽管出于对语言纯净性的担忧，也有排斥和隔绝网络用语的声音，但总体上看，自媒体文体、语式，因其表现形式和技巧的丰富性，特别是自主性，在偏重于解构的媒介场景中，更贴合受众的趣味。

自然的表达，对日常语言的借力，不能“为赋新词强说愁”，这一点是毋庸置疑的。作为媒介场景中最自然的一种表达方式，“鹦鹉学舌”反倒是最令人厌憎的不自然。常见的流弊是，一个热词出来，一时间在所有的作品里漫天飞舞，直至错用、滥用。像“尔滨”“阿冷”，实在是感觉用起来有点“自嗨”过度，“打工人”“干饭人”却着实触动人心、引发共情，不仅经久不衰，内涵也在不断丰富。符合日常美学的叙事，不是简单地卖弄几个新词，更有甚者，在“词库”上滞后，跟不上网络热词的更迭，还抱着一个陈年烂梗用到底，如隔夜的牛奶一样令人反胃。一个好的表达，绝不是滥用热词热梗，必然是来自对日常生

① 王国维：《人间词话》，中国文史出版社，2014。

活的深度感悟，和对这种感悟神游物外的概括。正如毛姆在《月亮与六便士》中写道："我用尽了全力，过着平凡的一生。"日常的叙事、对平凡的书写，也是要"用尽全力"的，并非简单地套用网络流行语、粗糙地拼凑网友的口头禅。"用尽全力"才能想到别人所未曾想到的，说出别人所未曾说过的，让平凡的东西给人以熟悉的"陌生感"、恍然大悟后的心有戚戚。

自然的表达，也是契合场景的日常。一种文体和叙事火了，不代表谁都可以学，什么场景下都可以学。大学毕业典礼上的校长讲话，在过去十年就经历了从走下神坛到跌落讲坛的曲线。刚开始，校长口中的"潮语"被看作是与学生平等、亲近的表现，用得多了，甚至为了用上那些看似紧跟风潮的词语，乱了逻辑、缺了气度，变成了三言两语便要博听者一笑，却又没有郭德纲的本事。有些政务自媒体也因为在严肃的话题上过度"卖萌"，被批评"惺惺作态""不知所云"。

探求自然的表达、日常的叙事，真实，也是无法回避的问题。在Sora创造的虚拟世界映衬下，媒体传播内容的真实性更显得重要。一家省级广电媒体在分享抖音号运营的经验时，曾经提到过一个在真实事件的视频报道中插入了历史影像的案例——一位外省的器官捐献者在去世之后，捐赠的器官要在存活时间内及时移植到当地患者的体内。爱心和生命的接力传递，无疑是一个非常好的故事，精心的推送计划和出色的剪辑处理更为这段爆款视频打开了众妙之门。其中有几秒钟被网友赞为"帅爆镜"的画面：开道的交警铁骑在弯道右侧车辆汇入口，用流畅的专业动作完美地护住身侧快速通过的救护车，并示意右侧的车辆减速让行，整个流程极为"丝滑"，堪称整个作品最大"爽点"。但这段画面并非来自当天的"生命快递"现场，而是一年前同类事件中的一段画面，被内容生产团队拼接了进来。对此，经验分享者的解释是，这段画面在上一个作品里就非常抢眼，吸引了大量的观看者留言点赞，而这次视频记者现场跟拍的画面由于车距的原因不够"完美"，前后两次又是在同一个弯道，所以就用旧的画面做了替换。一个成功的视频画面，在两个不同时间的故事里，两次“成功”地吸引了受众。生命接力的故事是真实的，交警在弯道护航的动作是真实的，内容生产者要表达的情感是真实的，但这个作品还是真实的吗？如果被这种满溢着日常“真实”片段的作品所感动的用户，知悉这背后的操作，他们是否还会认可这是真实的？是否还会留言点赞？笔者也就这三个问题和该视频内容生产团队的一位成员进行了交流。他也感到似乎这是个缺憾，但同时表示，当下很多视听新媒介作品其实也并非都是现场视频，有些不在现场发生或未能在现场用影像记录的画面，常用AI补充生成。那么，问题又变成：如果AI可以帮助我们，把“脑补”变成用画面填补，那么作为人类的内容生产者，能否用资料画面填补真实影像的空缺？或者说，过去在抽象媒介中，记者可以用文字描述向受众展示另一个时空的画面，那么作为具象媒介的视听新媒介，能否在作品中对不同时空的画面“杂糅”呢？在AIGC、文生视频等得到更广泛、更普遍应用的时候，相信这一定会成为媒介职业伦理的一个重要问题。事实上，在被称作“世界模拟器”的Sora问世之后，已经有很多观察者提出如何识别AIGC视频的技术指引。眼见为实的理念，将在视听新媒介中受到更为严峻的挑战。

三、用“反差”超越日常生活体验

日常美学的叙事并非反对一切虚拟和想象，其中的元素并非都来自日常的生活体验。超越一般用户日常体验，而在逻辑上真实、事实上存在的叙事元素，既是对用户日常生活体验未能触达部分的补充，也可以被看作是与用户日常生活体验之间的“反差”。这种“反差”形成一种身在其中、又不断变化的媒介场景，让进入角色、代入其中的用户感受到超越物质地点和时间的体验，这正在视听新媒介中被广泛应用。从本质上来看，这也正是身体通过媒介实现了新的“延伸”，内容生产者和消费者的视界被同时打开了，他们生产、阅读或观看“反差”，被媒介改变、塑造、改写，通过彼此在场景中的交互，同步体悟到艺术体验的延伸、思想的延伸、文化的延伸，人的存在实现了全息化。获得超越日常的体验，也让用户感受到以往未曾深知领域的细节，就像康辉Vlog让用户看到国事交流的另一面，博主剥去央媒记者等社会标志的外衣后，把过去只有特定角色才能获取的知识带到了用户面前。这可以说是对一种“神秘”权威的祛魅，带来的是更能被确信的真实感。

与另一个时空的心理对接和共时交流，是比较多见的“反差”形式。比如在“新华日报·交汇点”作品《“长”歌行》中，现代男与穿越女用微信对话、古代画中人与现代机器人同框，铲史官漫画团队作品《12·13南京大屠杀死难者国家公祭日》中1937年、2017年两组人的对话，成都日报锦观客户端对三星堆出土文物的造型和动作尝试富有音律感的现代解读……除了重大的主题，这种形式在一些围绕普通人命运变迁展开的作品中也多有应用。

粤传媒旗下的G视频团队在2023年推出的“每一个人的故事”《我们》，就是以主人公寻常的一天作为线索，围绕分别来自20世纪80年代和21世纪20年代的两位女青年一天的行程设计场景。《我们》采用分屏的创意手法，将两个时代的人物和场景建立历史联系，鲜明地突出时间

《我们》把反映时代变迁的引领性意义，隐藏在“我们”生活变迁和亲情传承的“日常叙事”中

跨度；结尾揭开悬念，原来左右分屏主人公是亲属关系，把反映时代变迁的引领性，隐藏在“我们”生活变迁和亲情传承中，寓家国命运变迁的宏观视角于百姓生活变化的微观视角，以此作为改革开放45周年世情的一种折射，和“我们”共情的起点。

另一种常见的“反差”形式是受到工业美学影响的科技性“反差”，体现出了一种具体而细微的“大片感”。“大片感”在观看体验上背离了日常性和个性的独特感悟，更接近一种超越个体的“史性”追求。但不得不承认，科技手段的更新，也“对冲”了视听新媒介作品由于主题和创作思路的过度趋同而带来的审美疲劳。在AIGC更多参与到内容生产之后，更拓宽了科技性的应用视野，并降低了制作的门槛和成本。2024年初，澎湃新闻采用视频、图片与“文生视频”的融合创新手段，连续推出引入AI生产的视频产品：国内首条全AIGC生成的贺岁广告片《游过千重浪》，运用AI技术生成《大美中国》的渔获丰收场面；将AI技术应用于传统艺术再创作，推出《元宵奇妙夜》；在全国两会期间，推出全AI生成数据视频产品《AI视角看中国的一天》。AI的视角，在功能性层面显示出巨大的建构力。而在新华日报交汇点作品《“长”歌行》中，AIGC技术的融入也让人眼前一亮。视频中，当古人“瑶卿”看着现代人“小王”启动无人机后，无人机实景瞬息变幻为宇宙飞船、航天器。从无人机到飞机，再到火箭卫星，主创团队运用AIGC技术，既呈现出科技感满满的画面，也让“瑶卿”与“小王”在太空遥望卫星的大胆构想得以落地。

从“拟剧论”的角度来审视新媒介作品（特别是视听新媒介作品），如果把这种新的媒体场景看作一个舞台，这个舞台的叙事美学，正如契诃夫所说，“舞台上的一切应该像生活中的一切一样复杂、一样简单”[①]。其复杂，在于要褪去刻板的、缺乏细节的“亮色”，通过复调化的刻画，还原出可感、可触的肌肤感，以鲜活可感的真实与用户共

① 安东·契诃夫：《契诃夫论文学》，汝龙译，人民文学出版社，1958。

情。其简单，在于形而下的生活体认和表意，伴随着视角的平实化、表达的日常化，以质感满满的平淡和满足，给用户一个能够自由出入其中的“镜像人生”。

第二节
新媒介内容产品的“表现主义”基因

网络微短剧又low又“上头”，为什么你还是看了又看？作为视听新媒介独领风骚的内容产品，微短剧突出的“表现主义”基因，或许是一个比较契合事实的答案。而作为艺术流派和风格的“表现主义（Expressionism）”一词，源自拉丁文“Express”，含有“抛掷出来”“挤压出来”的意思，以微短剧为典型的新媒介内容产品对情绪价值的“抛掷”和热捧者们对所处“挤压”状态的感受，似乎都可以看作“表现主义”基因得到凸显张扬、成为流量风向的缘起。着重表现内心的情感，并将这种内心体验化为激情，故事是现实生活异乎寻常的变形，是否有“反转剧”的影子？人物是某种类型的代表或某种抽象本质的体现，而舍弃细节的描写，是否能看到“霸总”的画像、闻到“霸总”的气息？以几乎怪诞不经的方式表现丑恶和私欲，反派的肆无忌惮，总能绝处逢生的主角光环，是否激发了你“打怪升级”的求生欲望？共情的起点，就是让受众隔着屏幕都能感受泼墨式的情绪倾泻。这就是新媒介内容产品的“表现主义”。最先出现在马蒂斯画展上一组油画的总题名，起源于视觉艺术的“表现主义”，其特征在延续了具象媒介精神的视听新媒介内容产品中，得到了最丰富、最细腻的呈现。而“表现主义”特征最张扬、最典型的，还是微短剧，这也是笔者观察这些特征的切入点。当然，作为抽象媒介代表形态的新媒介文字产品中，在比视听产品相对理性的叙事框架内，往往也潜藏着“表现主义”的基因。而这种基因甚至可以上溯到20世纪上半叶主流媒体发布的经典名作中，其根系则覆盖了评论、消息、通讯等多种新闻体裁。

“表现主义”基因的反映，作为一种思想特征，突出体现在新媒介内容产品满溢的情绪价值之中。

抗争的意识

一种是对不公平、不美好的现象的抗争。不同于“宫斗剧”里总是通过“黑化”“同化”，一步步放弃向善的因子、唯美的期待，才能“忍出一条血路”；微短剧有着强烈的“不要你以为，而要我以为”的自我意识的觉醒，对善和美的执着，要用“我”坚守的“对”的方式来处理问题。“活成我自己讨厌的样子”不算是成功，让故事的结果变成“我想要的样子”才是。在看似缺乏对现实的透视、基于非理智的感觉的“戏剧化”表达中，却毫无保留地揭示出在“躺平”“佛系”的面具下，“急欲爆炸”的不妥协、不让步、不低头。这在微短剧的矛盾演进中，经常是以正面对抗的姿态推进，以反转之后的大快人心收场。而在基于现实题材的传播产品中，会背《论语》的保安、在求学之路上找到“光”的盲人女生，总是能冲上热搜的话题。对不公或困苦的反抗，和与之伴生的奋斗与坚守，正是“表现主义”的首要特征，契合了其倡导的“戏剧不是舞台，而是鼓动者的讲坛”的主张。而如果从更长的发展历程来看，并且从叙事的角度更深度地观察，新媒介内容产品的“表现主义”基因，其实也有着传统媒介时代、主流传播作品的美学记忆和精神依存。

行动的坚决

“行动，行动——这才是决定一切的东西！”与芬特纳《监禁》中的台词相似，微短剧中的人物几乎都展示出了坚决的行动力。抗争和奋斗，不是被挤压的状态下内心的痛苦独白，而是要转化为改变不公正现象和规则的行动。“王妈”系列的出圈，就是因为与现实中很多类似情境下的隐忍不同，其会付诸实际的应对；而“王妈”的公司此后的人设崩塌，也正是因为剧中做打工人的“嘴替”，剧外却漠视“打工人”的权利。为此，评论者认为“王妈”在微短剧中的行动是不真实的，这个角色在日常的情景下是无法用“王妈”的方式去维护自身权利的；评论者又认为“王妈”的公司应该去实践剧中的情节，在现实中尊重“打工人”的权利。两种评论者很可能是同一拨人。看似相悖的两种观点，本质上都是对行动的渴望和呼唤。新媒介内容产品中对抗争和奋斗过程中艰辛的再现，也正是以“行动”作为与用户共情的催化剂，并以细节清晰、质感满溢的“行动”来揭示引领性的主题。

“人”的力量

“主角光环”的最大价值，在于对人改变环境的力量的彰显。即便是夸张和虚构后的善和美的人设，也必须在情节发展中起推动作用才能有意义。否则，其中的“人”就又会回到“被看见”“被欣赏”“被打救”的“物化”的层面上。这不是用户所需要的。2022年热播的《梦华录》，从《救风尘》的境界中升华，把救了宋引章一个人的“风尘”，提升为救了所有沦落贱籍人的“风尘”，最终发出了身份和人格高下截然相反的人“谁贵谁贱”的拷问，这就是自我觉醒的人、自主自助的人的力量。视听新媒介的内容产品在人的塑造上，并非要完全摒除环境和外部力量对作为自觉个体的帮助和影响，正如“霸总”会像骑士一样在紧要关头飘然而至。但中心人物的抗争和行动，才是获得用户认可的关键。微短剧中高频出现的配角，是一群被逆淘汰的环境和规则扭曲和挤压的人，他们心灵空乏、迷失自我，他们围在主角身边，用曾经挤压自己的一切去挤压主角。但也会有“己所不欲，勿施于人”的配角，出场时他会在自己隐忍的同时规劝主角妥协，但最终被自带光环的主角升华、被步步紧逼的反派激发。要选择“对”的一边，这就是人的力量，人改变环境甚至改造世界的力量。限于对个体责任认识的差异，我们目前所见的视听新媒介产品中，似乎很少像沃尔芬斯坦《男人》中以自我牺牲来唤醒他人的人，但品图斯“只有人变好了，世界才能变好”[①]的论断，却是在视听新媒介产品中被反复实践证明的。

对异化的揭示

网络微短剧很“上头”，很大程度上是因为理想被扮作现实，用理想解构了现实，但却又透过虚拟场景中种种生活现象，揭示出生活环境中无处不在的异己力量，这种力量催化了人际关系的异常，加剧了“反派”“围观”人物性格的变态，营造出浓烈的陌生感、孤独感。主角不接受环境，环境也不接受他的陌生感。在压抑天性的格子间里，被“网格化”的其他人不愿有人突破格子的边界，不愿有人打破既有的潜规则，似乎被异化的不是他们，而是与作为特定环境的群体格格不入的主角。在主角所处的环境中，“他人”作为一个群体，相互之间貌似也不缺乏亲密，但那是在共同的潜规则、共同的不当得利驱动下的利益共同体，其实他们也和主角一样，撕开笼罩其上的温情脉脉的面纱，暴露出来的就是带着焦虑甚至是恐惧的孤独感。而不愿被同化、不愿加入的主角，他的孤独感被描摹得更直观、更真切。虽然微短剧是让用户在别样的时空里品味“虚拟的现实”，但在刻录真人真事的新媒介内容产品中，这种无助、无奈、无力的陌生感和孤独感，同样也是共情的爆点、用户的泪点甚至是笑点——对自身相似的情境感到释然。

“表现主义”基因的投射，体现在艺术特征上，则是其创作方法中更注重对主观情感、意象幻境的表达。

空中楼阁的场景建构

“世家”“豪门”的家庭背景设置，“霸总”“贵女”的人物身份设置，微短剧中常见的“出厂设置”是一个“梦的美丽世界”，作品就像是对梦境的一个描述，在很多细节上也看不到理性世界的真实性，

---

① 库尔特·品图斯选编：《人类的曙光：德国表现主义经典诗集》，姜爱红译，人民文学出版社，2012。

而是超越日常生活、违背常理的虚拟的完美。顶头上司的龌龊猥琐，会被更高段位者的善良温厚碾压；小人得志式的炫富炫贵，会在更豪横的人云淡风轻的“凡尔赛”中零落成泥。早在还没有移动网络传播的2005年，在“天涯社区”周公子和易烨卿的“世纪大战”中，半路杀出的“北纬67度3分”，就是举起“比富”的武器直接向易烨卿小姐的要害处杀过去，藐视对方所在意的家世、财富、器物和品味。不是用“人人平等”这些正确的观念去批驳你的傲慢，而是抽掉你傲慢的依仗来羞辱你的傲慢。就像“你这是仗了谁的势”的潜台词，是我的“势”比你的更大。建构一个“陌生化”的场景，让用户因为神奇、怪诞的体验而惊异，但在情感上又觉得理所应当。这似乎印证了桑塔耶纳所说的“背离了自然的可能性，而不是背离了内在的可能性”①。而“陌生化”的“霸总”“王妈”，也貌似无心插柳式地营造出一种无形的“间离”，让观看者不至于“入戏太深”。微短剧一方面在建构空中楼阁式的场景，同时又在解构这个场景。“有造境，有写境”②。当觉得“写境”、再现现实世界不够过瘾时，微短剧干脆就把我们日常深埋于潜意识的幻想片段刻画出来，创造了一个“新的世界图像”。在这个图像中，理想就是现实，过程不止于浪漫，结局让人感到舒适。

疯狂输出的情绪倾泻

微短剧体现突出的力度感和节奏感，使复杂的情节变得明快，人物对话中主角的陈述更像是一种“呐喊”，要用最大的声音，盖过周边其他人、盖过喧嚣的背景音。主角借助语言和行为上的肆意挥洒，往往竭尽全力地把内心抗争的情绪倾泻出来，以一种密度、力度都远高于常态的表达，让用户被震撼、被震惊。不只是被视作“唯流量是举”的微短剧如此，这种疯狂输出其实在一些“大片感”十足的主流视频中也显而易见。央视总台在2024年6月28日推出的首部AI微短剧《英雄》中，普通

① 乔治·桑塔耶纳：《美感》，杨向荣译，人民出版社，2013。

② 王国维：《人间词话》，中国文史出版社，2014。

人“大胖子”跨越时空与西汉冠军侯霍去病并肩战斗，最终成为勇于不断战胜自我的英雄。唯美细腻的画面构筑出一个个神秘与奇幻交织的场景，满屏的“壮美”“力量”元素喷发般地冲击观看者的眼球和神经。这不仅是穿越者“大胖子”，其实也是作品创作者内心领悟中国力量之后的疯狂输出。而在同一天开播的《川西奇遇记》系列微短剧，塑造出了一个成都版的爱丽丝，把“川西坝子”跨越国界、超越时间的传统文化民俗魅力，在一段段充满温情的奇遇中、一次次心灵的触动里释放出来，也让人感受到画面背后“感情得到无限的扩张”。《英雄》的奇幻、《川西奇遇记》的奇妙，似乎也可看作卡夫卡所说的“内心世界向外部的巨大推进”①，是把作者内心对中国精神或川西民俗的“激荡的感情”，透过奇幻、奇妙的影像传达给用户，像勋伯格描述的那样，“使他（观众）在心中也发生强烈的震撼”②。

荒诞夸张的讽刺手法

微短剧情感的疯狂输出，更多是潜藏在荒诞夸张的情节和对话里。在情节设计上，总是会破坏一些逻辑链条的环节，让中心事件变得非常不真实。但这种不真实，其实又是对现实生活中真实现象的夸张表达，尤其是微短剧主角经历的世态炎凉、人情冷暖，都是现实生活的再版和镜像。破烂王有千亿身家，和《变形记》里“人变虫”、《百年孤独》里持续了四年十一个月零两天的那场雨，谁更真实？在人物设计上，反派最爱用“七情上脸”的表情语言、肢体语言开虐，邪恶得不用思考就能感受到他们的扭曲，这和京剧中白脸的是曹操、红脸的是关公，谁更夸张？内容创造者的内在需要，在狂想的情节和脸谱化的人物中，得到了最充分、最纯粹的外在表现。“以虚事写实，一倍增其真实”，更能够揭示本质的真实；被夸张的真实，是对真实的“恶”最强烈的讽刺。

① 弗兰茨·卡夫卡：《卡夫卡全集》，叶廷芳主编，洪天富等译，河北教育出版社，1996。

② 阿诺德·勋伯格：《勋伯格：风格与创意》，茅于润译，上海音乐出版社，2011。

直达灵魂的抽象概括

“荒诞并非失真，虚拟并非虚假。”这是视听新媒介内容作品最需要把握的界线。虚拟真实的情绪价值，恰恰在于立足于对现实的深刻思考、沉思、观察，用观点和情感来超越和代替浮于表面的观察。而“霸总”“王妈”“大胖子”和“爱丽丝”，才是现实生活中你我的象征和隐喻，而不是符号和标签。也只有这样，抽象和概括才能直达用户的灵魂。同样是央视总台发布的首部“AI+真人”剧情式微短剧《爱永无终止》中，一名年轻人用AI技术创造意外去世的父亲影像，借此抚慰奶奶的心灵。儿子、父亲、奶奶，在这个人物抽象化的爱与被爱的故事里，相信每个观看者都能找到自己对应的一个或多个身份和镜像，在亲情传递的场景中可以自由地代入，借助其中情节和情感，以及被隐喻的、更普遍的现实生活，触发自然平滑的共情。

第七章
扩展现实对身体媒介的扩展

2022年11月1日，工业和信息化部等五部门联合发布了《虚拟现实与行业应用融合发展行动计划（2022-2026年）》（下简称《行动计划》），其中提出了“一个小目标”：“到2026年，三维化、虚实融合沉浸影音关键技术将实现重点突破，产业生态进一步完善，虚拟现实将在经济社会的重要行业领域实现规模化应用”①。显然，媒体行业已经用积极的实践，在《行动计划》提出的“经济社会的重要行业领域”中争取了一席之地。处于数智化浪潮中的媒体，特别是作为主流呈现形式的视听新媒介，扩展现实（XR）的应用是必须面对的课题。从早期作为新闻内容延伸的虚拟现实（VR）、增强现实（AR）影像在视频产品中试探性地露脸，到古画、文物中的符号和当代社会生活图景的交互、融合，坚持以真实性为生命线的媒体，越来越大方地使用与现实环境相似的符号，填补着真实地录制出来的“现实影像”的空白，用超越现实的信息工具拓展传统的记录手段无法触达的领域，以求让影像能够给用户带来更“逼真”的体验。按照梅洛-庞蒂“身体是我们拥有世界的总的媒介”②的论断，扩展现实或许可以被看作“身体媒介”为了获得自然手段无法获得的意义，又一次在为自己建造工

① 工业和信息化部、教育部、文化和旅游部、国家广播电视总局国家体育总局：《虚拟现实与行业应用融合发展行动计划（2022—2026年）》，2022年11月1日。

② 莫里斯·梅洛-庞蒂：《知觉现象学》，姜志辉译，商务印书馆，2001。

具，以更好地实现认知世界的具身性。对“现实”的扩展其实是对“身体媒介”的扩展。

第一节
扩展现实对“体验真实”的扩展

按照目前通行的定义，扩展现实（XR）涵盖了虚拟现实（VR）、增强现实（AR）和混合现实（MR），这是从技术手段对“现实”扩展方式上作出的定义。但按照《行动计划》的定义，无论是虚拟、增强，还是“虚实融合”的混合，扩展现实的本质都是虚拟现实，这是从区分虚拟和现实的角度作出的定义。而媒体作为“现实”世界的观察者、记录者、揭示者，在关注扩展现实带来的技术手段变革之前，似乎更应该先解决“如何区分虚拟和现实”“虚拟的现实还是不是现实”的问题。在扩展现实技术出现的很久以前，关于现实（真实）的阐释就是一个“烧脑”的问题。西方古典形而上学将真实理解为“超验”的存在，人类通过经验感知的只是现象，在现象的背后有着“超验”的本质。我们永远处于经验的此岸，本质的世界则在“超验”的彼岸，中间则是难以跨越的“冥河”。而被称为“冥河的摆渡者”的康德指出，超验的本质真实就是“物自体”，人类只能看到现象，而无法真正实现对“物自体”的洞察[①]。因此，我们以往所说的“真实”，也并非本质的真实，而是体验的真实，这种真实是我们通过对事物的认识而赋予的，是受限于人类经验的边界的。特别是在被视觉文化所主导的时代，我们甚至都不是在隔岸观看世界，而是在视觉符号的表征中触感我们“看到”的世界。在这个意义上，“扩展现实”似乎是比“虚拟现实”更为贴切的词语，我们

① 康德：《纯粹理性批判》，蓝公武译，商务印书馆，1960。

只是通过技术手段“扩展”了人类的经验、扩展了“体验真实”，只是“体验真实”在信息化背景下的一种当代实践，而不是虚拟了“本质真实”。故而，本书在讨论扩展现实对现实、对真实性的影响时，所指的只是人类经验世界中生成的“体验真实”。

被扩展了的“体验真实”，与人类过往历史上的“体验真实”存在显著的差异。最突出的差异，就是即便如形而上学所坚持的，“体验真实”永远不能洞察、触达先验的“本质真实”，但仍然是在探求“本质真实”的过程中形成的一种“镜像”；而扩展现实则在生成这种镜像的同时，也生成了没有“本质真实”作为指涉对象或探求目的的“假象”。虽然其在叙事中应用的仍是人类“经验世界”中“真实”的符号，却篡改了“经验世界”。影像和被其指代的世界，在扩展后的“现实”中变得更加贴近，挤压了我们过去面对抽象的文字和不够仿真的影像时进行反思的空间。没有了“有待证实”的间离感，没有了“间离”带来的反思，让观看者更容易相信“看”到的都是真实的。在媒体之外的其他领域，带给观看者的只是一种超越既往体验的、更圆满的满足感。比如在扩展现实运用较多的文旅、影视、游戏等行业，扩展现实不仅在视觉层面更加趋向完美，也能通过听觉、触觉等多维度的逼真呈现，带给观看者更能沉浸其中、实时交互的深度体验。但媒体追求的“真实性”，哪怕只是对“经验世界”的“体验真实”的重现，会在扩展现实带来的“深度造假”中扰乱观看者对信息可信度的认知，并动摇生产者坚守机构规范、行业规则的信心。

在扩展现实技术被大规模应用之前，虚假的文字和影像内容虽然也会使用经验世界中真实的符号，但用户也会从其他渠道生成对社会现实的理解，并用这些理解去验证文字和影像的真实性。无论文字和影像虚构出来的东西有多么“逼真”，都会脱离大多数用户关于“体验真实”的集体认识沉淀。同时，观看者的审美趣味也会在真伪的辨识中发挥参照作用。就像网络微短剧无论显得多么日常，并因其表现主义的基因让用户“上头”，但用户会知道这是不真实的，因为他们所知的现实生活中没有“霸总”；而科幻片的符号系统无论有多超出现实，用户仍会认同其在逻辑上是真实的，是对“体验真实”的推导。当然，更重要的，是职业内容生产者关于真实性的专业底线和职业道德底线，这也是主流媒体最为珍视的“公信力”的制度保障。比如，严格禁止、自觉抵制一切改变原图、原始视频材料的制作，即便是对新闻照片中不影响事实主体的部分进行裁剪或对原始视频进行“蒙太奇”式的处理，都会引发对真实性的担忧；更不要说通过“P图”改变新闻图片中要素，去除或修改原始视频中的画面。主流媒体在使用非现场的图片、视频时，会做出类似“资料图片”“往期画面”的明显标注，而且也不将其当作新闻图片、新闻视频来看待。即便是没有做出明确标注的资料影像，制作者也会有意识地以图像语言提示其与实景视频的“边界”，形成一种“间离”的效果，让观看者更容易识别。

随着扩展现实技术从类似于“实验剧场”的有限场景进入通用领域，成为视听新媒介内容生产的重要手段，虚拟和真实的“边界”正在变得模糊。观看者会因为虚拟影像中调用的大量“经验世界”的真实符号，而对以往判读真实性的标准感到错乱。短视频里司空见惯的社会场景和个性体验，让用户来源于经验和直觉的真实感油然而生。虚拟影像刷新了重现真实的手段，一方面让过去指涉真实事件的影像给观看者更为强化的真实体验（AR，增强现实），另一方面让不指涉真实事件的影像（VR，虚拟现实）带给观看者同样的体验。当两种体验的真实感无限接近，其指涉性的差异自然变得难以察觉。而混合现实（MR）的半指涉性，更让差异进一步泯灭。当对真实的重现手段变得更为完美，原本指涉真实的“重现”很容易在不知不觉中滑入“表现”。观看者无法再用经验去质疑影像的真实性，相反，他们甚至开始用影像中虚拟的现实去验证和丰富自己的日常生活经验。当内容生产者开始沉迷于这些逼真的“表现”，从心存疑虑到不设边界的广泛使用，行业规范又随着生产者的“去职业化”而消解的时候，真实性的危机就变得更为确实了。

按照形而上学论点，人类永远是在此岸远观本质的彼岸，关于本质的观察是模糊的，就像戴着两片毛玻璃在看世界。而数字影像则带来了“透明”和“模糊”的变化。数字影像在观看者基于“眼见为实”的判定中，拥有一种近似于超信息的地位，成为一种“透明”的展示，“有图有真相”的惯性让观看者无来由地对其予以肯定和信任，而不再有“静观”和反思。正如韩炳哲《透明社会》中所说，“信任只在‘知’与‘不知’之间才有可能”[①]。但在观看者认为通过数字影像已经跨过此岸和彼岸之间的“冥河”，洞察了“真实”的同时，也“坐实了真实的缺失”“更多的信息和更多的交际并不能消除‘整体’本质上的模糊，反而使它模糊得更加厉害了”[②]。虚拟的数字影像的逼真，形成关于真实性的“卢德佯谬（Luddite Fallacy）”[③]：扩展现实技术和数字影像让体验真实变得更加具有符号观感上的真实性，结果反倒让观看者对真实影像的真实性产生怀疑。体现在网络传播中，就是无论被披露的影像、文字内容看起来有多么真实，“一定会有反转”的心态都越来越常见。

第 二 节
扩展现实对叙事美学的扩展

当扩展现实技术生成的数字影像和传统影像共同成为传播的内容，以往对作为艺术的影像和作为新闻的影像之间的边界开始不确定，影像的制作者和观看者的关系开始不确定，这些都为影像的叙事美学提供了增量、嵌入了变量。就像伊尼斯说，一旦确立了文化中占据支配地位的

①② 韩炳哲：《透明社会》，吴琼译，中信出版集团，2019。

③ 发展经济学的一个观点，认为在生产中应用节省人力的技术会减少对劳动力的需求，进而导致失业率增加、总消费量减少，反过来遏制生产力的发展，形成佯谬。借用了英国工人以破坏机器为手段反对工厂主压迫和剥削的自发运动“卢德运动”的名称。

技术，便能断定这一技术是整个文化结构中的动因和塑造力量[①]。扩展现实技术，正重新塑造传播中的叙事美学。呈现手法的多元，使内容生产者可以更好地让影像中的符号系统变得完美，影像作品早期就开始的对幻觉的制造开始混入本该记录现实的新闻影像，生产者和观看者在审美趣味上也在互相构筑“茧房”。

一、超级写实主义

超级写实主义作为21世纪一个独立的艺术风格，虽然被看作20世纪照相写实主义的发展，但与照相写实主义的区别也非常明显。比如超级写实主义会更加注重细节，不像照相写实主义为了模仿照片的整体设计而抽象一些细节。但更显著的区别是，超级写实主义作品对世界的描绘非常精致，在绘画中，纹理、灯光、阴影这些符号表现得比照片还要真实，而且会创造出原始照片所没有的“现实”，就像波德里亚认为模拟的东西永远不会在现实中存在那样[②]，创造了一个虚假的真实，一个令人信服的幻象。照相写实主义模仿的是摄影，而超级写实主义则通过扩展数码照片来创造现实。扩展现实技术创造的数字影像也是这样，带给观看者的身临其境，有些只是对观看者“不在现场”的缺憾的一种补偿，而有些则是在场者也不可能通过视觉或者触觉体验得到的。比如在博物馆的XR呈现中，用户可以进入文物的内部进行全方位的观看，这样的视角，在现实中是并不存在的。又如，此前提到“交警为捐献器官护航”的视频，引入XR处理之后，不仅能够“观看”到交警飞车从身侧飞驰而过，也能够以交警的视角“观看”在身边掠过的景物。这些原本都是“不会在现实中存在”的，影像的制作者和观看者都无法通过“自然手段”体验，但通过扩展现实技术，就可以实现这种超级写实的美学追求。就如2023年问世的扩展现实电影*End of Night*中，观看者在一条小船上与男子相对而坐、对视。而在央视“小

① 哈罗德·伊尼斯：《帝国与传播》，何道宽译，中国大百科全书出版社，2021。

② 让·波德里亚：《论诱惑》，张新木译，南京大学出版社，2011。

央视频”《用XR打开这十年》中，国产大飞机的腹部清晰地从观看者头顶滑过，火箭带着塔架展翅飞升，在月球环形山的深坑中做特技表演，“奋斗号”和中欧班列从近在眼前的云端穿行……这些都在细节上处理得超级真实，并经过了精致的渲染，呈现的是观看者在现实世界里不曾体验也无法体验的东西。原本是在绘画、电影和游戏里的超级写实主义，在进入传播场景之后，尤其当“观看成为媒介”替代“身体的媒介”，缺乏本质真实作为指涉对象，又无法用体验真实进行评判的超级写实，好像只给我们留下了一种选择，就是将其当作先验的存在来膜拜。

二、奇观美学

影像从诞生之日起就是创造幻觉的。卢米埃尔兄弟在1895年第一次放映《火车进站》时，就在小众的观影者中引发了想要起身逃离的慌乱。梅里埃《月球历险记》中，与神舟返回舱形肖神似的登月船在20世纪初的欧洲也令人惊叹。被分别看作是现实主义影像和形式主义影像鼻祖的卢米埃尔兄弟和梅里埃，在创造幻觉上可谓是同根同源。而格里菲斯倾尽全力拍摄的《党同伐异》，尽管被认为“过于先锋”而鲜有人捧场，但影像和现实中四层楼高的巴格达城，无疑是20世纪10年代的实物奇观，而影像中公元前6世纪巴格达、1世纪耶路撒冷、16世纪巴黎的异域风情，则是一种体验奇观。所以，汤姆·甘宁才会在提出“吸引力电影”时强调“制造幻觉的力量”[①]。就像被归入纪实影像的《火车进站》也会在意对奇观的塑造一样，以真实、纪实为特征的新媒介影像，无论从影像自身的特性，还是对用户的吸引力角度，都必然映射出奇观美学的特征。而扩展现实更是让奇观随手可得，因为扩展现实技术本身就是一种奇观。目前，线下扩展现实的体验还需要借助特定的穿戴设备，比如头盔、眼镜、手柄等。彭博科技记者马克·古尔曼在2024年10月的一篇文章中预计，苹果Vision产品组开

① 汤姆·甘宁：《吸引力电影：早期电影及其观众与先锋派》，范倍译，《电影艺术》2009年第2期。

发的低端Vision头戴式设备最早将于2025年面世，第二代Vision Pro将于2026年面世。附着在这些装备上的科幻符号，对于观看者来说就是一种奇观，在提示你“奇幻的旅程开始了”。而在2023年3月发布的央视新闻短视频《VR绘就中国式现代化图景》中，开头的数秒展示的就是5位“画师”穿戴设备的画面，而视频中场景的切换，则是通过穿戴着装备、手持手柄的“画师”模仿作画的动作来实现的。作为奇观的扩展现实技术往往也用于“解释”奇观。早在2020年央视的首次虚拟场景直播中，就通过XR虚拟演播同步科普讲解“奋斗号”在马里亚纳海沟成功坐底的过程，通过实时虚拟全景3D直播系统，让观看者体验大洋深处10 909米的深蓝。扩展现实技术当然也要“搭建”奇观。2021年10月底，央视综合频道《开讲啦》用特别的手段推出了一期特别节目《中国与联合国的故事》，突破了2012年开播以来的实景舞台局限，用XR打造了一个虚拟的演播空间。场地中的夹角LED背景墙和LED地板，让嘉宾完美地进入一个游走在虚实之间的场景。最让人叹为观止的，是现场的主持人和嘉宾通过高达十几层的LED背景墙和线上百人团实时连线交流。从格里菲斯的巴比伦城到《开讲啦》节目中的时间“飞梭”，就像居伊·德波在《景观社会》中描述的“它在形式上体现为对技术的崇拜和对宏大美学的推崇”[①]，观看者更容易进入制造者通过视觉效果提供的场景，进而唤起其认同感和归属感。

三、审美趣味茧房

关于审美趣味的讨论中，一般都会涵盖知觉力、感受力、想象力、判断力、创造力等维度。扩展现实技术在影像中的深度应用，更容易滑入对观看者知觉、感受的满足与迎合，成为更高层面的、对潜藏更深的欲望的“媚俗”，并让观看者被包裹在“满足—迎合—满足”的机制中。知名学者吴靖曾将房地产广告作为表现文化政治的一种微观场景，

① 居伊·德波：《景观社会》，张新木译，南京大学出版社，2017。

提出“如果人们无力消费豪宅，也必须消费豪宅带来的阶层信息，象征性地进入社会等级秩序的空间结构”，而在房地产广告文案的两种“通用伎俩”中，“将拥挤的都市和自然相结合，制造依山傍水的联想”，则意在完成“人对自然的全景敞视式的视觉占有”，风景和房地产的捆绑就此成为观看者的审美趣味[①]。XR特效对知觉和感受的满足，也压缩了观看者想象、判断以及创造的空间，这在艺术影像和纪实影像都有突出的表现。很多像《749局》这样的科幻大制作电影，都饱受“烂片”“低质强酸性”之讥。除了观看者见得多了、“累觉不爱”的审美疲劳外，客观上确实存在过分凸显视觉效果的冲击力，而在叙事、角色、演技上的“低质化”或者说“低智化”。尤其是当被扩展了的现实超出了观看者从“经验世界”能够获得的体验时，其判断的空间、批判的能力进一步被挤压，而在观看时的“否定”态度，正是人们想象力、创造力的起源。央视在台风摩羯到来前引入XR技术的一则天气预报短视频，在引发人们对技术能力的惊叹同时，也有人指出主播在形象演绎和肢体语言等方面的“不自然”。不少媒体推出的XR影像，在剥离了XR带来的新体验之后，在画面、人物等方面也确实不如“前XR时代”的精品。不同维度审美趣味之间的满足程度上失衡，呈现为在知觉、感受维度得到“审美升级”“审美跳级”时，在想象、判断和创造等维度的“审美降级”。而且，由于观看小屏幕的短视频在一定程度上更具私人化特征，观看者的个体审美趣味在不断“订制”观看的菜单，并日趋稳定、逐渐固化，成为“审美趣味”的茧房。更需要关注的是，这种茧房的构筑是双向的，作为纪实影像、半纪实影像的短视频大量都是用户生产的，而在“满足—迎合—满足”的机制下，专业的影像内容生产者，也不可避免地受到观看者的反馈干扰和激励限制。

① 吴靖：《文化现代性的视觉表达：观看、凝视与对视》，北京大学出版社，2012。

第三节
扩展现实对传播场景的扩展

回望扩展现实的发展历程，有两个年份经常被提起。一个是2016年，被称为“虚拟现实元年”；另一个是2021年，被称为“元宇宙元年”。事实上，虚拟现实是在1984年由杰伦·拉尼尔首次定义的。只是在2012年帕尔默·勒基开发出消费级别的HMD Oculus Rift设备后，虚拟现实技术迅速进入电影、文旅、媒体等领域，对包括虚拟现实在内的扩展现实技术的研究，也从技术层面拓展到了叙事层面、传播层面。而对传播场景的扩展、对用户传播体验的扩展，则因为扩展现实技术在纪实类短视频中的泛用而成为显学。

一、具身认知

人类如何认识世界？是通过身体认识世界，还是通过心灵认识世界？笛卡尔的“身心二元论”，试图通过把世界分成“物质实体”和“心灵实体”来解决这一问题。海德格尔则提出世界的存在是借助身体呈现的，而受到海德格尔影响的梅洛-庞蒂提出了“具身的主体性”，认为我们对于这个世界的认知是具身的[①]。扩展现实技术在影像中营造的“身临其境”、多维、立体的知觉和感受，似乎是对“具身性”在传播领域的注释。随着20世纪80年代镜像神经元被发现，神经科学家提出，人对某个动作的观察和想象，会激活镜像神经元，进而执行这个动作。而人在虚拟空间中能够获得“身体在场”的知觉体验，是镜像神经系统通过“观察”和“想象”，使我们能够把物质世界的知觉经验模拟到虚拟空间。扩展现实技术目前在视听新媒介领域主要有线上和线下两个方

① 莫里斯·梅洛-庞蒂：《知觉现象学》，姜志辉译，商务印书馆，2001。

面的应用。前者需要搭建全虚拟环境，主播在绿幕背景下演绎，输出的图像则将绿幕背景换成已设计好的虚拟视觉场景。“新华日报·交汇点”的《“长”歌行》中，很多镜头就是在绿幕背景下拍摄，或是把在真实场景中制作好的图像与虚拟的图像合成。线下，观看者则需要借助一定的穿戴设备。就目前的这两种应用来看，似乎可以把扩展现实技术带来的具身性，区分为作为“对具身性的观看”和“观看的具身性”。比如，央视关于台风摩羯的XR短视频中，女主播在虚拟场景边界伸出手，一把雨伞突然出现，被撑开后的雨伞又从手中被吹落，从天而降的坠落物砰然砸到女主播的身侧，让她受惊闪避……观看者并未身处虚拟的台风场景之中，只是观看到女主播在虚拟场景中的“具身性”体验。按照学者周雯、徐小棠对“虚拟现实叙事三种形式”（360度全景叙事、交互叙事、人工智能叙事）的定义[①]，这种“对具身性的观看”，应该属于360度全景叙事，“仍然停留在线性叙事、视觉交互、营造沉浸感的虚拟现实叙事初级阶段”[②]。而如果虚拟的场景让观众觉得置身台风来袭的现场，感受到风雨接触身体，并能够自由选择观看的视角和节奏，则是“观看的具身性”。相信随着新一代穿戴设备的“简化”，符合“观看的具身性”特征的扩展现实影像，会越来越多地进入传播场景。关于扩展现实技术带来的具身认知，周雯教授在高名潞对西方艺术史再现理论“匣子（box）”“格子（grid）”“框子（frame）”三分论的基础上提出，虚拟现实艺术是将艺术以再现的方式引入了三分论之外的第四个阶段——“盒子（case）”。“它有着‘匣子’”模式的窗口，但观者一旦进入，窗口像盖子一样将其封闭，并呈现出更为复杂的立方体状态。”在艺术形式上，“匣子”“格子”“框子”分别对应的是古典写

①② 周雯、徐小棠：《电影虚拟现实叙事形式及其叙事要素探析》，《当代电影》2022年第1期。

实、现代抽象和观念艺术，而“盒子”对应的是具身体验[①]。当“盒子”的“窗口”关闭时，一个沉浸的场景，在观看者面前打开。

二、沉浸场景

对于沉浸式体验，意大利学者弗朗西斯科·卡塞蒂和安德里亚·皮纳蒙蒂概括了三个主要特点：无框架、在场性、即时性。“无框架”就是要实现对视觉艺术类似窗户的视觉再现机制的突破。传统的影像总是给我们透过一个窗户来看世界的印象，而这个窗户的形状和大小，是由影像制作者来决定的，窗户既是我们通过影像认识世界的边界，也是作者主体性的体现。在扩展现实技术出现之前，人类已经在突破影像的框架感方面做了很多尝试，比较接近的是3D视频、球状屏幕等，构建一个把观看者包围在其中的场景，尽可能让框架的边界隐形。而扩展现实技术的应用，则被看作是真正走出了“画框”。沉浸式场景带给观看者的体验同时表现为“超媒介化”（让观看者完全沉浸在媒介之中）和“去媒介化”（让观看者忽略了媒介的外在形式），达到最佳的“重现”的效果。这种场景对“框架感”的突破是高度具象的，是“身与物游”，而不是刘勰《文心雕龙·神思》中“思接千载”“视通万里”的“神与物游”，其中的人物、物品、环境在细节上的真实感甚至超越了现实世界中我们能够感知到的程度。国产大飞机的腹部从仰视者的眼皮上掠过，高铁在观看者的身侧从飞驰到制动，提供了比现实中更近距离的体验，突破的是距离的限制。文物内部的细节展示，古画的人和物绕身而过，提供了不同于现实生活的观看角度，突破的是角度的限制。“穿越”到文物诞生的历史节点上，以数字身份体验在场感，突破的是时空的限制。同时，叙事变得多维化，打破了过去线性的逻辑下，一次从一个画

① 周雯：《虚拟现实艺术：基于四重维度的考量》，《中国文艺评论》2023年第8期。

面到另一个画面展开方式，让观看者置身于一个环绕的场景中，可以通过360度视野去体验在不同维度展开的画面，在影像的叠加中感受到强烈的“在场感”。在传播领域，虽然沉浸式体验经常被提起，在新闻性、时效性不强的专题类产品中也较常通过扩展现实技术营造沉浸式场景，但这种应用还是极其有限的。从影像生产者的角度，对新闻真实性的守护要求我们必须审慎，就像央视XR天气预报视频中真实的演播室和虚拟的户外场景在画面上“两分”的呈现，提示着观看者虚拟的风雨和主播的讲解之间的边界。从题材的角度，如果天气预报可以，大型活动、严肃的会议、突发的事件是否也可以？采用了扩展现实技术的媒体产品在“虚拟现实元年”之后热过一阵子，但很快又归于沉寂，往往只在类似《VR绘就中国式现代化图景》《用XR打开这十年》等重大主题报道中用得最多，这也是用XR技术播天气预报受到瞩目的重要原因。而从传播对象的角度，真正意义上的沉浸式体验需要穿戴装备的加持，就像看歌剧必须走进剧院一样，传播场景对外在条件的依赖，让用户获得沉浸式体验不够便捷。

三、互动传播

当沉浸场景成为更高效的传播场景，就必然要求叙事方式的改变，影像叙事就不再以事件为中心，而是以观看者为中心，对事件的传播就不能只是“传递”，而是一种“邀约”，应当体现出更多的参与度，让观看者通过在沉浸场景中交互，推升传播的互动性，通过用户的参与提高传播内容触达的效率。但媒体的影像叙事与艺术的影像叙事存在着根本性的差异。媒体通过影像传播的，主要是一个已经完成的事实，或者事实中已经完成的部分，即便是对尚未发生的事实进行展望，如天气预报、政策解读等，也是以已有的事实为基础的。所以，用户在媒体影像中的交互，是无法像VR电影那样改变事实发展的路径甚至结果的，更多的是体现在对情境的探索上，让用户能够多维度、全方位、渐进式体验情境。学者张陆园和刘思懿认为，扩展现实影像目前主要有三种交互方式：全景交互、剧情交互和完全交互。“全景交互指用户可以360度无死角地观察数字场域，自由探索生产主体布置的影像”[①]，这也正是媒体影像在传播过程中最可行的交互方式。具体而言，当下媒体影像传播的交互性，可以从三个方面进行探索。一是交付叙事节奏的控制权，让叙事慢下来。有别于以往把记者记录和探寻的结果一股脑地交代给用户的“结果传播”，这一转变让沉浸其中的用户通过具身认知激发探索的欲望，逐步认知、理解其中人物和事件。二是交付观看视角的控制权，让叙事活起来。以往，媒体把事件亲历者的叙述以线性的、串联的形式展示给用户，而在扩展现实的传播场景中，用户可以自主选择进入任何一位亲历者的角色，去亲历这个角色的体验，而且这种体验是并联的、非线性的、跳跃的。比如在极端天气的报道中，用户可以自主选择体验顶风冒雨的行人，被困于洪水的司机、乘客等角色，具身体验这些角色的经历和感受。叙事节奏和观看视角的自主和互动，并不改变事实的结果和走向，改变的只是用户认知事实的方式和体验。三是交付情感传导的控制权，让情感动起来。在传播的实践中，“煽情”已经更多地被认为是一个“贬义词”，是一种意图过于明显，手法过于拙劣的情绪引导。沉浸的场景可以更深层次地触及人的内心体验，让用户在成为叙事的中心，成为事件的参与者之后“情不知所起”。比如，在央视XR天气预报视频的沉浸体验中，用户被触发的并不仅是风力的等级、降雨量等客观数据带来的“警醒”，更会因为雨伞被吹落而握紧双手，因为树枝、窗户坠落而下意识地躲闪，因为车辆被困、被卷走、被掀翻而惊惧，不期然而然的触发，是对情感的最好传导。

① 张陆园、刘思懿：《扩展现实技术在影像领域的应用生态全貌、现实困境与创新路径》，中国高等教育学会影视传媒专业委员会第26届年会《论文集》，深圳，2024。

第八章
AIGC 对媒体传播的改写

用未来考古学的研究方式来观察AI在媒体行业或传播领域的应用，从表面的、微观的层面看，基于算法的人工智能生成内容，似乎是从“机器人写稿”这样的抽象媒介内容生成开始的，然后才有了AI作为辅助工具参与影像内容生成，最后是AI作为行动者独立自行生成虚拟影像内容。如果我们把考察的视野放得更宽，进行一个更长时间跨度的观察就会发现，通过算法生成内容，其实是从视觉层面的图像开始，而非文字开始。事实上，图像也比文字更适合通过算法来生成。学者李岩提出，人类很早就注意到在视觉层面代数和几何之间的算—图映射关系，比如黄金分割、斐波那契弧线的发现与阿罕布拉宫宫墙图案的关系。“我国不晚于商代发明的手工提花技术，可被认为是最早的计算机程序的图形信息存储系统。[①]”这也符合塔尔德关于抽象事物“超逻辑模仿律”的两条重要原则：从高位到低位的模仿，从内心到外表的模仿[②]。按照叙事学家龙迪勇的阐释，语词是一种具有更大优势的媒介，容易作为“范本”而成为图像跟其他媒介模仿的对象[③]。周雯教授在塔尔德、龙迪勇的基础上，提出媒介叙事范本具备一定的下行规律，往往从高位媒

① 李岩：《人工智能电影：一次未来考古学研究》，《当代电影》2022年第8期。

② 加布里埃尔·塔尔德：《模仿律》，何道宽译，中国人民大学出版社，2008。

③ 龙迪勇：《模仿律与跨媒介叙事——试论图像叙事对语词叙事的模仿》，《学术论坛》2017年第2期。

介叙事走入低位媒介叙事，正如图像叙事是对语词叙事的模仿，影像叙事是对图像叙事的模仿，而处于更低地位的虚拟现实叙事实际上是对处于更高位的影像叙事的模仿[①]。从传播领域近年来在AI应用方面的历程来看，“机器人写稿”虽然很早就被关注，但AI真正作为传播主体、作为内容生成者受到主流媒体和商业媒体的重视，AIGC产品以被定义为“质变”的数量在各类媒体平台涌现，还是在其进入影像的生产之后。因为对于AI来说，“低位”的虚拟现实叙事模仿比其高出一阶的影像叙事相对更为容易，而直接模仿最高位的语词叙事，则要复杂得多。

一般认为，Deep Dream的发布和Open AI的成立，是2015年成为“通用人工智能元年”的两大标志性理由，被认为是人工智能在通用领域独立自主生成内容的开始。2022年，《科学》杂志将生成式人工智能（AIGC）列为年度突破，并指出人工智能“入侵”了一直被认为是“人类独有”的领域——艺术创作和科学发现[②]。而中国信息通信研究院在同一年发布的《人工智能生成内容（AIGC）白皮书（2022年）》中则明确提出，“AIGC，印证了媒介内容创作的智能化变革”[③]。

和人类历史上所有新技术一样，传媒领域对AI的关注和应用再一次体现出了“零时差”。在组织和机构方面，2023年3月，杭州文化广播电视集团确定与之江实验室合作打造短视频AI实验车间，并于7月正式启动国内媒体首条全流程短视频AIGC生产线。2024年2月23日，中央广播电视总台人工智能工作室揭牌；8月19日，中央广播电视总台与浙江大学共建的“AIGC（生成式人工智能）联合创新实验室”揭牌；国家（杭州）短视频基地AI实验车间揭牌。据“广电头条”微信公众号梳理汇总，截至

① 周雯：《虚拟现实艺术：基于四重维度的考量》，《中国文艺评论》2023年第8期。

② Daniel Clery, Erik Stokstad, etc. “2022 Breakthrough of the Year,” Science, December 15, 2022, accessed July 1, 2023, http://www.science.org/content/article/breakthrough-2022.

③ 中国信息通信研究院、京东探索研究院：《人工智能生成内容（AIGC）白皮书（2022年）》2022年9月2日。

2024年9月，全国有8家省级广电媒体和3家市级广电媒体已经成立了AIGC实验室、工作室。在内容生成的实践方面，2024年3月29日，央视《晚间新闻》在描述候鸟迁徙的背景资料时，采用了AI生成的视频；4月3日，在央视《新闻直播间》关于强对流天气生成和预防的报道中，AI生成的视频再次出镜；重庆卫视在2024年3月9日成立AIGC应用工作室的发布会现场，发布了AIMV《重庆·山水之间》，杭州文旅的AIGC生产线截至2023年底的AI生成内容累积时长已经超过2800分钟。AIGC已经成为新媒介领域的焦点，正在改写媒体传播。

第一节
AIGC 对传播主体的改写

在关于人工智能生成内容比较有代表性的定义中，主要涵盖了两种内容生成方式，一种由算法独立自行完成，一种由人类使用AI工具完成。而依照在内容生成流程中所处的环节和发挥的功能，人工智能又被区分为“分析式AI”“生成式AI”，或者再把“分析式AI”细分为“分析式AI”和“决策式AI”。做一个粗略的对应，在媒体传播领域，通过算法推荐内容的人工智能应用，大致相当于“决策式AI”；参考大数据建议选题和叙事方式，相当于“分析式AI”；AI独立自行生成或作为人类生产者的辅助工具生成内容，则是“生成式AI”。而正是“生成式AI”，被认为拥有过去100多万年来人类所独有的“想象力”，引发了关于人类交出了创作权的危机。事实上，就媒体传播而言，内容生产从来就不是局限在稿件的“采写”“编辑”，或者影像的“摄录”“剪辑”环节，这样的设定无疑过于狭窄了。对传播效果的预判、对传播方式的决策、对传播内容的筛选，以及根据内容重要性来决定显示度的排序

（如：报纸的版面语言，新媒介的上首页、上热搜），这些无疑也是媒体内容生产的一部分，AI早就通过数据分析反馈和算法推荐等形式参与其中甚至成为主导力量了。而在内容创作、生成中所必需的知识获取环节，AI能够无认知、成本低地提供准确、完整的信息，正在通过数据的“收集—分析—调取”的程序发挥着重要的作用。从这个意义上讲，在“通用人工智能元年”（2015年）之前，AI就已经在参与生成内容了。

而从传播主体的角度看，无论是AI独立自行生成内容，还是人类生产者借助AI工具生成内容，AI都在事实上进行着对创作主体的改写。在喻国明等提出的“机械论—有机论—控制论”的演化路径中，人机关系的最新表现形式，就是“结束了机械论与有机论的二元对立，将人与智能体视为自我调节的有机体”“呈现出无处不在的认知与决策参与、拟人化的行为协同和实践场景的搭建”[①]。如此，在这个自我调节的有机体中，人和AI都是传播主体的一部分，而不管彼此在内容生成中更多地承担哪种功能。而且作为传播主体的人和AI，都是具有自我调节性的，都可以通过感觉和认知来适应外在环境，以形成信息反馈机制。而且AI可以生成拟人的个性，变得有独立的人格，就像微博的社交AI“@评论罗伯特”，把自身的人设标注为“不知疲倦的显眼包”，其品位和格调甩了人类用户好几条大街。

当然，人和AI不仅能自我调节，也可以相互调节。媒体在面对AI对传播主体的改写时，除了以“卢德佯谬”为由的防御和逃避，表达对“洪水猛兽”的恐惧和痛心疾首，还有强烈的“抗争”。“抗争”这个语词，在这里是一种中性的使用，类似英文词缀中的“anti”，如果加在算法“algorithm”前面，可以表述为“anti-algorithm”。“抗争”是一种交互，是两种都拥有想象力的智能体之间的交互，推动形成不同传播主体之间的深度协作。关于AIGC的定义中都会提到人类提供训练模

① 喻国明、黄哲浩、唐子璇、梁禧：《作为行动者的智能体：重构人类关系的未来范式——NBIC汇聚技术视角下的考察与分析》，《新闻界》2024年第8期。

型和初始调参，而提供给AI学习的样本目前仍然基于人类过往历史沉淀的数据，这和“抗争”一样，都是人和AI的交互，以协作的态度训练和调参，以抗争的态度协同和调节。交互就是接纳。以决策式AI的算法推荐为例，目前媒体对算法的推荐显得过度审慎，而审慎正是调节的前提，人类生产者可以把这种审慎的意识映射到对AI的训练和调节中，让算法变得更具有“合目的性”，而不是一味地排斥算法。按照“打不过就加入”的思路，在两种传播主体的关系上，AI能够做得更好的部分，理所当然应该交给AI生成，AI和人都能够做好的部分，从解放人类的维度看，也应该交给AI。而人的创造性，应该体现在如何创建人机关系的新形态，而不是过度关心自身在这种形态中是否会被替代。AIGC对传播主体最重要的改写，要求我们必须思考在平等的关系中人和AI可以协作创造什么，而不只是思考自身在多元传播主体中的地位。

人工智能对传播主体的改写，不仅体现为对传播主体“赛博格”式的延展，也体现为让传播内容的消费者（也是传播主体）的认识更加清晰。文本或者说作品，是在通过身体媒介或者作为身体延伸的其他媒介传达到消费者，并由消费者赋予情感和意义之后完成的，是生产者和消费者交互的结果。“她赠予我故事，我为她写诗。”就像造物主的鬼斧神工，在进入人类的审美观照之后，最终获得“优美”或者“壮美”的意义，媒体传播的内容，也是在传播对象那里才完成的。所以传播主体一直都不仅仅是作者，也包括了读者和观众。赖纳·温特在回顾了主流传播学研究之后提出的“生产性观众”，揭示了电视商品在传播领域中“生产出观众，观众则生产出意义和愉悦”的路径，说明“个体并非被动吸收符号形式，而是积极创造它的意义”，通过观众的解读、评价，媒体内容的意义被建构出来[①]。他所说的“生产性”，是观众积极的媒体接受行为所具有的文化潜力，正是观众在媒体接受过程中，根据需要对

① 赖纳·温特：《生产性观众：媒体接受作为文化与审美过程》，徐蕾译，重庆大学出版社，2022。

媒体文化产品的改造。这一点，在社交媒体评论区和弹幕表现出来的解释性、创造性已经得到了充分的印证。

因为AI的普及而让生产效率提速的用户生产者，早已经不只是意义的建构，而是进入了文本的建构。然而，即便是在“用户生成内容”成为社交媒体的主要内容来源之后，受到技术和经验的制约，具备专业素养的生产者和非专业的消费者的关系仍是不平等的。就像本雅明所说，“机械复制技术令艺术褪去神秘光晕，而进入大众传播”[①]。AI对“人类独有”的艺术创作和科学发现的“入侵”，让消费者能够突破既往在“解读”“联想”“生成”等方面的障碍，能够平等地与专业生产者共同生产、彼此交互。2020年以来，百度、抖音、知乎等网络媒体都向用户开放了AI自动剪辑功能，这就促使更大规模的用户进入内容生产，进一步打破了专业生产者对生产资料和生产工具的垄断。AI作为人脑的延伸，在其被认可为传播主体一部分的同时，也让同为传播主体的非专业生产者跨过了技术应用、知识积累和风格养成的鸿沟。UGC的起跑线，因为AI而离“PGC”起跑线越来越近，文本“消费者的想象力”跃升为文本“生产者的想象力”，传播链条中的“生产—消费”交互变得更加完整了。“多知”微信公众号在2024年4月中旬的不完全统计显示，“（全国）多地广电先后发布、正在筹划的AI作品或许已有几十部……最夸张时甚至达到平均两天一‘官宣’”。从“多知”这篇推文的上下文来看，这个“不完全统计”应该是2024年1月到4月中的数据。学者雷植云也做过一个“不完全统计”，其在X、哔哩哔哩和小红书平台通过检索“随机下载了2023年1月1日到2024年9月1日内三个平台的AI生成影像”，在删除同样的影像和不相关影像后，有效的样本是927个，按月统计，最后一个月的AI生成影像是第一个月的3倍左右[②]。虽然是两个“不完

① 瓦尔特·本雅明：《机械复制时代的艺术作品》，王才勇译，中国城市出版社，2002。

② 雷植云：《人工智能生成影像的怪物形象：从神话到赛博空间演变》，中国高等教育学会影视传媒专业委员会第26届年会《论文集》，深圳，2024。

全统计”的对比，依然可以看出影像生产权力正在从机构向大众的迁移。

第二节
AIGC 对传播方式的改写

在讨论人机关系的变革时，除了讨论作为传播主体的AI和人类之间的关系，也必然要讨论作为媒介的AI所改变的传播流程各环节之间的关系。因为AI在改变了内容生成的同时，也改变了传播流程，改写了个体通过媒介和社会进行连接的方式。孙玮在《“视频化社会”的来临》一文中提出，ChatGPT“极大激发了个体化社会交往”，新型智能媒介的普及，“使普通个体作为分布式独立节点，能够跨越现代以来专业分工的社会系统，直接接入网络社会”[①]。在把AI纳入视野之后，重新审视过去十年主流媒体在重构与用户的连接中做出的顺应需求端、趋于个性化的探索，如垂直类传播、网格化传播、社群传播，特别是在这些方面陷入“就差最后一米”的困局后，AI就是我们打开“看不见的门”的钥匙。主流媒体在传播方式变革方面的窘境，是我们在用中世纪的手工生产方式，尝试破解数智技术“布置”的新问题。只有AI可以给出最佳的答题思路，AI从能真正把由供给侧主导的传播流程，转化为以需求侧为主导的定制化传播、个性化传播、具身性传播。（AI解决了分布式独立节点直接接入网络社会时的基础性问题，是生产资料的充足和生产方式的高效。）正如微博的社交AI“@评论罗伯特”自我标注的“不知疲倦”那样，AI能不知疲倦地收集数据资料，不知疲倦地深度学习，不知疲倦地生产内容，不知疲倦地进行交互，从而实现供给内容的极大丰富和传播

① 孙玮，《“视频化社会”的来临——从ChatGPT展望媒介通用性变革》，《探索与争鸣》2023年第12期。

需求的即时满足，这才为点对点的个性化传播奠定了基础。

一、让传播的触达率更精准

传播的触达率应该包括两个主要方面，一是找到用户，二是有效传播。前者让“人找信息”变成“信息找人”，这被认为是新兴传播方式和传统传播方式的重要差异之一。作为决策式AI的算法推荐就是“信息找人”的一种常见方式，“信息茧房”等疑虑也一直如影随形。而后者即有效传播显然更为重要，也更难做到。借助AI来降低点对点服务人工成本的尝试，早就以AI语音助手、AI客服等角色在多种营销场景下广泛应用了，在辅导作业、辅助问诊等方面，也都证明了其有效性。但由于AI在记忆上的灵活性和鲁棒性（Robustness,意为强壮性，该性质广泛地应用于计算机科学、控制科学与工程等领域），与人类相比还存在差距，智能客服经常也是用户吐槽的对象。此外，传播领域“有效性”的实现，比其他领域似乎更有难度。和营销、医疗、教育等场景下相对明确的用户使用意图相比，传播场景中的用户需求是发散的。同样一则新闻报道，不同的用户会有不同的延伸阅读的需要，并且会反馈不同的情绪。比如，对一次自然灾害的报道，用户可能会在现场细节、灾害原因、防御指引、相关灾害等不同维度存在需求，并在阅读或观看时产生多样的情绪反馈，这些都需要AI给予适当的响应，而不只是程式化地回答用户一个或存在显著递进关系的几个问题。因此，对传播触达率的考量，绝不只是让信息到达用户，更重要的是根据用户反馈的需求和情绪提供被传统媒介称为“第二落点”的后续内容以及情绪价值。这也是AI在传播领域的应用一直不如在营销和其他服务领域常见的重要原因。因为AI不仅要对用户的反馈做出简单的响应或按照格式回复用户的提问，更要能够生成新的传播内容，以满足用户个性化的需求。所谓的“千人千面”，只是通过算法推荐（决策式AI）兼顾不同用户的差异性，而用户的特性很多时候都是“一人千面”的，同一个用户的需求和反馈也存在着多样性。“信息茧房”最大问题，就是AI的分析能力和这种多样性的错位——用户此前经常浏览的内容，未必是他当下的需求，更不是他全部的需求。类似于AIGC在影像生成中从离线渲染进化到实时渲染一样，新传播内容的生成应该是实时的，承载着意义和情感的，而不只是单纯的文字或者影像符号。这样才能真正体现出AI比人类在垂直化传播、网格化传播、社群传播更贴近用户的优势，因为可以通过算法即时生成用户“定制”的内容，把传播终端的颗粒度细化到“原子”量级。而作为生成式AI的AIGC，响应反馈的即时性、精准性，必然要求传播中更有效的交互，同时也让传播过程中不同主体的交互变得更复杂。

二、让文本生成方式更有交互性

AIGC对传播场景交互性的影响，首先当然是AI能够与人类进行对话和交流，特别是在人机对话超越了鼠标、键盘甚至手柄，能够使用自然语言之后。但人机显然并不只是对话和交流，生成式AI作为一个行动者智能体，作为行动者网络的一部分，和人类一样能够通过行动制造差别，进而改变事物的状态。这就像拉图尔所设想的那样：所有行动者都没有预设的本质，人类和非人类的行动者都是在网络化过程中萌生的[①]。而喻国明等提出，“在广义的传播实践中，智能体行动者至少具备了互动性、施动力和影响力这三种能动性”[②]。简而言之，没有能动性的机器只是中介，而AIGC会“改变、转译、扭曲和修改本应表达的意义和元素”[③]，这就是AI的自我调节。而AI在传播中对意义和元素的自我调节，也会触发过去被视为传播对象、如今也被看作创作主体的用户的自我调节。在罗兰·巴特提出的三种“作者之死”中，作为文本意义的作者之死，认

① 布鲁诺·拉图尔：《科学在行动：怎样在社会中跟随科学家和工程师》，刘文旋、郑开译，东方出版社，2005。

②③ 喻国明、黄哲浩、唐子璇、梁禧：《作为行动者的智能体：重构人类关系的未来范式——NBIC汇聚技术视角下的考察与分析》，《新闻界》2024年第8期。

为写作是文本含义的起点，但文本含义的最终完成是在读者阅读之后。如此，则作者没有能力控制读者对作品的理解，同样地，读者其实也没有能力完全再现作者提交的文本含义。AI作为转译者对交互性的贡献，是否可以理解为能让同为创作主体的作者和读者通过交互共同完成文本的意义？正如在传播场景中，传播内容是否可以在生成者和阅读者、观看者的交互中更充分地表达意义、实现价值？这也能更强烈地刺激用户参与交互的积极性。就像一个好的传播产品会被用户反复转译、一再改写，不断生成新的意义。除了构建不同创作主体之间更高效的交互通道，人工智能还能通过对文本生成方式的改变，让交互进入文本生成的所有环节，不只是在“接着讲”的意义上，在“作者文本”生成之后的阅读或观看环节产生交互，而是形成用户能够参与剧情发展的“剧情交互”。在不改变媒体传播的事实、细节和走向的前提下，人工智能可以在预设的叙事框架内，打破过去的新闻报道中线性的叙事方式，让用户能够在事件的不同环节、不同观察角度多点进入，体现出信息接收者的施动力。

三、让扩展现实叙事更有沉浸性

沉浸性是应用了扩展现实技术的各类媒介产品重要特性，沉浸性场景的搭建、沉浸性体验的实现，毫无疑问都需要应用人工智能。央视《开讲啦》特别节目《中国与联合国的故事》的XR虚拟舞美空间，调用了2台disguise rx渲染服务器、一台VX4视频控制服务器、4台unreal engine制作服务器、3套mosys摄像机跟踪套件，与观众在线对话，是通过ndi from unreal强大的引擎插件实现的，而在落地拍摄阶段，则通过强大的虚幻引擎和disguise媒体服务器进行渲染[1]。在这些设备的背后，或要有足够庞大的团队，或要有足够强大的AI成员。在扩展现实技

① 影像骑士：《央视〈开讲啦〉特别节目，全新XR虚拟舞美空间》，“影像骑士”微信公众号，2021年11月5日。

术应用需要解决的问题清单上，最先需要解决的就是技术落地，学者张陆园、刘思懿用“硬门槛”与“浅应用”来概括扩展现实技术落地的设备门槛和普及程度的不足[①]。这在媒体近两年扩展现实技术的应用中也极为突出。扩展现实技术如果通过人工调用支持设备的方式来实现，交互性、实时渲染等方面的缺陷就会进一步放大，这是媒体生成XR作品的“硬门槛”。而设备调用能力、影像生成速度、影像质量等方面的“硬门槛”，让媒体的扩展现实应用很像是在“省着用”，偶尔拿出来用一用甚至是炫一炫，无法全面应用、深度应用，只能是类似“节庆式中央厨房”的“浅应用”。要解决新技术的应用能力的问题，就要像图灵所说的那样，用机器解决机器问题。我们也要用人工智能解决扩展现实应用的问题。在应用的广泛性上，AIGC只有突破媒体在生产能力上的局限性，使大规模、日常化的扩展现实影像生产成为可能，才能避免沦为“节庆式生产”“表演式生产”。在叙事方式的升级上，人工智能提升了扩展现实的叙事等级。学者周雯、徐小棠认为，人工智能叙事形成了叙事矩阵、随机选择叙事、全感交互的具身性体验，是虚拟现实叙事的高级阶段，“从而实现了从‘故事讲述（Storytelling）’到‘故事生存（Storyliving)’的理论研究进路”[②]。在传播场景的生成上，人工智能的实时渲染逻辑，让实时生成传播场景成为可能。腾讯AI Lab在2023游戏开发者大会上展示的三维游戏场景自动生成解决方案，就是用AIGC实时生成场景，这让扩展现实生成的数字影像不再是一个或者若干个固定空间，而是可以根据叙事的动线不断增殖的空间。目前，媒体在节目、报道中使用的数字影像中常见的多镜头画面的畸变、画面的灵动性不足等问题，都将借此得到较好的解决。在用户需求的催生上，虽然按照“多知”微信公众号整理的网上评论，对于央视用AI播新闻，“用户

① 张陆园、刘思懿：《扩展现实技术在影像领域的应用生态全貌、现实困境与创新路径》，中国高等教育学会影视传媒专业委员会第26届年会《论文集》，深圳，2024。

② 周雯、徐小棠：《电影虚拟现实叙事形式及其叙事要素探析》，《当代电影》2022年第1期。

并没有直白地表达对AI融入新闻这件事本身的反对”[①]，但现阶段用户对AIGC的接受度确实还比较低。需求的不足既有用户思维惯性的阻挠，也与生产能力、供给能力的不足密切相关。AIGC如果能在媒体的传播实践中得到更普遍地应用，生产数量足够，量变就一定能够带动质变，让用户更积极地拥抱AIGC。

第 三 节
具身主体性的“逆改写”

人工智能可以成为传播主体，传播的内容可以由AI生成，但如果也由AI阅读、观看，内容则失去了意义，传播也就失去了意义。因为，文本是在被人“阅读”或“观看”之后完成的。特别是在扩展现实等新技术的召唤下，传播活动开始表现为“身体的回归”。在更具沉浸性的传播场景中，用户可以突破物理空间的限制，形成身体的在场感。与此同时，具身认知催生了传播内容与用户情感价值的对接，情感上的共鸣让用户更愿意参与传播内容的生成，表现出“具身的主体性”，即通过与环境的互动来塑造自己的主体性，同时也在塑造环境。正如保罗·莱文森提出的“人类自身的主体价值与能动性导引着技术的趋势”[②]，具身主体性也将驱动人类对传播的改写，和AI争夺对传播领域演化发展的界定权。从这个意义上讲，生成式人工智能（AIGC）对传播的改写，不只是单向地“侵入”了过去人类独有的领域，不只是非人类的传播主体单方面的改写，技术也让具身的主体性得到了强化，人类的创造力也在改写媒体传播，有些时候呈现出对AIGC正在进行着的改写的“逆改写”，表

① 冯玮：《这一次，央视用AI播新闻了》，“多知”微信公众号，2024年4月15日。
② 保罗·莱文森：《莱文森精粹》，何道宽译，中国人民大学出版社，2014。

现为对真实性的警惕态度、数字生活上的“极简主义”、审美趣味上的“媒介尚古主义”。

一、对真实性的警惕态度

扩展现实技术让影像真实和虚拟的界限变得模糊，而AIGC的应用则驱动了虚拟影像的巨量涌现，沉浸性体验营造的在场感让“间离”的效果被减弱，用户难以用物质世界的经验去判断真伪，就只能对所有的影像、所有传播内容的真实性保持警惕，验证的成本变得更高了。在一些热点事件中，主流媒体都可能因为转发不完整的信息“踩坑”，非专业的用户在反转之后感觉自己的情感“错付”了，更是时常发生。用户要辨别传播的内容是否为“深度伪造”的假象，如果其自身对物质世界的经验不够丰富，就只能花费更多的时间，要么观望事件是否有进展和反转，要么从更长的时间维度去观察。比如说，不只看被发布的那段影像，要看前后一分钟、五分钟，甚至更长时间的影像，最好能明确影像开始和结束的时间，以确定不会因为剪辑隐匿了关键信息。“慢直播”可以被视为对真实性的警惕催生的传播形式，是对“选择性传播”的抵抗。因为客观性、原生态和不受主持人、剪辑者等外在因素干预的“事件自我阐释”，给了用户自主观察、思考的空间。正如蒙太奇讲述的是故事，而长镜头再现的更像是事实。经过剪辑、没有物理世界的时间线作为参照的影像，可能是虚拟影像或掺入了虚拟影像，而完整的、时间线清晰的“慢直播”可以让用户自己找到真相。从传播内容生成者的角度来看，要让用户更容易辨识传播内容的真实性，才能达到更好的传播效果。除了通过职业规范的自律或他律，以养成用户的信任，更要重视用户具身认知的完整性。通过沉浸性营造在场感，只是具身认知的一个部分，在通过AIGC的生成式场景增强沉浸性的同时，如何通过“间离”保持用户的自主性，也同样重要。比如，保护用户知情的权利，对AIGC生成的场景和文本进行必需的提示；保护用户选择的权利，让其能够调取未经生成者处理的“原始文本”进行对比；扩展用户对物理世界的经验，帮助其辨识“深度伪造”的内容。“入乎其内，故能写之。出乎其外，故能观之。”[①]要成为一个合格的传播主体，AIGC不仅要能独立自行生成让用户更有在场感、更有沉浸性的场景和文本，也要能够通过主体之间的交互，让用户形成独立自主的判断。

二、数字极简主义

人类历史上每一次重大的技术应用上的突破，总会引发人类的自我保护。在青铜时代转入铁器时代的东周，“大音希声”“大象无形”就是对新技术“目迷五色”的嘈杂的反思。AIGC无疑把我们带入了一个更为“嘈杂的世界”，而卡尔·纽波特提出“数字极简主义”“选择专注的生活”[②]，正是对信息滥觞的反思和批判，以避免由于“上瘾”式的数字化生活加深人对网络空间的依赖。网络隐居者们主张只搜索不转推、只浏览不留言、只私信不点赞，既体现出被信息淹没的担忧，也是自我保护机制被触发之后的强制隔离。从“身体作为媒介”的维度观察传播的历史，人以节点形式通过“数字身体”活跃在社交平台上，或者穿戴、嵌入技术设备以“技术身体”和AI共存于传播场景，相较于最早期通过“生物身体”的动作、表情、口语的面对面传播，前二者只是后者一种相似的回归，而不是真正的回归。与视觉符号、听觉符号代替了身体语言的报纸、广播、电视等离身性的媒介形态相比，“生物身体”“数字身体”“技术身体”都是以身体为媒介，AIGC和扩展现实技术也提供了具身性体验的场景，“体验”是相似的，但“经验”却是不同的。生物身体的体验，可以用人类对物质世界的经验进行验证，而“数字身体”“技术身体”的体验，进一步模糊了以往现实传播场景的边界，“庄生晓梦迷蝴蝶”般地困扰了用户对自我身份的确认，甚至超出了用

① 王国维：《人间词话》，中国文史出版社，2014。

② 卡尔·纽波特：《数字极简》，欧阳瑾译，九州出版社，2024。

户能够用经验验证的范围，呈现为一种媒介体验和身体经验之间的分离。新技术、新媒介提供了更逼真、更沉浸的体验，也让用户在传播中被固化、被测量、被规训，变成了为AI提供数据生产资料的工具和传播场景中的“他者”。为了在数字时代更多地保持“具身的主体性”，“数字极简主义”倡导审慎的数字工具使用，而在传播领域则表现为只关注自身所需要的数字信息，只相信可以用物质世界经验去验证的信息，在实践中通过数字断连、网络隐居、社交脱敏等方式划定虚拟与现实生活的边界。

三、媒介尚古主义

尚古主义（primitivist）也常被译为原始主义，余英时先生在《轴心突破和礼乐传统》中提出，从《老子》《庄子》关于人类文明对原始精神（“朴”“混沌”）偏离的描写去理解，“诸如老、庄等道家确实可比拟作西方称为‘尚古主义’的知识传统”[①]。“故失道而后德，失德而后仁，失仁而后义，失义而后礼，失礼者，忠信之薄而乱之首也”，技术带来的文明演化和进步，被看作是在一步一步走向堕落。老庄的“拟尚古主义”崇尚原始淳朴性，以批判东周时代中国的“礼崩乐坏”；人类学的“尚古主义”美化前现代人群，以批判带有“工具理性”色彩的现代性；艺术的“尚古主义”标举“稚拙”“本性”；而“媒介尚古主义”则抗拒具身认知被数字传播所异化，倡导信息传播的有序性和人（身体）对传播的可控性。慢直播除了能够完整记录和同步传播事件的发展演化，让真实变得触手可及，更重要的是用户能够自主思考、自主参与，而不是被单向的“选择性传播”。与此相类的还有“慢传媒”所倡导的传播内容完整性、阐释性，特别是蕴藏其中的“古典主义”媒体叙事美学。2010年，德国人萨比里亚·戴维联合贝内

① 余英时，《论天人之际》，中华书局，2014。

迪克特·科勒、耶尔格·布鲁姆德里特发起了包含14条纲领的《慢传媒宣言》，提出要致力于打造高品质内容、推广“单任务”并抵制碎片化，其核心概念是“一味地榨取、肤浅地消费以及追求迅速盈利都与可持续媒体水火不容”[①]。慢传媒的倡导者提出的最有力的口号还包括了“延迟满足”[②]，其实对比时间上的“延迟”，慢传媒更像是一种“有序满足”“适度满足”。不同于被巨量涌现的冗余信息淹没，对“有序”“适度”的把握，主动权在用户手里。媒介尚古主义也表现在传播介质和方式上，比如观看胶片影像、组建私域的传播场景等等。当然，最核心的是在“慢”留出的时间里讲究精致、细致、深度。在媒体过度追求丰富性、时效性，而AI又刺激了“传播快消品”的放大供给，甚至可能出现劣币驱逐良币的危机下，媒介尚古主义似乎可以被看作具身主体性的一种自救，担心因为人类缺乏反思精神而沦为数字弃民的自救。

① 《慢传媒宣言》（The Slow Media Manifesto）的发布等慢传媒运动，既是数字极简主义运动的媒体实践，但也表现为对“古典主义”媒体叙事美学的崇尚。类似的美学主张，在白鹿新闻发刊词中也非常鲜明，“为影响而做最深度、最温度的长报道”。

② 英国广播公司（BBC）前记者于2010年创办的数字媒体“延迟满足”（Delayed Gratification），通常被视为慢传媒运动的旗舰机构，每年仅发行四期，仅刊登长篇阐释性、调查性报道，其口号是“总是最后一个报道突发新闻”（Last to Breaking News）。

第四篇

经营之苦

第九章
主流媒体经营转型的早期形态

与其他行业一样，主流媒体的经营转型也是生存压力下的被迫之举。不仅如此，由于与经营相比，内容生产往往受到更多的重视，是更显性的一项指标，转型也大多从与内容生产相关的环节着手；而对媒体经营面临的危机，从有所感受到作出应对，显得比其他行业更为迟缓一些。在转型的早期，主要的变化是换了一种商品去售卖，而少了对经营思路和转型之后如何保持自身优势，让这个“生意”持续下去的思考。具体表现为从卖版面简单地转为智力输出式的“卖内容”，或有点“吃老本”式的“卖品牌”。

第一节
从“卖版面”到“卖内容”“卖品牌”

纸媒等传统媒介的盈利模式是二次售卖。根据罗伯特·皮卡德的“二元产品市场”理论，传媒企业参与两个市场，即产品市场和服务市场（广告市场），对应产生了两种产品，即内容产品和受众。媒体先将内容产品卖给受众（读者/听众/观众），再将受众（注意力/时间）卖给广告商或者直接卖给广告主[1]。媒体通过提供内容产品满足了消费者对内容的需求，再将消费者对媒介的注意力，售卖给广告商，满足商品销售者和服务提供者对注意力的需求，其利润主要来自广告收入和发行收入抵消报纸生产成本之后的差额。高注意力价值的商品，其核心是用户的时间，而用户的时间是有限的，是不可再生的、无法重复利用的资源。特别是在厚报时代，报纸的盈利模式进一步演化成了以广告收入抵消报纸生产成本和发行的亏损之后的差额，把二次售卖中注意力的价值推高到了极致。在最极端的时期，消费者卖废纸所得的钱都赶上了买一份报纸的支出，而地铁报等免费报纸的推出和兴起，正是二次售卖中注意力价值远远超过生产成本中所有要素价值总和的典型表现。在这两次售卖中，报纸的版面（广播电视的时间段）作为用户注意力的“物化”呈现，是最受关注的“产品”，是能够转化为收入的显性资源，其价值的衡量标准是发行量和收视率。而内容产品一般并不直接带来收益，主要作为获取用户注意力的手段。

一、从“卖版面”到“卖内容”

皮卡德描绘的传媒企业二次售卖，就像是一个链条的两个环节，紧紧相扣，中间的关键节点是用户。随着传统媒介的日渐式微和用户的流失，媒体通过内容产品获取用户、获取注意力的能力开始减弱，失去连接点的两个环节彼此割裂。对媒体来说，虽然第二个环节就此失落，第一个环节的起点似乎还掌握在自己手里的，就是内容产品的生产。能够卖的注意力变少了，媒体就干脆直接卖起了内容产品。内容产品乃至生产内容的人，被看作是新的“卖点”。一方面，对于主流媒体而言，优秀、专业的内容生产团队和成熟、可靠的生产组织机制，是长期积累的最有价值的资源。另一方面，内容传播的渠道不再稀缺，市场对内容产

① 罗伯特·G.皮卡德：《媒介经济学：概念与问题》，赵丽颖译，中国人民大学出版社，2005。

品的需求仍然存在，甚至因为渠道的多元而增多，通过向媒体购买服务的方式，定制更精准反映传播需求的精品内容变得普遍。在报纸、广电等传统媒介以专题报道、特别报道等形式推出定制内容时，其本质就已不再是“卖版面”，而是出售内容产品和内容服务，这种方式可被简称为“卖内容”。媒体从业人员在服务的过程中，通过提供自身专业的、高质量的内容服务获取收益。同样属于“卖内容”范畴的，还有政务自媒体、商务自媒体代运维服务。相比党政机关、企事业单位，从传统媒介转向新媒介的职业媒体人，更早、更多地了解新媒介，对于新媒介内容产品的生产具备更专业的能力。特别是新闻网站，由于最早接触新媒介，成为各类主体自媒体账号代运维服务的第一选择。有些媒体甚至为此成立了专门的代运维服务部门，制定了代运维人员的定向考核、管理的制度。由媒体派出专业人员负责各类主体的新媒介账号，收取账号代运维服务的费用，成为媒体经营转型的另一个重要途径。

在二次售卖中，注意力是高附加值的产品，为媒体提供了丰厚的利润和广阔的空间。而纯粹的“卖内容”则不然，在AI生产尚未普及之前，媒体的内容生产主要靠人，从各种生产要素对内容产品的重要性和贡献度来看，这种以人为主的生产模式可以划归劳动密集型生产的范畴。微薄的利润和高企的人力成本造成了这种经营模式的困境。媒体从业人员无论是人数还是精力，都是有限的。以代运维服务为例，如果在完成新闻采编工作之外，利用工余时间为定制者提供内容服务，则无法保障持续、稳定的服务输出，并会与本职工作产生时间、精力上的冲突。从服务对象而言，则希望为其提供定制化内容生产服务的人员是专职的，至少是以其付费购买的服务为工作重心，而不是以派出媒体自身的工作为重心。采编优先还是服务优先？媒体自身的内容生产与收费的定制化内容生产难以兼顾，让作为内容生产者的媒体从业人员不仅分身乏术，而且纠结困惑。有些媒体在服务对象“专职化”的需求驱动下，组建了专职化的代运维服务团队，这也引发了卖内容模式的第二个困境：定制内容生产团队的专业水平，包括业务能力、职业素养等等的养成不易。主流媒体并没有足够多的冗余人员可以挤出来专职服务于定制化内容的生产，而且把最优秀的内容生产者用于定制化内容生产换取低微的收益，这笔账无论是从人力成本角度，还是从媒体发展角度，都不划算。培养一个记者、编辑，需要多方面的投入，并存在必要的成长周期。把记者、编辑用来专职代运维政务自媒体、商务自媒体，让他们生产服务对象要求的内容，媒体自身的内容生产如何保障？团队的专业素养如何保持？更严重的是，还必须考虑员工的职业规划、能力成长和归属感、安全感。毕竟媒体不是家政服务公司，招一帮人来专职为服务对象打工的模式，现实和前景都不乐观。靠赚取服务费用和代运维人力成本差价的方式营利，既缺乏可持续性，也有悖于媒体的传播属性。

二、从“卖版面”到“卖品牌”

虽然纸媒等传统媒介的传播力日趋减弱，而新媒介的传播力尚在提升，作为传媒业“老字号”的主流媒体品牌价值仍能够相对保值。长期积累的品牌作为一种文化符号仍有号召力，有些甚至蕴含了丰富的象征意义，具有文化图腾的情绪价值。如何将传统媒介时代累积的品牌资源变现，是主流媒体在经营模式转型的早期探索时的一个重要方向，主要有以下几种形式。一是消费主流媒体品牌的公信力。以媒体的品牌为活动、会议、论坛背书，这种形式在传统媒介收益能力下降之前就已经普遍存在，但冠名的收益与当时的广告收入、发行收入相比，可以说是微不足道，往往是广告、发行服务的一个附属品，经常处于“添头”的角色。随着经营压力日益增加，本着“蚊子再小也是肉”的心态，冠名这一操作又被捡了起来。不少媒体都是既借助转型而来的采编、广告、发行人员承担活动的策划、组织、实施，又通过“冠名承办”来增加收益。但这种方式对于品牌来说，弄得不好很容易变成“只出不进”，可以换取收益，但对品牌本身没有增强的效应，“脸越刷越薄”，品牌越用越不值钱，每况愈下。依托主流媒体自身品牌影响力，或通过峰会、采风等形式汇集其他媒体共同输出品牌的营收能力正日渐弱化。以前，办一次这类活动可能收入数百万元，现在可能只有数十万元。二是发挥主流媒体品牌号召力，拓展传统业务之外的新业务。近年来，媒体组织的研学旅行蜂拥而上、遍地开花，临近假期时，朋友圈里有不少媒体人都在转发自家的研学旅行广告。“读万卷报”的号召力弱了，“行万里路”似乎也不是坦途。主流媒体组织研学旅行，其核心的资源是媒体品牌的号召力，研学旅行的理念和特点是寓教于游，无论是教，还是游，媒体其实都并不具有优势。虽然与纯粹的冠名承办活动不同，媒体研学旅行的团队确实参与了研学旅行的理念包装、路线设计、团队组织等执行层面的工作，但与其他机构组织的研学旅行相比，大多数都缺乏独有的核心竞争力。据媒体统计，截至2023年6月，中国有超过5000家与研习营、夏令营业务的相关企业，而且尚未包括组织研学旅行但未以此注册企业的各类媒体。媒体主办、组织的研学旅行，在看似火爆、其实内卷的“大文旅”热潮中能走多远还很难说。

“卖品牌”的经营模式，局限性是显而易见的。原因有四：其一，媒体的品牌并非在所有领域都具有号召力。媒体在其他运营业务中以品牌背书，依靠的主要是媒体的公信力。客观真实的新闻价值取向、铁肩担道义的职业形象，让媒体比一般的企业、机构具有更强的可信度，这种可信度是建立在两个基石上的，一个是客观中立，一个是真实可靠。而在这种品牌号召力被用于为自己经营的商品和提供的服务背书时，“王婆卖瓜”的风险和尴尬，远胜于“王婆说媒”。而如果媒体本身并不擅长这种新的业务，或者缺乏相关领域的核心竞争力，纯粹是依托品牌的号召力来赚吆喝，不仅不易做到客观中立，其真实性、可靠性也大打折扣。一些媒体的经营部门做过卖米、卖油、卖酒的尝试，大多以失败收场，因为媒体的品牌并不能自然转化为媒体从事的其他经营业务的品牌，其他领域商品、服务品牌的养成，有其自身的逻辑。其二，媒体并不掌握相关业务的核心资源，往往会选择“门槛低”的业务作为拓展方向；而迫于收入的压力，媒体不可能进行过多的投入，这些业务又大多是轻资产的业务。门槛低、投入少的业务更容易陷入低水平的内卷，服务质量也得不到有效控制。其三，对跨行业的认识浅薄，难以制定长期发展的规划。团队成员的职业规划不清晰，做到哪里算哪里，干一天算一天，业务的开展遇到问题往往就推不下去了，只能抓住机会捏“软柿子”，无力瞄准目标啃“硬骨头”，缺乏长期主义的资本和定力，很容易大张旗鼓地开场，无声无息地收场。其四，品牌价值面临贬值的风险。转型业务如果靠品牌背书，纯粹是高消耗。业务无法对品牌形成正向的效应是一方面，更大的风险是服务质量、用户体验、业内评价等方面的负面效应。生手外行对业务的风险缺乏充分的预判，就会怕什么来什么，又缺乏应对风险的家底，最后损害了媒体来之不易的品牌价值，搞砸一个项目很长时间翻不了身。在媒体经营压力日益增长的形势下，鼓励积极拓展新的业务是值得肯定的，但要有“输不起”的清醒认识，冷静分析自己手上的底牌。以往媒体从业人员没碰过的，其他人不愿意碰的领域，必然是存在困难和风险的，既不能盲目追逐风口，更要做好应对风险、克服困难的准备。转型，既要有不转是等死的危机意识，也要有乱转是找死的风险意识。

第二节
关于经营转型“为”与“不为”的思考

主流媒体在新媒介化的过程中，最迫切、最首要的转型并非内容生产，而是经营模式。经营上转型成功了，形成了新造血机制，就解决了最根本的问题。形成了习惯的传统媒介，要在新媒介重构“注意力经济”优势，短期内难以见效，面对生存的压力，先尝试其他变现快的路子，存在其必然性。毕竟，媒体在传统媒介时代积累的优势不是单一的，虽然内容生产和传播力建设是根本，其他能转化的方式未尝不可一试。粗略分类，在过去十年主流媒体转型拓展收益的方式主要有四种：一是借助政策支持的机会申请扶持资金、发展资金和优惠政策（如建设产业园区等）；二是像人民日报媒体技术股份公司、新华智云科技有限公司、重庆华龙艾迪信息技术有限公司等抢抓先机，研发、升级媒体技术服务能力，通过批量复制满足其他媒体的技术需求；三是借助媒体的品牌介入新的业态，即前文所说的“卖品牌”；四是争取为党政机关、事业单位、国有企业提供多种方式的政务、商务等服务，即“卖内容”。其中，第一种方式充分借助了“官方”的身份优势，争取资金和政策的扶持来做强主流媒体，理直气壮。第二种方式既拉长了自身发展的短板，又能够借助先发优势和代际差异占据知识输出的先机，慧眼独具。第三、第四种方式适用范围广，进入门槛低，收益获取快，用得好是多了赚钱的门路，争取了喘息之机，用得不好也可能动摇根本、损伤元气，须提防“饮鸩止渴”的危险，把握好“为”与“不为”的尺度。

借助媒体品牌进入新业态的“为”与“不为”，要以是否有利于提升媒体传播力为重要标准。媒体KOC的核心价值不是研学带娃，也不是直播带货。对相关行业来说，媒体从业人员既是专业的，又是不专业的，可以是一个专业的观察者、测评者，其优势主要还是在从内容生产延伸到连接用户、服务客户的内容传播，而不是自己取代客户直接从事相关行业。三十多年前，机关办企业模式的红火最终基本上是过眼烟云，成功把“媒体电商”变为媒体支柱产业的，也未尝多闻。在目前媒体尝试进入的行业中，如直播带货、研学旅行等，进入门槛低，做强难度大，引发失败的风险高，且离媒体作为传播者的主业距离较远，关联度较弱，在涉足之前尤其要考虑清楚“为”与“不为”，有所为有所不为。

当然，一些跨圈的尝试也有促进客户端平台活跃度的考虑。如在客户端推出二手房交易、外卖订餐、线上订票等服务，可以看作是在相关垂直领域用户运营、产品运营的延伸。媒体在其中的首要功能，并不是提供线上线下贯通的服务，而是重在传播、评价，发挥自身在相关领域长期关注研究、掌握核心数据的优势，满足用户获取专业信息、交换专业信息的需求。一些媒体把智库建设作为延续专业媒体人作为“观察者”的理论和实践优势的突破点，像中央广播电视总台研究院、新湃实验室、南都智库、广报数据与数字化研究院等机构，都在政策研究、知识服务等领域积极试水。四川日报社总编辑李鹏，更是以“智库媒体”丰富、发展了其早在2016年率先提出的“智媒体”概念，在“智能技术”“智慧内容”之后，加上了“智库服务”，着眼于“全员办智库”[①]。这种明体达用、保持超然的探索，较之舍本逐末、直接下场更契合媒体的基因。

为党政机关、事业单位、国企提供政务、商务服务的“为”与“不为”，更要以是否有助于提升媒体的传播力为终极标准。目前媒体政务服务主要有以下几种形式：采写、编发专题文章（包括起草新闻通稿）；提供视频拍摄、海报制作等新媒介产品及产品的宣发服务；策划、筹备、组织实施会议、论坛、展陈、活动；为政务自媒体、商务自媒体提供代运维服务；等等。这些服务在一定程度上有利于媒体传播力的提升，在策划、组织、实施的过程中，还可以借助服务对象需求的倒逼机制，促使媒体提升服务团队的能力。当然，上述这些形式打包的全案服务是最好的形式，多种服务形式发掘了主流媒体的服务能力，丰富、拓展了传播形式，增加了传播覆盖面，既让服务对象的诉求得到了更好地实现，又能增强服务提供者在特定领域、特定群体中的影响力和权威性。

这些服务形态与媒体从业人员传播能力的关联度不一，对媒体传播力提升的促进作用也各异。策划、采写、编发专题文章或起草新闻通稿，是政务类广告服务链条的延伸，媒体在提供发布渠道的同时，为客户定制化生产发布的内容，与新媒介内容生产传播经营一体化的新生产模式相吻合。提供视频拍摄、海报制作等新媒介产品，与主流媒体建设

① 李鹏：《深融进化论：技术逻辑与智媒体未来》，《中国记者》2023年第8期。

新媒介产品生产能力的目标一致，相当于由服务购买者为媒体分担了新媒介内容产品和生产团队的培育成本。由于会议、论坛、活动、展陈的策划、筹备、组织实施本身具有传播的功能，有助于在参会、观展、出席活动的特定群体中展示媒体的影响力以及在特定领域的专业水平，媒体在为需求方提供服务的同时，也为自身在特定领域内开展用户运营赢得了便利条件。

而为政务自媒体、商务自媒体提供代运维服务是需要媒体慎重对待的，代运维服务在团队管理和个体发展两方面都对媒体从业人员造成了严重困扰。这里需要特别指出的是，从媒体传播力提升的角度来考量，代运维服务如果不能与媒体自身的传播渠道共享资源、共享用户，为主流媒体开展用户运营搭建通道，相当于是主流媒体用自己培育的人力资源，建设了一个个信息孤岛，媒体自身的传播版图与这些孤岛的关系，相当于只是派了一个临时工当“岛主”而已。对于这个问题，不仅主流媒体要慎重，服务购买者也要慎重。如果代运维的意义只是从主流媒体买了个人来干活，则不只阻碍了服务提供者更好地借助代运维的渠道提升其影响力、壮大主流舆论，也错失了本单位、本企业的政务自媒体、商务自媒体与主流媒体形成传播合力的机遇，把潜在的双赢机会做成双输的死局。

第十章
借力政务自媒体深化垂直领域运营

对于主流媒体而言，要重新实现造血功能，重构传媒行业的盈利模式，关键不在内容生产，也不在媒介形态、生产机制、话语方式。虽然媒体融合必然要求这些方面的变革，但最要害的节点，是在旧渠道的用户迅速流失之后，在新渠道重新找到足够的用户，不只是数量要足够，还要活跃度足够，对媒体的黏性足够，标签足够明显。实现这一点，一靠内容，二靠服务。政务自媒体无疑在这两方面都具有优势，正是主流媒体最需要的资源，最应该争取的资源。政务自媒体和主流媒体之间的合作，决不应该走上耗费主流媒体优秀人力资源，打造一个个本领域、本地区政务信息孤岛的绝路。主流媒体应该放远眼光，从长计议，所图者决不应该只是数十万元或百万元的代运维收益；地方党政部门更须高瞻远瞩，跳出媒体看媒体，跳出宣传看宣传，主动作为，推动党政机关和主流媒体在资源上的共享，把政务自媒体的发展和主流媒体重塑传播力的过程结合起来。真正想要主流媒体在移动互联网继续发挥作用，就要先帮助它找到用户，给予政务资源，这比拨付财政资金更为重要，更能治本。

第一节
借鉴县级融媒体中心整合县域政务资源的经验

近年来，随着中央媒体在打破地域限制的新媒介平台变得更大、更强，而县级融媒体中心又扎根基层取得成效，省级、市级媒体，特别是地市级媒体“腰部塌陷”的说法反复被提起。而在传播力上明显有塌陷症状的地市级媒体，无一例外都是未能整合好地市一级和市辖区的政务资源。很多地市级媒体都提出了深耕本土、扎根基层的策略，并投入人力资源下沉基层抢占要点、完成布局。这种尝试无疑非常必要，并有助于推动媒体参与基层治理。但如果无法完成自己所在这一级党政资源的接入、整合，在基层广撒网的布点得不到更上一级的统领，布的点再多也只是一盘散沙，无法真正发挥上下通达、左右协同的威力。在这方面，县级融媒体中心建设的成功案例，如长兴融媒体中心的长兴城市大脑，项城融媒体中心对官方网站、政务微信公众号的统筹管理等，都可以为地市级媒体融合政务资源提供镜鉴。

在扎根基层整合资源方面，地市级媒体原本就有中央媒体、省级媒体和县级融媒体中心均不具备的优势。中央和省级媒体的资讯和服务很难细化到街道、社区层面，管理的有效性、用户的触达率、内容的精准度都还未能很好地解决。县级融媒体中心的层级又过低，能够聚合的资讯和服务相对有限；地域过于狭窄，按照“一小时生活圈”的规划，用户的日常生活圈都已超出一个县区的地域了。地市级媒体无论是行政层级、覆盖地域还是目标用户规模，都相对适中，地市一级党政机关的管辖权限（事权）决定了这一级有着比县级起码高一个量级的政务资讯、政务服务等资源。而地市的市辖区特别是中心城区，连接紧密、地域狭窄、人口密集，建设县（区）级融媒体中心的必要性更弱，地市级媒体可以同步发挥地市、县区两级媒体的作用。

现阶段，省级或地市级媒体整合资源的方式，多是建立融媒体云平台，吸引县级融媒体中心的入驻融合，提出要资源共享、联合联动，希望能在助力县级融媒体中心融合进程的同时，扩大自身的内容池、数据池、用户池。如浙江的“天目云”“富春云”，湖北广电的“长江云”，四川广电和电信联合打造的“熊猫云”……在规划搭建媒体融合的前端和后台时，很多媒体都是出于这一考虑。但省级或地市级媒体能否成功借助“云平台”整合县级融媒体中心的资源，首先要看其能否整合省级或地市级的政务资源，如果自身这一级的资源都整合不了，则自下兼容、向上对接都是纸上谈兵。县级融媒体中心能做得到的事，省级或地市级媒体却做不到，就没有后进带动先进、后进整合先进的道理。

在整合政务资源的过程中，媒体也并非只是“资源接入者”，与政务服务一线的党政职能部门相比，地方媒体作为观察者、记录者，过往数十年累积的报道和数据资料，也是其独有的优势。从实际操作的维度讲，媒体整合政务资源之前，如果能够首先搭建起自身的数据资源库，把沉睡的数据资料转化为数据资源进而成为可变现的数据资产，无疑能在整合中占据更有利的地位，让整合的过程更为顺利。毕竟，整合最好的方式是共享和互通，自己手里有点东西，总比一味求人、“空手套白狼”要更容易一些。从资源价值的维度讲，政务资源和媒体资源的整合，不只是简单的相加，从政务服务的执行者和观察者两个视角生成的数据资源之间的贯通、互文，必将提升数据资源的质量，使其具有更强的变现能力、更高的资产化的价值。而且，在这一点上，地市级媒体也比区县级媒体更有优势，有更大的数据“库存”。很多地市级媒体也比县级媒体有着更长的历史，能让地市级媒体的数据资料更有价值、更便于资源化，应用的场景也会更多，资产化的可行性也更高。

地方主流媒体在数据资源上的潜力，也有助于提升AI的生产能力。从工具变身为生产者的AI，其深度学习能力和创造性生产能力，都需要以数据为基础。在同样的条件下，占用的数据越多，则AI的学习能力越强，创造性的内容生产能力也就提升越快。与此相对的是，AIGC的高效应用，也有助于提升媒体数据的产品化和变现能力。偃鼠饮河，不过满腹。沉淀数十年、堪称“巨量”的数据资料，即便是在结构化、资源化之后，完全靠人力去实现产品化也是不可能完成的任务。“沉睡”的资产中，能够被唤醒的只会是极少数，而且会局限于唤醒者自身的认知范围，却埋没了更多的宝藏，扼杀了更多的可能。所以，媒体数据和AIGC应该是媒体融合中催生新质生产力的两翼，两者并举则相得益彰，在应用场景和产品开发中发挥出超越现有想象边界的效能；而忽视任何一端，则注定做不大、走不远。在此基础上更进一步，从整合政务资源的目标来看，有了AI的加持，媒体又多了一个合作谈判的筹码。拥有数据再生产能力的数据资源开发者，显然比单纯的数据资源持有者更有合作价值。如果能够让AI贯通媒体数据和政务数据，相信一定会衍生出更多能够精准满足用户政务需求的产品，深化媒体在社会治理中的参与度。

相关案例

政务资源整合

苏州市广播电视总台与苏州市政务数据局共建的“苏周到”App推出苏州城市生活服务总入口，建设全市统一的移动政务服务平台，集成政务服务和公共服务资源，让市民只需要一个App就能享受全面的城市服务。2020年11月21日正式上线，开发上线554个服务应用，各类服务调用117亿次，对接42个办事部门、324个业务系统、510个服务项目，汇聚了大量数据资源。“苏周到”还实现了与苏州所属张家港市融媒体中心的今日张家港App的互融互通，同源的服务超过50项。

——综合“苏周到”客户端相关报道

浙江长兴融媒体中心推出“一点就灵”智慧社区服务平台、阳光厨房餐厅管理系统、垃圾分类指导平台等各类服务项目20余项。构建长兴城市大脑（智能视频网+云数据中心+CTG信息栅格系统），实现数据实时交互，共建共享，并与省市公共数据平台对接。对部门、乡镇派驻记者制度进行融合改革，试点设立微融中心。在镇街部门的记者采取两种模式，与部门乡镇宣传人员协同做好新闻采编宣传工作，开展政务合作，共办重要活动。

——综合“掌上长兴”客户端相关报道

河南项城融媒体中心整合了全市70个官方网站，42个微信公众号进行统筹管理，信息统一发布，还与其他单位合作，将各镇办的服务大厅业务办理、问题投诉、热点答疑等接入融媒体中心，打造智慧城管，将井盖路灯等实行网格化管理，市政设施一旦损坏，融媒体中心能收到警报，然后定位处理。

——综合“项城云”客户端相关报道

数据资产开发

2023年11月23日，成都传媒集团智能媒体资源数据库正式上线。该媒资库对集团海量图片、文字、音视频等媒体资源进行数据化、标签化，打造涵盖媒资数字化、智能标签化、确权认证、上线交易、取证维权等全流程内容管理系统。

——薛陈子、程达堃、意简，《这笔巨额资产，还在媒体后院“沉睡”》，“观媒”微信公众号，2024年4月28日

2024年2月29日，广东诞生首单数据资产入表融资成功范例——南财金融终端“资讯通”数据资产完成入表，获得中国工商银行广东自由贸易试验区南沙分行授信500万元。

——张雅婷、黄兰雯，《南财“资讯通”完成广东首单数据资产入表融资，一图了解“数据要素×金融服务”如何落地》，21世纪经济报道·21财经App，2024年5月23日

2024年4月，新华社旗下中国经济信息社宣布成立数据资产运营研究中心，聚焦数据资源化、产品化、资产化。中经社将利用历史数据向市场提供智库咨询、专业培训、数据产品开发与运营服务等一系列综合性解决方案。

——卫盛远，《一笔上亿资产沉睡多年，终于被大众报业唤醒了》，“观媒”微信公众号，2024年8月16日

2024年7月28日，大众报业集团（大众日报社）完成“大众报业集团稿件数据集”“大众报业集团媒体资源库”“大众报业集团AI大模型产品”三项数据资产确权登记，获全国传媒行业首批《数据资产登记证书》。

——汤代禄、陈圣琳，《大众报业集团获首批传媒数据资产登记》，大众日报·大众新闻客户端，2024年7月28日

第二节
破除政务自媒体之间的有形无形壁垒

在新媒介解构了中央、省、市、县四级媒体的层级架构之后，政务资讯、政务服务浓厚的地域性，也为地方媒体，尤其是市、县两级媒

体的价值提供了新的支撑点。而疫情期间“人人离不开”的健康码，也充分证明了政务资源，特别是服务资源对用户的超强吸附能力。各地移动端综合政务服务平台的纷纷推出，说明党政部门存在整合发布平台、服务平台的需要。无论是治理体系和治理能力现代化的要求，还是用户一站式服务的需求，政务资源的互通、互认是必然的方向。事实上，政务资源的整合已经通过城市大脑、掌上政务平台等形式在进行了。问题是，政务资源的整合与媒体融合是否可以一体化推进。向媒体的平台注入政务资源，使媒体由新闻的发布者转向地域内政务资源的运营者，既可以解决媒体吸附、聚合用户的问题，又可以通过整合运营提升政务服务的效率。基于引导群众、服务群众的共同目标，把党政部门通过线上服务方便群众和主流媒体通过政务资源聚集用户集合起来，本就是媒体融合发展的题中应有之义。县级融媒体中心的三大功能，即主流舆论阵地、综合服务平台、社区服务枢纽，也正是紧扣引导群众、服务群众的要求展开的。县级融媒体中心如此，地市级甚至省级媒体也理应如此。要让地方媒体真正发挥引导群众、服务群众的作用，而不是失去受众、脱离群众，需要地方党委、政府将服务和引导的平台进行统一规划，将服务和引导的功能统筹考虑，而不是让媒体和党政部门各干各的，传播平台和服务平台各建各的，甚至连“云平台”都各搞各的。如果是那样，在媒体融合中打通内外部资源就是一句空话，重复建设、一哄而上的情况就很容易出现。而从媒体自身而言，在媒体融合的第二个十年，应该要主动提出整合区域内新闻宣传、政务资讯、政务服务一体化建设的方略，重视并发挥好政务自媒体在垂直服务各领域的价值，运营好各领域的政务服务吸附的用户社群，让政务资讯能够更精准地到达最需要的人群。具体来讲，应该从以下两个方面着手：一是通过代运维政务自媒体，推动政务自媒体矩阵的形成，拓宽各自的用户覆盖面；二是通过综合服务平台的搭建，打造区域性政务服务枢纽，用好平台数据，探索更多服务形式，提升治理能力。

一、统筹政务自媒体运维，使其真正成为一个矩阵

各类政务自媒体，除了少数由于服务意识不强、运营理念不清，一不小心办成了所在部门的黑板报外，大多数都有着不弱的传播和影响力，用户画像、产品画像都很清晰，做给谁看、给用户看什么的问题得到了相对完美的解决。政务自媒体和主流媒体的合作，可以降低两者的建设成本。主流媒体通过政务自媒体可以更方便地找到用户，并提升相应领域的报道专业化水平，培育更专业的新闻从业人员；而政务自媒体可以共享主流媒体在此前初步建成的融媒体云平台，充实平台的资讯与服务数据库，让这些数据更充分地被利用。在日常运营中，政务自媒体可以借助“官方发布”的权威性，紧密连接、汇集用户，如同一个个垂直领域的平台达人，在相应的领域形成不可替代的传播优势，并与主流媒体、其他政务自媒体共享用户数据。在重大事件发生时，政务自媒体可以在主流媒体统一指挥下，承担在分众领域同频传播的作用，形成传播合力，扩大传播覆盖面，叠加传播效应。如在台风、暴雨等公共安全重大事件发生时，所有政务自媒体可在主流媒体统一调度下统筹发布预警、防范、处置的信息，在各自的受众中有效传播，迅速让传播内容到达更多的人。重要政策、重大决策的发布，多渠道同频传播的方式，同样能发挥放大的作用。相比于任何情况下都“各人自扫门前雪”，可以在政务自媒体作为新的连接受众的渠道之后，通过合适的枢纽把这些渠道串起来。

二、搭建综合服务后台，打造区域性政务服务枢纽

自主可控的平台被普遍看作评价主流媒体融合发展成效的一个重要维度。何谓平台？纵观媒体融合前十年主流媒体在平台建设方面提出的方略，“平台”的概念主要有两种含义：一是外在的平台，即资讯传播和提供服务的平台，比如客户端这样的前端；二是内在的平台，即资讯、服务数据生产分析的平台，比如近年来备受关注的“数据中台”“服务中台”，等等。在笔者看来，要达成自主可控的目标，真正

发挥自主可控的优势，内在的平台更为根本。具体就整合政务自媒体的资源而言，综合服务平台的连通性、综合性，主要体现在资讯、服务的统一出口和数据的统一后台两个方面。相比之下，一个内在的统一平台，一个信息共享、服务互通的平台，一个数据采集、计算分发的平台，似乎对资源的整合更为有用。至于外在的自有平台是否必要，还是要看其是否能提供其他平台所不具备的功能和价值，如果对外传播资讯和提供服务的功能同样可以通过第三方平台和应用得到实现，则自有客户端的必要性就要慎重考量。从近两年开始的“N端合一”的趋势来看，如果没有必要同时运维两三个客户端，则很有可能其实一个客户端都不需要。主流媒体往往过于重视前端的统一呈现、统一出口，相对轻视后端的统一支撑、统一采集、统一运算。在疫情期间，很多媒体都参与了教育部门主导的网课制作，从摄制到发布都是争夺的重点。但费心用力采集来的资源，却在当时和之后都存在着难言之隐。当时的问题是，媒体期待着网课的上线带来用户和流量，却未能虑及自己的后台能承载多少用户。之后的问题是，采集的网课资源大多数都没有实现数据的结构化，不仅检索和再次访问困难，而且资源因为无人运营，也无法转化为资产，只是一堆“数据垃圾”。构建平台是统筹运维的重要途径，但重点应该是构建在后端统一的数据中台、技术中台、服务中台，而非把所有资讯和服务都统一到所谓“自主可控”的自有客户端上。相较于前端，后端的自主可控更为根本，更有价值。

总的来说，主流媒体在平台搭建、用户运营这些方面，起步不仅晚于商业机构，甚至晚于很多政务自媒体。在主流媒体和政务自媒体的融合上，如果要重新打造一个综合服务的平台，且不说用户愿不愿意进去，政务自媒体愿不愿意进去都是个问题。毋庸讳言，在传统媒介时代，主流媒体能够成为当之无愧的舆论引导者，与其在传播渠道上的垄断优势是密切相关的，而这种优势在自媒体时代已经不复存在。主流媒体如果能够整合政务资源，真正构建起一个对自己有用、对用户有用、对政务自媒体有用的后端，还是会在集聚用户上多几分底气。

相关案例

浙江传播大脑：由中共浙江省委宣传部指导，浙江日报报业集团、浙江广播电视集团、浙江出版联合集团、浙江省文化产业投资集团四大省属文化集团共同发起。2023年1月18日挂牌，3月28日推出整合天目云和新蓝云的天目蓝云，实现全省媒体技术一体化发展。2024年4月，国家网信办发布生成式人工智能服务备案信息公告，在已通过备案的117个生成式人工智能应用或功能中，由传播大脑科技（浙江）股份有限公司研发的“传播大模型”，是全国首个由媒体技术公司研发并成功通过备案的媒体专属大模型。

——综合《浙江日报》相关报道

江西融媒大脑：6月30日，江西融媒大脑平台上线暨江西融媒大脑科技有限公司成立仪式在南昌举行，融媒大脑构建了“1+2+11+105+N”的融媒体联动指挥体系，形成全省“一盘棋、一张网”媒体融合发展格局。

——刘斐，《融通智媒 创新引领》，《江西日报》，2024年6月30日

“观媒”微信公众号发现，江西日报社赣鄱云和江西广电赣云整合打通打造“融媒大脑”，和浙报集团天目云与浙江广电新蓝云合并打造“传播大脑”路径一致，江西融媒大脑和浙江传播大脑的创始股东结构都包括当地四大省属文化国企。

——周童、程达堃，《省级云平台开启融合潮，江西合二为一建设“大脑”》，“观媒”微信公众号，2024年7月2日

第三节
避免政务自媒体运营的“路径依赖”陷阱

亟需重构传播渠道、重新聚合用户的主流媒体，在政务自媒体的运维上具有专业的优势，但也必须避免过度依赖自身运营新媒介账号的经验，而忽视政务自媒体的特性、个性，陷入“路径依赖”的陷阱。要彰显自媒体的特性，需要避免三个陷阱：一是千号一面，二是单向传播，三是浅尝辄止。

第一个陷阱是在渠道的画像上缺乏个性。在以往的实践中，由主流媒体代运维的政务自媒体，很容易忽略受众（用户）的特点、调性的差异和内容的专业性，感受不出其特色，和其他政务自媒体都是一个味，用户不满意、主办的单位不满意，无法在众多政务自媒体和同类的个人自媒体中脱颖而出，传播力就无法提升，甚至会每况愈下。主流媒体首先要明确，统筹运维政务自媒体的首要目的是壮大包括自身在内的政务自媒体矩阵，统筹运维不是打包分发，一键分发的方式在主流媒体自有的多个渠道行不通，在政务自媒体的统筹运维上同样行不通。渠道没有个性就没有灵魂，就无法成功吸引用户、留住用户。例如，有些媒体在网格化运营时，偏向把同区域内不同社区、社群的政务自媒体交给一个团队、一个编辑来运维，如果编辑不能注意区分手头多个产品的个性，又不能根据时间线的推移来推进产品运营的深度，一个曲调唱到底就不是在统筹运维，而是在批量生产“废品”。

第二个陷阱是忽视新媒介传播的互动性。这体现在，政务自媒体只管发布资讯、提供服务，不关注用户的反馈、不关注与用户的互动；只做单向的内容生产和发布，而不进行用户的运营。迫于自身内容生产能力的不足和聚合政务自媒体资讯、服务的需求，主流媒体的自建客户端都开设了层级、区域各异的政务自媒体号，但很多都只是把政务自媒体上的内容抓过来、搬上去，后续就没人再去管了。政务自媒体与主流媒体统筹运维，除了能够向主流媒体的传播平台注入政务资讯和政务服务资源，更能为主流媒体吸附相应领域的用户，相当于是主流媒体在政务服务领域的垂直运营的账号，但这些账号本身也需要对用户社群的运营。特别需要强调的是，与政务资讯、政务服务相比，画像明确、忠诚度高、黏性紧密的用户社群，才是政务自媒体最重要的资源。主流媒体的自建平台缺内容，但更缺用户，如果不为平台去找用户，聚合再多的内容进来，都是沉没的数据，无法在传播中产生活力。

第三个陷阱是在专业的领域却不专业。在移动互联网传播中，几乎所有的垂直领域、所有的网格都承受着超强的“内卷力”，竞品的倒逼让任何一个运营者都停不下来。政务自媒体作为特殊的垂直类媒体，细分用户需求，为用户提供专业化、个性化服务是“看家本领”。政务自媒体与同领域其他的产品相比，在权威性上是有优势，但在对垂直领域运营的认知和能力上，在传播观点、思想和情绪价值上，在与用户的共情力和亲密度上，存在着看得见和看不见的短板。而且，无论是主流媒体，还是政务自媒体，与平台达人相比，在反应速度、反应能力上也都处于劣势。否则，也不至于会有“造谣一张嘴、辟谣跑断腿”的黑色幽默，无视这些短板，一味高谈权威性，不过是掩耳盗铃。鉴于这些短板的存在，深耕垂直领域就不能只是一个口号，而是要清醒地认识到，就政务自媒体的运维而言，无论是实际主管者（党政机关）还是代运维者（主流媒体或派遣人员），很多都缺乏在专业领域深入浅出的素养，都阻碍了政务自媒体在垂直领域深耕的成效。在城市形象的宣传中，经常可以看到主流媒体、政务自媒体的陈词滥调，与之相映成趣的是个人自媒体独到、深刻的表述。而有些政务自媒体舍长取短，放弃深入熟悉城市发展战略的优势，却想着在内容呈现形式上哗众取宠，更是大谬不然。坚持认为内容为王，但在专业领域的内容生产上往往又浅尝辄止，这正是主流媒体走下神坛之后最大的尴尬。而要用好政务自媒体的政务资源以撬动用户资源，主流媒体在争取到统筹运维的机会之后，务必要在内容生产上发挥优势，以实力推动政务资源优势的发挥，借势发力，而不是落入优势的坑里。

第十一章
重构“二次售卖”，兼顾“两级传播”

当旧渠道的传播力急速下滑，其注意力价值应声而落的现象变得普遍之后，媒体是否还能通过内容生产盈利呢？在这个问题上，存在两种方向的思考。

一个方向是内容本身就有价值，“知识付费”模式的成功，更让直接通过出售内容满足用户“阅读需求”获取收益有了旁证。从实践中来看，设置付费墙的媒体确实比以前多了，这种盈利模式使“二次售卖”转变为以“一次售卖”为主。其实在主流媒体主要靠“二次售卖”盈利的阶段，有些专业性较强或影响力较弱的媒体，经常提及“发行收入能够包得住成本”，也是同样的逻辑。但事实上，现阶段国内报纸类的媒体，能够通过一次售卖包住成本的，基本具备两个条件：要么是提高发行价格，超出了单份报纸的生产成本；要么是靠行政指令要求或倡导特定用户订阅，以保障发行量。

另一个方向是坚持“二次售卖”，坚持免费阅读。当然，其中的大多数媒体也是出于无奈——不免费，用户就去别的渠道了。而且新渠道才是真正意义上的免费阅读，连购买报纸的成本，或者买报与卖废报纸之间差价的成本都免除了。广告收入日薄一日，又无法让用户为内容买单，媒体坚持内容生产的动力何在？对比商业平台、自媒体在注意力经济大路上的飞驰人生，磕磕碰碰的主流媒体似乎面对的是自己独有的困惑和难题。

第一节
注意力经济“二次售卖”理论的再审视

很显然，直接售卖内容产品和坚持“二次售卖”的注意力经济相比，后者才是更适应发展趋势、更可持续、更容易提升收益率的模式。这主要表现为“流量变现”的新媒介盈利模式，并没有颠覆二次售卖的理论，报纸卖的是注意力，新媒介卖的也是注意力；在通过二次售卖提高内容产品的收益转化率上，成功的传统媒介运营者和成功的新媒介运营者并没有根本性的区别。只是新媒介在注意力经济的逻辑上更进了一步，让媒体从更看重内容产品的售卖，转向更看重注意力的售卖；从更看重内容产品的生产，转向更看重用户的获取。当中最关键的变化是，收入的来源从传统媒介的广告投放变为新媒介的流量变现之后，二次售卖的逻辑起点发生了倒转。新媒介尤其是垂直领域二次售卖的逻辑起点，是第二次售卖的对象，即作为注意力售卖的对象的广告商和广告主。先完成销售对象的画像，明确广告商、广告主需要什么样的用户，再据此进行用户画像，明确媒体应该吸附什么样的用户，集聚他们的注意力，汇聚广告商、广告主需要的流量，最后才是完成产品画像，即媒体要根据用户需求生产什么样的产品。而传统媒介二次售卖的逻辑起点，是第一次售卖的产品，即媒体生产的内容。先生产有新闻价值、服务价值的优质内容，再通过内容吸引用户，最后以用户的规模争取广告投放。前者重在通过内容传播为广告商、广告主提供用户，后者重在通过内容生产为用户提供产品。而且在为用户生产内容产品的过程中，媒体也并非有意识地进行用户画像，更不会精准地根据广告商、广告主的需求进行用户细分，只是把量做上来，认为只要用户数量达到一定规模，其中“应该”会有广告商、广告主需要的用户。在产品画像上也与之类似，厚报的逻辑也是要把量做上来，内容产品更快、更多、种类更丰富，用户“应该”会找到需要的内容或信息。

新媒介的不同之处，是精细化，用户的选择面更宽、内容需求的颗粒度更细了，要求有更精准的内容；广告商、广告主有了大数据算法的支撑、用户需求的颗粒度更细了，要求有真正有价值的用户。而对于媒体来说，技术的发展、算法的成熟、内容呈现手段的丰富（视、听、玩、学），则为自身根据广告商、广告主的画像完善用户画像，明晰产品画像提供了重要支撑。总而言之，新媒介让二次售卖变得更加成熟、更加精准、更加高效、更加简单（线下发行都省了），为媒体通过内容生产和注意力售卖创造了更好的基础和工具。媒体应该紧紧抓住以流量为核心指数的二次售卖新形态，用“新瓶”装更高品质的“酒”，而不是死抱着“旧瓶”不放，更不能用“新瓶”装“旧酒”，甚至降低“酒”的品质，放弃自己长期积累的酝酿“好酒”的能力进而彻底失去生存的根本。

在纸媒等传统媒介上，媒体在售卖内容产品和售卖用户注意力两者之间，主要是在内容上着力，特别是在内容的生产环节着力，在整个流程中的其他环节则用力不多，而且是互相割裂的，不同环节的主体之间的联系相对较弱。注意力售卖受到了重视，但与内容产品的生产环节仍存在差别。在纸媒等传统媒介的二次售卖盈利模式中，报纸专版、专栏的设置，电视频道、节目时间段的安排，都已经按照这个逻辑展开。例如，所有栏目（公益性的除外）节目都会瞄准消费能力强的群体，而像英国的百年大报《每日论坛报》的倒闭，就被归结为读者群体太老、消费能力不强。当然，老年群体是否就等于消费能力不强的群体，仍有待商榷。由此可见，主流媒体早已意识到给谁看的问题，并按照不同群体注意力的价值差别决定内容生产的侧重。至于电视、报纸因为特殊行业的广告需求凸显而特别设置的房地产、汽车、IT等栏目、节目，更细化了注意力的方向，以期更贴合广告商、广告主的需求。

传媒格局的变化，广告收入的锐减，让二次售卖的可行性受到怀疑。但媒体在经营转型的方向上，在探索过多元经营、尝试过拓展视野从其他领域找出路之后，也越来越清晰地认识到，“报纸+广告”的模式难以为继，是报纸的传播力难以为继，是适应纸媒渠道的广告服务形式难以为继，而不是注意力变现的模式难以为继。在新媒介运营的探索中，很多媒体都会提出变现难的问题。对此，我们需要弄清楚的是，到底是流量变现作为二次售卖的新形式无法成立，还是媒体自身在流量的汇聚、变现中未能掌握新媒介的规律。

笔者认为，要解决这个问题，首先要明确什么是有效的流量。传统媒介对传播效果的测量是模糊的，只要发行量大，就能在第二次售卖时占据卖方市场的优势。但新媒介的流量是精准的，不仅可以量化地反映出多少人看，也可以反映出什么人在看。从广告商、广告主的角度来看，以往在报纸上登了广告，买报纸的人其实并不一定看，到底多少人看、什么人看，是一笔糊涂账。但是在新媒介中，每一条信息包括广告的点击量都是透明的，尤其是在第三方平台，更利于排除媒体自有平台数据失真的可能性，更易于监测到精准传播效果。因此新媒介的有效流量是有消费需求的流量、有购买力的流量，对媒体获取注意力资源的要求更高。

第二节
在新的传播规律下重构“二次售卖”模式

在坚持做优质内容的同时，由于传播技术这个最大的变量，主流媒体要在新媒介重构二次售卖的模式，继续高效地获取和出售注意力资源，最关键的是要找到获取注意力的新途径，并围绕注意力的获取再造内容生产和传播的方式。新媒介在传播上改变了什么？媒体和用户之间的关系改变了什么？

其一，用户对产品的画像和媒体对用户的画像更加清晰，用户和媒体之间的关系进一步强化。在传统媒介的二次售卖链条上，用户和媒体之间的关系相对是较弱的，媒体通过栏目、节目的设置，对用户群体进行了一定的细分，但这种细分的颗粒度是受限的；媒体会通过读者来信、读者来论、读者纠错、读者投稿等方式来增强与读者的互动，但参与互动的人数、有效实现互动的人数和读者的总数相比是一个微弱的量。仍以《广州日报·追说新闻》为例，栏目设置初期每周可收到来信、电邮近1000件，但能够摘登的不超过20条。由于传统的互动形式效率低（一周一期），而且见报后才知道自己的观点是否被采用，落选的来信则得不到任何回应，几周后，来信的热情就受到挫折，来信和电邮数迅速下跌到两位数，且大多是专业的来信者。有些媒体开设了网闻版，采集网友在网络平台的评论在报纸上发布，其与用户之间的联系仍是单向的，用户未必知道自己在网上的评论是否被报纸选用，媒体也无法通过被选用的评论为用户画像。而在新媒介，用户的参与度、参与效率的提升因技术提供的便捷呈现加速的态势。用户行为数据的积累，让更精细的用户画像成为可能。以算法为例，算法推荐的精准度，举一反三的联想能力，让用户的需求变得越来越清晰，一方面，媒体更清晰地识别出用户的特征，更加深入认识到这些是一个个什么样的用户，另一方面，用户自身则更清晰地知道自己要什么，在比较和选择中让自己的要求更明确、更定型。这种现象在垂直领域的传播中更加明显。无论是对媒体还是对用户，或者是第二次售卖的付费者，都需要一个更细分、更精准的用户画像、产品画像，三方需求的合力驱动，更加强了用户和媒体之间的紧密联系。

其二，用户对内容生产的影响力更强，内容生产者取悦用户的意识更趋凸显。在传统媒介传播链条上，用户处于末端，用户作为一个群体的模糊形象，决定了其无力对内容生产有过多的影响。用户调查等方式则无法高效、准确地反映用户的需求，用户通过这些方式影响内容生产的力度也很微弱。内容生产基本取决于生产者的观念、逻辑和习惯的表达，标准主要掌握在生产者自己手里，媒体的风格是由创办宗旨等生产者的意志构成的。新媒介的内容生产者则有着更明显的取悦读者的意识，在自有平台的建设方略上，媒体意识到要提高用户的黏性，必须抓住对用户来说必需的资源。各地主流媒体都把争取服务资源的导入作为重要的着力点，如预约办事、投诉建议、订票订餐等，都是争取的重点。在内容生产的题材选取上，服务于民生、关系用户日常生活需求的内容受到更多的关注。气象、交通等领域的官方微信往往都是政务自媒体的头部大号，这些方面的内容同样成为主流媒体转发或延伸报道的重要题材，其热度超过了时政类、财经类的报道内容。在内容产品的呈现形式上，用户的偏好甚至是盲从都很容易成为内容生产的风向标，不仅要在内容上蹭热度，在形式上也要蹭“热梗”。如果隐去主流媒体、大多数自媒体的标识，已经越来越难分辨内容产品的出处，特别是在传统媒介时代个性风格就不显著的内容生产者，很容易彻底失去自身的特点，沦为网络热词、“热梗”的堆砌者。这也从另一个维度折射出明确的用户画像的重要性，如果媒体无法明确自己的用户是谁，用户是什么样的，就不可能在新媒介真正立定脚跟，不可能对照清晰的用户画像完成属于自己的产品画像，就只能在不停地跟风、不断地盲从，别人做什么我就做什么，别人怎么呈现我也怎么呈现，别人做成功了我就蜂拥而上。东施效颦的结果就是无法形成自己的价值。

其三，两级传播的特点更加显著，如何培育好传播的第二级，直接关系到传播的最终效果。“两级传播理论”由美籍奥地利社会学家拉扎斯菲尔德等人提出，认为大众传播对人们的影响不是直接的，而是一个二级传播过程[①]。按照“两级传播理论”，大众媒体的影响首先到达舆论领袖那里，舆论领袖再把他们通过大众媒体获取的内容，传播给受他们影响的人。笔者的个人感受是，“两级传播理论”描述的传播轨迹在大众传媒的到达率仍处于较低水平的时候非常明显，但随着用户通过大

① 保罗·拉扎斯菲尔德、伯纳德·贝雷尔森、黑兹尔·高德特著，唐茜译，《人民的选择》，中国人民大学出版社，2012。

众传媒获取信息变得便捷，用户和媒体更容易直接建立联系，两级传播的价值则变得弱化，哪怕当时用户和媒体的联系是微弱的、单向的。随着新媒介的崛起，当用户获取的信息量更大，用户的时间成为信息获取的决定性、稀缺性资源时，就又倒过来了。之前是获取信息困难、途径较少，两级传播的作用强；之后是信息的获取容易，但用户缺乏足够时间，则两级传播的轨迹再次凸显。从实践的层面来看，从20世纪40年代“两级传播理论”的提出至今的70多年里，在两级传播的轨迹不是那么明显的那段时间里，都市报、晚报等纸媒如雨后春笋，厚报时代的时间段也与之基本重合。这一时期，正是以纸媒为代表的传统媒介的黄金时代。笔者在这里作出一个假想：大众媒体要提升传播力，就必须让两级传播中的第二级的作用尽可能地被取代，与读者用户建立直接的联系。媒体自身或要兼顾扮演好第二级传播者的角色，下降一阶去推动传播效果的增长，把第二级传播抓在自己手里，或在第二级传播中更主动地发挥作用，与用户建立关联性更强的联系和互动。这样才可以避免同样的内容资源，因为传播链条的关键节点不在自己手里，在自己的手上是根草，到了别人手上却是块宝的现象。

在注意力经济的范畴之内，对传播中获取用户和客户的方式应因新媒介的传播规律作出顺应性的变革，让媒体自身的价值得到延续、巩固、提升，是最有可持续性的方式，是从媒体的根本价值出发考量其对传媒发展的健康指数。长期来看，即使媒体能够成功地通过多种经营自给自足，但媒体本身是不能盈利的，那么传媒作为一种产业的价值何在？如果这一点未能想清楚，用伤害根本的方式实现短期收益，长远来看可能造成主营业务和多样化经营的主次不分。医得眼前疮，剜却心头肉。

第三节 抢抓第二级传播的尝试和需要关注的问题

抢抓第二级传播有两种方式，一种方式是借力网络上自发形成的KOC、KOL，另一种方式是培育自己的KOC、KOL。现阶段，主流媒体主要是在后一种方式上进行尝试。例如钱江晚报的“浙江名医馆”，南方日报、南方+的“网红工作室”，广州日报的“健康有约”等，都在培育网红、达人方面取得了不错的成效。从内部来看，此举一来以网红打通两级传播的中间节点，通过传播链条的延伸转化了相关领域在传统媒介初步聚合的用户，加固了内容生产者与用户之间的联系；二来，不仅推动了专业媒体人从内容生产者向用户运营者的角色转变，也带动了媒体组织架构、考核方式的变化；此外，此举也助推了媒体融合从产品形态、生产者技能等初级层面，向传播观念、体制机制等更高的层面迁移。从外部来看，媒体为第二次售卖的付费者（广告商、广告主）的服务形式更加立体、丰富，不只是把广告从报纸搬到新媒介，更是从简单地提供发布渠道，逐步转向提供有“用户需求”支撑的整体宣传方案。

媒体过去在“二次售卖”中可能会不加区分地转售第一次售卖获取的用户注意力，有什么用户就卖什么注意力；但降阶兼顾第二级传播者的功能之后，在售卖用户注意力的同时，媒体应更加注重借助KOL、KOC力量，精准地汇集广告商、广告主需要的注意力。需要什么样的注意力，就有意识地汇集什么样的用户，以提升注意力转化或流量变现的效果。媒体在垂直领域的运营人员通过新媒介将两级传播的过程更好地衔接，使第一级传播的信息能够更细分、更精准，更能产生极化的传播效果。与此同时，这也使第二级传播更符合大众媒体在第一级传播中的意图，信息损耗减少，情感连接增强。借助第二级传播者直接面对用户群体，直接与企业、品牌、商品、服务关联的特点，传统媒介生产与用户、客户联系不紧密、不畅通造成的脱节（传播内容并非实际需求）、失真（传播过程中信息损耗、扭曲、变异）、错位（纸媒上的信息，包括内容产品和广告营销对于大部分读者无用，而有需要信息的内容却没有提供，或目标用户并非该媒体的读者）等无效传播问题得以破冰，让传播效率更高。

值得注意的是，从社交媒体平台移植而来的网红、达人的概念，与主流媒体的基因是不完全兼容的，会产生排异的效应。如何克服这种排异，让网红、达人在主流媒体的肌体内更好地发挥正向作用，考验的是主流媒体的体制创新能力、容错机制，更考验主流媒体领导层的决心和抗压能力、担当精神。董宇辉和东方甄选“分手”事件的始末，说明网红、达人与名记者、名编辑有着根本区别。按照主流媒体一贯以来的“平台成就个人”的理念，主流媒体和从业者个人之间似乎是一种“主从关系”。但网络传播平台和网红、达人的关系显然不是这样。试问董宇辉和东方甄选孰轻孰重？谁主谁次？其一，网红、达人与用户之间的关系更为紧密，他们才是用户聚集的核心，而平台、品牌对用户的聚合力将逐渐消减，并不是吸引用户的主要因素；其二，网红、达人与客户之间的关系更为直接，他们是客户的商品和服务推广的代言人，而不只是媒体广告服务的执行者；其三，网红、达人的贡献与收益之间的作用更为清晰，比过去更容易分辨出哪些收入是“我”或者“我们”带来的。

寻求破解之道，重新审视“第二级传播者”

主流媒体想要通过网红、达人的培育，鼓励记者、编辑在第二级传播中发挥作用，就要在体制机制上进行相应的调整。只有正确处理好主流媒体和网红、达人之间的关系，才能充分释放项目团队和关键员工的积极性，激发其创造力，实现主流媒体和网红、达人的双赢。主流媒体要有更能客观评价达人贡献和价值的标准，据此对分配制度作出调整；要明确媒体和团队、个人之间对运营产品的所有权，把单位的工作和自己的事业之间的关系理顺。主流媒体培育平台网络、达人，比较常见的方式是建立工作室，鼓励有垂直运营意识和能力的从业者个人或团队向KOL或KOC的角色转型。这种方式通常会建立一种孵化制度或考核方式，为工作室的运作提供启动资金、品牌推广、执行支持（如技术、美术设计、音视频制作）等方面的扶持，对体制内创业的人员实行类似目标责任制的考核，并实施超额激励。这些鼓励、支持的政策，对启动垂直领域的运营确实很有帮助。

囿于以往主流媒体对人员考核的思维定式和对平台与个人之间的价值的认识，主流媒体对工作室的激励与自媒体达人通过同样的工作模式获得的回报相比，力度显然是不够的。自媒体达人运营的产品，归属于其个人或者团队，而主流媒体孵化培育的产品则属于单位，参与创业的团队成员，本质上只是个打工的。当然，在主流媒体从业人员开始体制内创业之初，由于对前景的迷惑和对后路的担忧，单位现有的孵化机制和激励政策，能起到旱涝保收的兜底作用，让他们放胆走出第一步。但随着项目的传播力增强、盈利模式清晰、运营收益增长，聚集的用户和客户形成一定规模之后，现有的体制机制就越来越成为继续发展的桎梏。正所谓“可以共患难，不可以共享福”。现实中，不少主流媒体孵化的项目，到了一定规模就陷入“中等收入陷阱”，增速放缓甚至停滞不前，传播力和营收都上不了更高的台阶，很大程度上就是这个原因。在体制机制上只有这么大的“帽子”，也就只能容下这么大的“脑袋”。而且，由于主流媒体在项目的运营规范、审计标准、收入均等方面存在顾虑，使得让团队真正像一个企业那样运营项目变得更不现实。即使对运营成熟的项目实行公司化动作，也仍然面临着如何根据团队成员的贡献分配公司的股权和运营收益的问题，生产关系的问题解决不好，生产力的发展就难以破冰、突围。

第五篇

用户之需

第十二章
用户意识在内容生产中的突出地位和持续强化

以用户为中心的理念，是在媒体融合的十年中被确立并应用到媒体内容生产、传播模式、技术支撑、经营管理等几乎所有环节的最重要理念。新媒介以用户为中心，传统媒介其实也是如此。两者的区别在于，传统媒介的用户画像不清晰，从业人员只能根据自己“头脑中的用户”去进行内容生产，报纸栏目的设置，头条的选择和图片、插图的比例增加，这些原本就是在揣摩用户偏好的基础上进行的，只是在缺乏用户行为数据作为支撑的状况下，对用户的需求把握主要靠从业人员主观的判断。这种判断除了受到来自其他维度的因素干扰，也自然会带上内容生产者自身认识能力的底色。但随着新媒介对用户行为记录的普及，数据点阵让用户使用媒体的一举一动都清晰地同步呈现，“头脑中的用户”势不可挡地成为“呼吸中的用户”。

第 一 节
新媒介开放式内容生产的四个维度

新媒介的内容生产中，以用户为中心的理念更加直接地施加于生产流程，用户在生产环节的重要作用尤其被反复强调，开放式生产的概念受到了更多的重视。从现有的实践来看，主流媒体以用户为中心重构生产流程的方式主要是以下四个方面。一是在选题上，蹭热度成为普遍行为方式，在数据平台的建设中，对新闻选题的热度、传播路径、用户情感评价的分析，是最受媒体重视的功能之一，主流媒体在选题上更多受用户偏好的影响；二是在内容呈现形式上，从H5到Vlog、从短视频到长篇漫画（以下简称“长漫”），一种受到用户关注的新呈现形式，几个小时就会成为全平台媒体竞相仿效的潮流；三是在评论区的运营上，媒体对用户互动的重视和互动频率对内容产品传播力的乘数效应可以互相印证；四是用户参加内容生产，除了专设的用户生产内容（UGC、PUGC）的模块，重大突发事件现场用户上传的素材，在验证或未完全验证之后，被更多引用。

从主流媒体的实践来看，第一、第二个维度，即用户对选题和内容呈现形式的影响，推动了主流媒体内容生产的跨越式变革；而第三、第四个维度，即评论区运营和用户生产内容，仍是主流媒体与商业平台、个人自媒体的显著区别。

第一个维度，选题的用户导向在内容生产中变得更为显性，用户想看什么，从过去取决于编辑部对用户阅读偏好的推断，变为有数据支撑的科学结论，彻底实现了从定性到定量的飞跃。流量和热搜成为选题最主要的风向标，新媒介编辑对选题热度的敏感性，已成为判断其是否专业的重要标志。虽然由此导致在不同媒体账号上内容高度统一的现象，但即便有再多关于主流媒体在选题上越来越同质化的担忧，冷门选题的惨淡阅读量，往往让更多的媒体账号紧追热点选题。细究起来，媒体在重大选题上的同一性并不是新媒介内容生产特有的。在报纸的选题上，千报一面，重大新闻事件占据所有媒体头版和重要版面的情况就是常态。独家内容并非没有，但能真正拥有人无我有的重大内容，已经是百中无一了。除非有特别的原因，热点新闻必然是跨地域、跨领域、跨群体引发注目的，地方新闻、社区新闻、身边新闻、行业新闻可以成为垂直领域或网格内的焦点，主流媒体的“主号”则是免不了的，也应该积极地去追热点。内容生产者在热点选题上能做的，首要是顺应用户的选择，其次才是探讨能否在角度、深度、贴近性上做出增量。真正领悟和贯彻以用户为中心的理念，就应该借助新媒介的反馈机制，更及时、更精确地体现用户需求的优势地位，在选题上坚定地跟着用户走。另辟蹊径、逆水行舟的思路，在多数场景下是缺乏可行性的，而且没有必要。媒体真正需要努力的，一是争取抢到热搜，二是从自身的用户特点着手，看能否让用户觉得热点“与你有关”，不仅热，而且近。

第二个维度，呈现形式上的用户导向经常表现出和技术之间的一种拉扯。比较常见如卡片、海报、长漫等的呈现形式，似乎是在迎合移动端用户的阅读习惯，而且有些形式上的创新，感觉技术上的含量很足，却不符合小屏传播的便利性。按照做减法、“少就是多”的传播思路，从用户的角度考虑，太过复杂的呈现形式可能惊艳，却不实用。一些媒体推出过现象级的名作，在当时受到过爆发式的关注，并被津津乐道，却未能成为新媒介内容产品呈现方式的主流。根本原因是，这些呈现方式并不真正符合用户在移动端获取信息便利性的需求，形态过于多样化，横看成岭侧成峰，有时候是以文害义。值得强调的是，尽管短视频是移动传播的主要呈现形式，且增长的速度（短视频内容生产的条数、新增账号数、新增用户数、新增点击量）远远超过其他形式的内容，但文章仍然是移动传播中有效的呈现形式。微信团队在2020年公开课上对微信变成发文章的渠道进行了检讨，并在之后推出了微信视频号产品，但以文字为主要呈现形式的微信公众号，仍是用户在新媒介获取信息的主要方式之一。虽然，微信内容的生产者往往会采用插入视频、动图、提炼内容提要、标注字数和阅读全文所需时间等方式消减用户阅读大段文字的焦虑，但文字内容的传播优势在移动传播中仍然存在。新媒介因为技术支撑而改变了内容的呈现形式，立体化、多元传播让用户的需求得到了更多样的满足，但无论呈现形式怎么变，都是为了用户而技术，而非为了技术而技术，内容生产者需要审慎对待呈现形式之变。因此，坚持以用户为中心呈现内容，就应该选择最适合传播、最便于用户获取的方式，而不是纯粹从技术的角度去考量，甚至沦为炫技。在内容呈现形式上的理性，不盲目跟风，也是长期主义思路的一个重要体现。新媒介的传播需要爆款，但内容生产的能力是需要长期积累的。如果在内容的呈现形式上过于追求新技术的元素，而不是从更好满足用户需求的角度增强内容生产者把控呈现形式的能力，或者一味求新、博人眼球，那么，这种投机的冲动不利于对内容呈现形式的运用和内容生产能力的培养。主流媒体在顺应数字化、智能化传播趋势的过程中，既要把目光放远，密切关注元宇宙、大语言模型等前景；也要把功夫做实，在短视频、微信推文等现阶段普遍应用的呈现形式上做出特色、找准定位、形成风格。就如同以往报纸编辑等传统媒介从业人员在纸质媒介上不断提升呈现能力一样，不能只关注呈现形式是不是够潮，而不沉下心来提升并用好这种呈现形式的能力。

第三个维度，评论区的运营是连接用户与内容、传播和生产的重要途径，是从单向传播转向互动式传播的重要体现。小编陪聊和组建粉丝群巩固用户与内容产品的连接，正是为了让新媒介的传播能够有效触达用户。更重要的是，文本的发布者不再是内容生产的唯一主体，在文本发布之后，内容生产仍是一个没有终结的活动，文本和评论同样是用户“观看”的对象。通过评论区的互动，可以让用户的需求、态度更加明晰，让生产者更准确了解受众对内容产品的预期，并且可以通过回复评论继续阐明观点、修正态度、补充细节，在互动过程中以更快的速度、更高的效率渐次推进开放式的生产。目前，媒体在微信推文时，由于担心用户缺乏长时间阅读的耐心，会使用“阅读原文”等形式，以引导对此感兴趣的用户深度阅读。内容生产者通过标题、推文、原文三级递进，可选的方式，尝试满足用户对快速浏览和深度研读的不同需求。但这种方式仍然存在缺陷，虽然原文的篇幅更长、细节更多，但未必就能包罗不同用户所有的期待、所需的信息。如果尝试换一种方式，即通过回复评论区的留言，按照用户的反馈精准地补充推文中未完整呈现的信息，并将这些信息通过算法推荐给提问的用户和潜在的需求相近用户呢？事实上，这也是一种对生产流程的再改造。

评论区的运营，一般因媒体重视程度各异而选择不同的模式。但无论是设置专岗运营，还是由发布者自己负责维护，无疑都会增加人力成本，而且如果缺乏内部岗位设置、考核机制等调整加以保障、引导，仅靠内容生产和发布团队的自觉来维系，很难在更高的层面研判、深化评论区运营对用户运营、对精准传播的意义，以及如何更好发挥评论区连接用户功能的整体思考。但重生产、轻运营，重内容、轻传播的惯性，对新媒介重构内容生产流程、设置用户运营等新岗位，都在继续施加重要影响力。要让评论区运营成为内容生产流程的一部分，在内容生产团队内将直接面对客户的评论区运营环节和信息采集、编辑、发布等环节相对区分开，承认这是一项新的工作，不能简单地靠其他角色兼顾，就必须在岗位设置和考核评价上明确肯定这项新工作的价值并给予重视。同时，也可以加快尝试评论区运营与大语言模型的应用相结合的可能。评论区运营主要的特点，包括了互动性、互动的即时性，以及可以通过回复评论、精准推送回复内容，以继续按照用户需求完成开放式内容生产。这些与大语言模型可以处理自然语言任务的功能，如文本分类、问答对话等，具有很强的契合度。如果能够引入大语言模型参与甚至主导评论区的维护，或许可以提高评论区维护的可靠性、持续性，并降低运营的人力成本。

第四个维度，即主流媒体自建客户端与UGC（包括PUGC）的兼容性。目前，随着客户端的建设进入存量竞争阶段，如何提供更丰富的内容和如何连接更多的用户这两个方面，都成为客户端在“平台内卷”“渠道内耗”中的受力方向。“用户生成内容”被普遍认为有助于系统解决媒体在内容和用户上的短缺。媒体对自有客户端的内容生产存在着两种不同的思路：

一种是自主专业化生产、高质量内容供给的思路；一种是平台化聚合、海量内容供给的思路。在很多情况下，媒体还表现出两个思路都想要实现的纠结：既要在自有客户端的内容供给上体现自己的主导性，又要体现平台的聚合性，两者之间在端内资源的分配上是存在冲突的。相反，微信、今日头条、抖音等商业平台，并不存在显著的对平台运营者自主生产的内容和入驻媒体生产的内容之间的差别对待。主流媒体在使用UGC和PGC的概念时，从字面上看是对用户生产与专业生产的区分，内里更多的是用户生产和自主生产之间的区分，有了物我之别，自然有主次之分。主流媒体自建客户端在模块的设置、推送的选择、资源的分配等方面，以其自身生产的内容产品为主；而入驻自媒体的内容则处于从属，甚至是形同虚设的地位。商业平台和主流媒体自建平台的UGC虽然都意在吸引内容创作者，但平台对UGC的吸引力、UGC内容对平台的影响力，在两种平台上是截然不同的。主流媒体自建平台对UGC内容生产者的吸引力和UGC内容的影响力都非常弱。即使不考虑一般的内容生产者，那些被认为具有颇强专业性，在用户中已经具备一定号召力的PUGC创作者，甚至是入驻主流媒体自建平台的政务自媒体，其内容对平台的价值、在平台各类来源内容中的地位，也和商业平台相去甚远。从对政务自媒体影响力的评价体系来看，目前主要是对其在商业平台的自媒体号进行评价，在主流媒体自建平台的政务自媒体号则很少被纳入其中。即使被纳入，也往往是由于评价者自身又是某个客户端的运营者或利益关联者，为了突出自有客户端的影响力，另设一个榜单来“凑数”。鉴于这些现状，主流媒体自建平台的UGC策略能吸引多少用户参与内容生产，内容生产者对这些平台是否重视，答案均不乐观。UGC的引入，未必能解决好客户端优质内容不足的问题，甚至成为鸡肋。比如在人民日报客户端“人民号”发布的稿件，往往不会被当作人民日报客户端的稿件来对待，遑论有些媒体平台入驻的自媒体号，只是把同类、同质内容又转发了一遍。

第 二 节
媒体自产内容和用户生产内容的关系

商业平台上的内容生产者，不管是UGC、PUGC还是PGC，决定其发布的内容显示度的是用户的偏好和算法。虽然我们对算法的弊端有着诸多“为了用户好”担忧和质疑，但算法本身并无偏好，是用户有偏好。更重要的是，算法推荐并不必然会导致“信息茧房”的出现。算法推荐的逻辑被误解为只是简单地同向推荐，使用户只能接触与以往偏好同类、同情、同风的内容信息，而且在精准度的驱动下，范围会越来越细、越小。事实上，算法同样可以进行关联推荐、演绎推荐、跳跃推荐、反向推荐。关联推荐即以用户以往的行为偏好为基点，与基点由紧至疏存在关联，演绎即从基点推理、演进，进入新的领域、新的层面，跳跃即从基点跳过由线状或环状的阵列，直接跳过到达圈外，反向即尝试推荐与之前偏好相反的信息、给用户提供与之前大相径庭的选择。算法只是工具，推荐同类内容并不断缩小范围，只是最懒的算法。“信息茧房”的困扰必定会随着算法逻辑的完善被减弱，终“破茧成蝶”。

与商业平台不同的是，主流媒体自建平台对待自主生产和用户生产的内容，在显示度的分配上是不均衡的，这种不均衡来源于主流媒体自建平台对内容显示度的主导性、可控力，对UGC是不友好的。要改变这种状况，在观念上，主流媒体要真正确立做平台的思路，为平台入驻的内容创业者提供平等的机会；在标准上，要从以编辑为转移，转向以用户为转移；在技术上，要保证用户的偏好能得到有效的记录，并让算法推荐的逻辑更趋成熟。这几点，都需要处理好主流媒体自主生产内容和用户生产内容之间的关系，让两者之间互相促进，而不是厚此薄彼又彼此对立。否则，被主流媒体自建平台放弃的，必定是用户生产的内容，而越来越多的用户也必将放弃主流媒体自建平台。比较可行的一种途径，是以领域为区分，推动主流媒体自有的PGC在相同、相近领域的KOL、KOC功能的形成，与UGC平等地在平台发挥凝聚用户、丰富信息的作用，让媒体的专业生产者和UGC内容生产者形成一个个团组，成为UGC内容创作群体的一部分，把PGC和UGC融合起来，而不是相互割裂。

特别需要关注的是，AIGC的成熟和应用场景的丰富性，已经成为用户内容创作中一个新的、最重要的变量。在对AIGC的关注和评价中，当下还是有很多人仅仅将AI看作是一个类似于人类“义肢”的辅助工具。比如从马克思关于“社会人的生产器官”的论断延伸[①]，认为AI便是自数字社会中新近演化的“社会人的生产器官”，是一种生产工具。但另一些观点却认为并非如此。学者李岩在《人工智能电影：一次未来考古学研究》中提出，AI是“生产器官”对人类的“活劳动”的全面替代，人不再以活劳动的形式存在，而是成为数据生产资料的提供者，即人类产生的各项数据构成新时代的“生产资料”，而人工智能则成为吞吐这些数据的重构机[②]。在传播场景中，过去以记者、编辑为代表的专业内容生产者把AI搜集、分析的内容作为资料，由自己完成重构和创造；而AIGC则是把人类内容生产者和消费者的数据作为资料，由AI完成重构和创造。这就是AI有了想象力、创造力之后发生的根本性的改变。如何、能否在新的内容生产格局中平衡好包括AIGC在内的用户创作内容和职业媒体从业人员生产内容的关系，如何推动实现包括AI在内的所有内容生产者的协同、互动关系，都是媒体在未来内容生产流程再造和用户运营中需要关注的问题。

在用户方面，UGC的成功必然会伴随着对用户的拉引。主流媒体自建平台的运营者，还需要面对两个问题：一是用户转化的问题。如何尽可能把UGC内容生产者的“粉丝”转化为主流媒体自建平台的用户，实现

① 卡尔·马克思：《马克思恩格斯全集》第23卷，中共中央马克思恩格斯列宁斯大林著作编译局编译，人民出版社，1972。

② 李岩：《人工智能电影：一次未来考古学研究》，《当代电影》2022年第8期。

私域和公域的最大公约数？二是收益分配的问题。UGC带来的收益如何在平台和内容生产者之间分配？主流媒体自建平台与商业平台不同，经过了十年的建设，其经济实力和品牌影响力、用户拉引力，仍然和商业平台不在同一个数量级上。入驻的内容生产者与其拉引的粉丝之间是强连接，而入驻的内容生产者与平台之间是弱连接，并不会被束缚到主流媒体自建平台上，这类平台对其帮助有限而且竞品众多。按照《平台工人》报告关于平台和平台工人关系的推论①，主流媒体自建平台建设阶段“客大欺店”的趋势，或许会在经过五到十年的存量竞争，70%以上的客户端走向消亡后，被杀出血路的胜利者扭转。但就目前来看，对于UGC生产者而言，主流媒体都没有这样的吸引力和控制力。主流媒体客户端在实施UGC策略之前，应该想清楚“流量归谁”的问题。当然，“流量归谁”并非由平台和UGC生产者约定，而是要看主流媒体自建平台能不能把UGC产品带来的流量转化为平台的“流量”。

不过，主流媒体客户端可以与UGC内容生产者约定“利益归谁”的问题。平台要吸引UGC内容生产者，除了能帮助其提升显示度、为其提供发布渠道、对其配给支持资源外，无可回避的是必须为其营造盈利模式。就像微信公众号运营者可以通过广告、打赏获取收益一样，这是内容创业者持续创作的第一推动力。在移动互联网时代远未到来之前，主流媒体的新闻网站就通过博客等形式为UGC的早期萌芽提供过温室，但博客最终没有成为社交渠道，新闻网站最终没有成为社交平台，博主也最终没有成为真正意义上的职业网红或达人。其中，有技术迭代改变了社交媒体发展路径的原因，但更重要的原因是，博客没有形成盈利模式的闭环，内容生产者除了稿费之外，很少能通过可预期的模式获取收益。既然盈利模式才是激励内容生产者的第一推动力，平台和内容生产者之间就必须有关于收益分配的约定。事实上，商业平台正是这样做的。即便商业平台明确不会对某些来源的收益提出利益分配要求，但这也是一种

① 青山资本投研中心、“都市快报·橙柿互动”等：《平台工人》，2023年7月。

约定。很显然，在约定收益归谁的问题上，并未见到主流媒体自建平台给予应有的重视，更不用说认真研究如何精确计算平台和内容生产者的贡献，如何设置分配机制才更有助于激发UGC内容生产者的积极性。出现这样的状况，一种原因可能是，主流媒体长期以自产自销为主，除了个别版面给读者来稿开点稿费、爆料费，并没有UGC的基因，缺乏利益分配的意识；另一种原因可能是，主流媒体对客户端的UGC生产心存疑虑，不是真心的想实行UGC，或是叶公好龙、嘴上说说，或是把UGC作为陪衬，别人有的我也有。

由此可见，主流媒体无论是自主培育正能量网红，还是自建平台试图引入UGC生产者，都要从根本上扭转观念、改革机制。一是网红工作室和UGC在平台总体战略中的地位。如果主流媒体仍是以机构化、计划式的专业内容生产为主，而处理不好网红、达人等新生产主体的新生产形态与前者的关系，以旧为体、以新为用，简单相加而不相融的问题，将在新媒介内容与用户建设中再一次重演，就像处理不好报纸和新媒介的关系一样，由于观念上的局限，拖慢适应新模式、培育新形态、形成新机制、构建新格局的步伐。二是机制上的瓶颈，制约了网红工作室、UGC等新增长点的发展极限。看起来很不错的项目，事后证明其他平台也做成功了，但在我们的体制内就是做不大、做不强。做到一定程度之后，从创业团队的视角来看，发现各种规则是在限制增长，而不是鼓励增长，个人和团队再努力也没用，不如“躺平”守着现有的成果，甚至起个大早赶了个晚集，从突破领先到被后来者超越，彻底失去追赶的契机和动力。简单地说，生产关系的落后成为先进生产力的桎梏。

从内容和用户的维度解析主流媒体的内容生产流程再造，用户对主流媒体的选题、呈现形式、用户连接方式和内容生产主体的构成，都已经产生了不可逆转的解构和重构。主流媒体在这一大势之中，在第一、第二两个维度上相对走得更远、走得更主动，已经从自发地跟随跃升为自觉地顺应和引导；而在第三、第四个维度上，囿于基因里对专业生产的重视，仍处于被动和应变的状态。尤其是主流媒体在客户端等自建平台的建设策略中，虽然已经意识到UGC的重要性，并将其纳入了平台建设的规划，但由于对内容生产主体的变化认识不深，对既往生产方式的依赖过强，对有序引导UGC的能力和信心不足，尚未取得真正的进步。

如果从用户连接的角度规划和推动主流媒体在UGC方面的探索，可以尝试引入区块链技术解决协作内容生产的收益获取、计算和分配的问题。基于版权保护需求而被引入主流媒体融合发展策略的区块链技术，可以让内容生产者和主流媒体自建平台更容易地对内容进行授权，并易于追踪非法转载的情况。借助其分布式账本等技术特征，Maothew Iles创立的Civil区块链新闻平台开启了区块链内容生产平台的时代。而Mirror平台于2021年10月宣布开放所有以太坊地址开放，只要在Mirror连接自己的钱包，任何人都可以在Mirror平台写作。作为社区协作内容平台，Mirror直接把内容生产者和内容消费者连接，生产者可以通过平台的作品、众筹、藏品、拍卖、共享、投票等功能获取数字收益[①]。不同于以往媒体主要聚焦于区块链对版权保护的关注，区块链技术的应用可以在推进网络内容生产和内容资源的商品化方面，发挥关键性技术支撑作用。而在已有内容资源的商品化方面，《纽约时报》作家凯文·露丝的专栏文章于2021年3月以NFT（非同质化代币）的形式以56万美元价格拍卖成功，而这篇专栏文章所写的内容正是关于NFT的[②]。在国内媒体中，新华社和《上海证券报》也先后在2021年12月、2022年2月推出系列NFT[③]。在区块链技术的加持下，区块链体系的业务已经从版权保护（版权交易）扩展到了内容交易（内容生产协作）。

主流媒体自建平台如果能够借助党媒身份、权威优势、品牌声望，成功构建起区块链赋能的网络社区内容协作平台，内容创作者和KOL等第二级传播者，都可以通过平台参与内容生产，构建全新的生产内容、消

①②③　郭文韬、童兵：《从区块链版权到数字复刻：元宇宙中的媒介融合路径》，《新闻爱好者》2023年第8期。

费内容连接，形成影响力和地位、等级，则能够让其版权交易收益、内容交易收益更受到主流媒体公信力和实力的保护，以实现自由地参与内容生产。而主流媒体则凭借专业化机构化的优势，成为协作内容生产的主导者、指导者。

第十三章 目标用户和流量入口的选择

主流媒体在目标用户的选择上，普遍选择了下沉、深垂的思路。除了锁定高素质、高消费力、高影响力的主流人群，在县级融媒体中心的建设全面铺开后，打通连接基层干部群众的“最后一公里”，更是被奉为主流媒体在移动互联网主阵地上实现主力军价值的圭臬。县级融媒体中心主流舆论阵地、综合服务平台、社区服务枢纽的定位，事实上已不仅局限于县级，而是被列为各级、各地主流媒体的新媒介发展目标。经过五年的实践，以用户为中心的内容生产和传播观念，让主流媒体在传播能力、覆盖能力上得到了明显的提升，但有些基础性的问题，例如目标用户的分散性、差异化，尚未得到有效解决。

第一节 网络传播和用户群体的“非主流”特征

一是主流的问题。什么是主流人群？在厚报时代，就有都市报、晚报或者财经等行业类报纸提出目标人群是白领、精英群体，其特征是“三高”。关于这一社会学意义的“三高”有多种定义，但基本是从学历、收入、职位、品位和对各种事物、生活方式的要求等方面予以定义，往往又以消费能力的“高”作为重要的落脚点。事实上，过去报纸的阅读者中比较有影响力的一部分，就符合这种“三高”的特征，主流媒体把“三高”的主流人群作为目标用户，似乎更有助于借力在报业发展中积淀的品牌影响力，继续留住这一部分用户。但值得注意的是，报纸用户中的“主流”未必都具备“三高”的特征。率先开创了厚报时代，并长期以发行量、广告收入领先全国的《广州日报》《成都商报》等，其用户主要来源于普通市民。以《广州日报》为例，在其日均发行量最高的达到180万份的时期，个人的自费订阅量占比七成，自费订阅和零售的用户除了党政机关、事业单位、大型企业的从业人员外，也包括了为数更多的中小企业主、个体经营者和普通市民。这些群体，未必符合三高的特征。而数量超过十亿的移动网络用户中，符合“三高”特征的用户，无论是作为个体的人数，还是作为群体的社群数，都显然不能完全代表主流。媒体可以将“三高”人群作为用户覆盖的重要对象，但显然不能将这一群体的作用过分夸大，更不能放弃人数更多的大众传播对象。而且，移动互联网空间中社交媒体的传播，很大程度上是非主流的，内容生产者、产品呈现形式、传播对象都体现着非主流的特征。即便传播对象在工作、生活中拥有一个现实的主流的身份，他在社交平台上表现出来的，也可能会是非主流的特性。主流媒体要在移动互联网立足，避免被非主流媒体压缩、紧逼以至于无法立足，就应该主动适应非主流的规律，否则，在“三高”群体中占据的酣睡之地，很可能成为别人的“卧榻之侧”，能不能守住只是时间问题。

二是基层的问题。基层现在是什么状况？当主流媒体纷纷把基层作为目标用户的富矿、提出要打通“最后一公里”的时候，是否认真研究过基层的现状？是否知道“最后一公里”被打通之后，再往前等待我们的是什么？从主流媒体人的眼光来看，移动互联网社交媒体的传播可能是无序的、多元的、细分的，既然如此，我们又怎么能奢求打通“最后一公里”之后，会有一个有序的、单一的、总括的基层用户群体等着我们去传播呢？如果误把基层当作是整齐划一的韭菜田，下沉做网格化运营就是分好责任田去割韭菜，那就未免会失望而归了。无论从理论层面，还是实践层面，面向基层的用户覆盖能力的建设，很可能比其他特征明确的用户群体面临更多困难。而如果媒体打通“最后一公里”甚至“最后一米”的目标是街道（乡镇）、社区（村）的党政基层组织，那只是伪下沉、去到了伪基层，以这样的认知和态度参与基层治理，很可能是去给基层工作者添乱。基层与基层组织是不同的概念，按照组织的层级来构建传播覆盖圈层的模式，已经被移动互联网颠覆了，基层的用户个体之间的连接方式也已经被社交媒体改变了。举一个例子来说明：社区内的一位居民，他与其他人、其他群体的连接方式是多元的，通过所在社区的基层管理机构，获得官方资讯、接受政务服务只是其中一种，在这个渠道上，居委会已经比较好地发挥了作用。在一般的情形下，其个体和居委会是弱连接；而在一些特殊情况下，其个体和居委会是强连接（比如疫情期间）。在这两种连接中，主流媒体可以帮助居委会完成一些工作，比如线上社区的建设、维护，用户的健康、养老等需求的收集、统计、分析等等。这类服务严格来说是政务服务在社区等基层组织的延伸。但这个用户个体大多时候是通过其他的方式尤其是移动网络与其他人连接。一位社区居民可能很少与社区的邻居、居委会沟通，却可以和网上的同好者远程密切互动。这种非组织化的、高关联度的网络社群，是另外一种基层，一种更普遍存在的基层、对用户个体影响力更大的基层。

那么，主流媒体该如何通过下沉和深垂把用户运营做深？最关键的一点，是要深刻认识并高度关注网络传播对象的“非主流”特征。移动网络传播要提升传播效果，首先要做“非主流”的传播，然后再传递那些主流的内容、主流的意义、主流的价值。这种“非主流”特征，既是由社交媒体的“非主流性”决定的——用户彻底抛弃了以往媒体常用的单向传播方式，表现出更为强烈的“接着讲”的自觉，只有用他们“自己”的话语，才能以看似消解主流媒体信息垄断权的形式，推动“大家都在说”的参与式传播；也是由基层再组织化过程中的“非主流”性决定的——只有为传播的不同群体构建针对性更强、精准度更高的连接方式，才能让“网格”真正锁定通过移动网络连接的群体；更是由移动网络用户需求的“非主流性”决定的。

从实践来看，成功连接基层，汇聚用户的主流媒体，都是从最显性的维度着手，抓住的是相对普适的需要，比如民生服务领域的健康、求学、养老，消费领域的房产、汽车、电子产品，投资领域的股票、基金，基本都是主流媒体发展垂直类产品和服务的关键词。由于自身的公信力与政府部门的权威性的接入，这些垂直的方向，确实更有利于在运营中取得成效，但往往也伴随着深度不够的问题。如何在一个方向上更细化、更深入、更贴近用户，是主流媒体在强化与基层的连接时要重点突破的障碍。除此之外，更值得重视的是，有些基层的需求，并不像健康、求学、买房、买车那样显性和普遍，也不如时尚文旅、炒股票、投资基金那么高端、有范儿，却是社区、村委等基层管理机构无力触及的，潜在的消费力、影响力巨大。例如农村的中老年女性群体、进城务工人员群体（尤其是新兴领域就业群体）、留守儿童群体、完成九年制义务教育之后的青少年群体，他们通过网络实现价值、找到归属感、感受到被关注的需求，往往都是被“主流”忽略的，但正是这些非主流的群体、非主流的需求、非主流的表达，构成了社交媒体丰富多元的生态，催生了基层治理要面对的复杂多变的形势。

再来看安徽省亳州市蒙城县徐某某（网名“秀才”）的例子。2024年1月，抖音直播发布的2023年度平台治理盘点中显示，无限期回收包括“秀才”等29万个账号。而在2023年9月，“秀才”账号就因为“违反平台相关规定”被封禁；与此同时，安徽省亳州市税务局也作出回应，“徐某某”被举报涉嫌税收违法的行为，已移交执法部门调查处理。在被封禁之前，“秀才”账号拥有1054万粉丝，其中女性用户占比70.44%，40岁以上用户占比79.8%。据中国青年网报道，曾经有一位72岁的粉丝从吉林跨越1700公里去安徽寻人，“非要见见他”。千万粉丝的

“顶流”因违规被封禁、无限期回收账号，再次说明了网络不是法外之地，流量、粉丝也不是护身符。但“秀才”成为“顶流”，也说明了他在被封禁前发布的1300多个视频作品满足了数以千万计的粉丝的需求。这些用户以及他们的某些具有群体共性的需求，往往是被排除在“主流”之外的，是未被纳入主流媒体“服务基层”的视野的，谁又能说这些用户的需求就不应该受到重视呢？“我愿君王心，化作光明烛”，如果主流媒体不去关注或无力关注这些用户、这些需求，游走在“违规被封禁”边界上的“秀才”们，必然屡禁不止、屡封不息。

主流媒体在下沉、深垂时，不仅应该关注那些普遍、显性的需求，更应该关注非主流的、隐性的需求。一方面，这正是基层治理中存在难度，又可以有所作为、体现主流媒体引导力的领域；另一方面，这些用户群体和用户需求已成为移动网络基层（有别于传统意义上以工作、居住场所来划定的基层）的重要组成部分，也蕴藏着巨量的消费能力。如果主流媒体不去覆盖这些群体，在覆盖能力的建设上就是缺失了一大块，而且很可能并未抓住最主要的矛盾。因为单位、社区并不是用户社交需求的主要平台，“打通最后一公里”的本质是要到达用户、到达群众身边，而不是成为在地理距离上近在基层群众身边，在心理距离上、在满足需求和互动交流上却远隔重山的摆设。很多党群服务中心、新时代文明实践中心门可罗雀，后者甚至沦为麻将房、陈列馆的现实状况，是最好的镜子。

无论是把目标用户局限于以“三高”为特征的所谓“主流人群”，还是把基层局限于街道（乡镇）、社区（村）等基层组织，都是从依赖现有党政管理职能的角度出发，而不是从助力社会治理的角度出发。只有真正研究透彻被移动互联网重构之后的基层，弄清基层在网上的新形态，并把握网络传播非主流的特性，学会用非主流的形式组织实施主流舆论的传播，而不是简单地在线下“画地为牢”，才能真正网住用户、网住服务对象。

第二节
构建“非主流”传播的话语体系

要构建“非主流”传播的话语体系，主流媒体就要顺应社交化、平台化的趋势，引导和凝聚用户群体，把“他们”变成“我们”。主流媒体要把目光投向基于以往惯性的视野中的空白点，看到那些容易被忽略的用户群体，然后找准不同群体的特点，把他们从数以十亿计的网民中“画”出来，让目标群体的特征更明晰，并以此来决定ID的塑造，形成“我们”的认同，为目标群体塑造属于“我们”的传播圈层，并构建起“非主流”传播的话语体系。

其一是谁在说话。主流媒体应该为传播对象定制化塑造他们认同的KOL。根据两级传播理论，KOL的影响力之所以比大众媒体更频繁、更有效，一个重要的原因是舆论领袖存在于每一个社会层次中，与他们所影响的人在很大程度上相似，并往往同属于同一原级群体，因而不能把传播对象视为“他者”。更直白地说，KOL首先要是传播对象的自己人，才能得到传播对象的认可。而像网红主播李佳琦，一向被认为“比女人更懂女人”，但因为在直播中说了句“有时候找找自己原因，这么多年了工资涨没涨，有没有认真工作”引发了舆论热议，其中一条“你挣着普通人的钱到头来嘲讽普通人群”的评论获得最高点赞。正如新京报评论视频提出的疑问：当初那个能帮“猪猪女孩”和供货商砍价的李佳琦，现在还能和消费者站在一起吗？李佳琦两次道歉，并哭着鞠躬，最根本的原因，正是不愿失去直播对象“自己人”的身份。“你是哪一边的”，直接关系到KOL或KOC的核心价值。

其二是说谁的话。要说“我们”的话，这一点至关重要。同样的一番话，有些人能明白，但换一拨人，可能不明白。就传播而言，就是要“看人下菜碟”，先弄清对象是谁，“我”是谁，再选择如何说话。

从新媒介各类形式产品的传播数据来看，短视频鹤立鸡群，短文章仍有市场，但媒体依靠技术手段精心制作的某些产品，如AR、VR等却未产生预期的效果，很大程度上是因为这些形式还没有成为用户习惯的说话方式。而说“我们”的话，就是表达方式要具有贴近性、排他性，特别是隐藏性。如果给用户一份官方文字甚至是文件，对方的第一印象就是这不是和“我”说的，和“我”没有关系，即便能看懂每一个字，也不愿花时间去看。就像在高铁上邻座的两个人聊天，他们说的每句话“我”可能都没听见，因为这和“我”不贴近、和“我”没关系。同时，媒体不要对不同的用户群体说同样的话。“我们”之间的交流应该是排他的，这样才能引起“我”的重视，传播才更有效果。当然，最重要的是隐藏性，很多时候都需要把目的隐藏起来，做得最好的宣传就是像什么都没做。在传播ID的塑造中，在面向网络基层群体时，更需要注意这一点。“胶片传播”“薯片传播”的渗透力告诉我们，应该把传播的目的隐藏起来，沟通而不是说教，陪伴而不是引导。传播对象的需求才应该是显性的需求，而传播者的目的应该是在满足用户需求的过程中不知不觉地实现的。同样以李佳琦为“猪猪女孩”砍价为例，“是你要买东西，我只是帮你砍价”“是你有选择困难，我只是给出建议”。在直播带货于2020年突然火爆之后，主流媒体或深或浅都尝试过，打造网红工作室的呼声更是不绝于耳，但成功转型成为KOL、KOC的又有几何？关键仍在身份和叙事的认同感，能否自我表达、个性叙事。

其三是从何说起。在这方面，俄罗斯圣彼得堡大学教授阿列克谢·罗季奥诺夫在关于中国当代文学在俄罗斯的传播和研究中列出的一组数据非常值得关注和思考。从2022年起，中国网络文学急剧闯入了俄罗斯图书市场，其中最受欢迎的“墨香铜臭”长篇小说《天官赐福》已经成为最近30年在俄罗斯发行量最高的中国图书，有着广泛活跃的读者群。这些读者大部分是15—20岁的女青年，甚至有模仿“墨香铜臭”风格的出版物在俄罗斯公开发行。与此同时，中文图书在俄罗斯外译图书市场中的份额连续3年上升，已经从2021年的第8—9名提升到2023年的第6名①。在罗季奥诺夫列出的数据中，还有一点非常有意思，即日译图书在俄罗斯的份额一直高居第4位，仅排在英、德、法之后，高于意大利译文的第5名②。对此，他解释是因为日本的二次元文化在俄罗斯青年中很受欢迎，进而从对日本二次元文化的关注，延展到日本作家写的小说、日本的戏剧、日本的电影，非二次元的日本文化产品也开始进入俄罗斯。那么是否可以做一个推论，即不管是国际传播还是国内传播，不管是文化传播还是新闻传播，如果从“非主流”的领域切入，都可能收到“事半功倍”的效果？2024年11月，停更超过三年的李子柒正式回归，一则聚焦非遗漆器的短视频在微博发布后1小时内播放量就超过759万次。而李子柒的走红，正是从一碗“兰州牛肉面”开始的，堪称是移动网络“非主流”传播的典范。而且，“非主流”的传播不仅体现在传播内容的形式上，也体现在传播切入点的选择上。从满足用户“非主流”需求的维度考量，更容易找到契合点的是亚文化的传播，比如二次元、网文、微短剧，然后才是对主流文化、主流价值的传播需求。

其四是如何说话。主流媒体要注重价值的传播、文本的传播，更要注意塑造和培育“符号”，进行“符号传播”。陈寅恪先生说过：“读书须先识字。”提升传播的有效性，特别是跨文化传播、跨亚文化传播的有效性，也应该从符号的传播入手。十多年前，北京大学教授张颐武在接受《新周刊》杂志关于“中国文化”的专题采访时曾表示：“一个姚明，一个章子怡，比一万本孔子都有效果”，这在当时引发了激烈的争论。但如果从塑造、培育和用好传播“符号”的意义上看，这确实是一个很好的“符号传播”着力点。而即便是在当时反对这一论点的专家和网友中，也有人承认章子怡是一个“中国符号”。近年来，“哪

①② Alexey Rodionov, “Discussing Translation and Study of Contemporary Chinese Literature in Russia through a Looking-glass of Ten Lectures on Chinese-Russian Literary Relations by Chen Jianhua,” Interdisciplinary Studies of Literature 7, No. 4 (Dec. 2023): 628-639.

吒”“悟空”等文化符号在移动网络传播中都取得了很好的效果，李子柒更被国外网友称之为“来自东方的神秘力量”，成为“世界级传播符号”，这是一个良好的开端。但与西方文化等其他文化形态相比，中国文化、中国精神在“符号”的萃取和提升上仍有着非常大的空间，应该积极培育更多中华优秀文化的传播符号，并对这些符号进行国际化、时代性、网络风的升级，在传播实践中对其强化赋能，努力建构“中国文化符号体系”，通过“符号传播”带动文化传播、价值传播。

“非主流”传播，在近年来主流媒体高度关注的国际传播上有着非常重要的意义。随着中国式现代化的成效日益彰显，“西落东升”的态势更趋明晰，从世界舞台的边缘逐渐走进舞台中心的中国，受到西方发达国家越来越多的审视。由于在对外文化传播的明显不对称和不平衡，世界不能充分了解中国，出现了认知上的严重偏差和评价中的严重误读。BBC的全球民调显示，海外受访者对中国持正面评价的为41%，持负面评价的为42%；尤其是美、英、德、法、西、加等西方国家，对中国持正面评价的受访者仅为28%，持负面评价的则高达57%①。在这种严峻的形势下，不能被西方媒体“卡脖子”，讲好中国故事的必要性显得空前重要。落后就要挨打，贫穷就要挨饿，这两个道理自1840年以来被中国和中国人的苦痛经历做了最生动的注解。但如今，当我们站起来、富起来、强起来之后，发现并未赢得世界（尤其是西方国家）的赞许、接纳，哪怕是理解，而是饱受质疑、否定，甚至是指责。失语就要挨骂，这就是我们发现自己在世界的舆论场中失语之后的又一惨痛教训。为此，党的二十大报告指出，要加强国际传播能力建设，主流媒体也纷纷把讲好中国故事、做好国际传播作为一项重要的使命。毋庸讳言，长期以来主流媒体在国际传播上是缺失的，之前是没有充分意识到自身在传播和塑造国家形象中的责任，现在又变得不会说，拎不清对象是谁，不研究传播

① 任成金：《国家形象塑造背景下中华文化立场的坚守与传承》，《中国矿业大学学报》2021年第5期。

方式，有的甚至一开口就否定传播对象，以为说几句话就能纠正外界的偏见……有些主流媒体的国际传播账号甚至平时从不发布内容、从不凝聚用户，只在自己想要表达对特定事件的态度时发言，浓厚的说教味、宣传腔，自然起不到传播效果。

当我们把传播的视野拓展到国门之外，是要尝试进行一种跨文化传播；而当我们把传播的视野拓展到过去熟悉的“主流人群”之外，也是在尝试进行跨文化传播、跨亚文化的传播。正如美国学者萨莫瓦提到的，不同文化之间存在主体差异，也存在认知差异，他们在文化认知上的不同，足以改变交流事件本身。传播会因此失真，甚至是失效。对于这一现象，萨莫瓦的解释是，彼此拥有不同文化感知和符号系统[①]。因此，如果在传播中没有考虑到主体和认知的差异，就达不到预定的传播效果，传播就可能失真，差之毫厘，谬以千里，甚至是南辕北辙、完全不在一个频道上。假定萨莫瓦提到的符号系统是语言等信息传播载体，而文化感知的不同则未必只与语言等直接相关，使用同一种语言的人，也可以有不同的文化感知。跨文化传播中存在的失真或者失效的问题，在使用同一种语言的人群中同样存在，“你”讲中文“我”一样会听不懂。或者是“你”讲的意思，各类用户群体会误读、误解、被误导，甚至产生误判。中国故事要获得更广泛的国际认同，发挥更大的影响力，需要构建适合跨文化传播的话语体系。同样，面向社交平台上各类用户群体的传播，需要构建适合跨亚文化传播的话语体系。主流媒体要在各类用户群体中进行有效的传播，把他们变成自己的用户，就需要把讲和听结合起来，把传播者和传播对象融为一体，让自己和用户形成相通的感知。而要重塑用户对主流媒体的认知，就要适应社交媒体的非主流特征，适应话语、文化上的非主流特性，以及用户自身的非主流特征，要善用非主流的方式传播，壮大主流舆论。在国际传播上如果无法突破，我们就只能被动地应对被舆论霸凌的局面，

① 拉里·A.萨莫瓦等著：《跨文化传播》，闵惠泉等译，中国人民大学出版社，2004。

只能在西方媒体恶意抹黑中国时觉得委屈和愤怒。而在网络用户群体的传播上无法突破，放任跨亚文化传播的失真、失效，我们就会失去舆论引导的主动权，在面对网络传播引发负面效应、消极影响时，无还手之力。习近平总书记对此早就作出了重要的前瞻性论断：过不了网络这一关，就过不了长期执政这一关。主流媒体只有正视网络平台上特性各异的各类用户群体，把他们连接起来、聚为一体，才是真正触达基层；只有在生产流程、传播方式、技术应用、平台渠道、管理手段上做到以用户为中心，才是在移动网络传播上坚持以人民为中心。李子柒的成功，浙江宣传微信公众号引领风骚，都是这方面的典型案例。

在此，笔者想特别探讨一下这种非主流形态的主流舆论传播中的容错机制。以非主流的形态扩大用户覆盖面、提升用户触达率的方式，存在着一些易错点。一是传播的内容应该是客观的、真实的，但未必是准确的、完美的，要容许内容传播者持续修正以提高准确性。当网络热点爆发时，主流媒体应该尽快发声，而非最后发声以求一锤定音。如果为了准确、权威而等“官方”消息，错失了抢先发声、引导舆论的良机，不仅无助于正确声音的传播，也是对主流媒体的公信力的伤害，对传播者和用户之间亲密度的伤害。该说时你不说，以后说什么可能都没人信甚至没人听了。在实践中常见主流媒体为了等一个准确的结果，迟迟不发声，而其他来源的谣言、谬论满天飞的囧境。这就是在准确度上缺乏容错的表现。二是表达的态度应该是正面的、积极的，但未必是恰当的、冷静的，要容许内容传播者有些偏颇。像某位央媒大咖的评论，有时会过、有时会激，但这种风格能吸引和影响“对胃口”的人，只要大方向未出现偏差，要允许其中夹杂些许情绪，更要相信绝大多数人有明辨主观情绪和客观事实的能力。三是传播者与传播对象的互动，应该是正向的、以我为主的，但不能是得理不饶人，要容许站在用户的立场上理解其观念、态度的成因。在传播者和传播对象之间不存在根本立场的差异时，应该站在同一边，不应该板起面孔训人，而是善于包容、能够倾听，可以等用户自己转过这个弯来。以理服人，而非以理欺人。

第十四章
用户运营和社群构建的探讨

关于用户运营方向的选取，移动网络用户群体的分众化、差异化、个性化，决定了移动网络传播的非主流性。在走进“非主流”用户的蓝海之后，该选取哪些群体作为运营的重点呢？有两个方向可以探索，一是小众用户的深度交流平台。小众用户关注的领域具有两个特征：相对大多数人而言显得陌生、高深；用户具有浓厚的共同兴趣。前者决定了用户在网民总数中所占的百分比极小，后者决定了用户群体内的向心力极大。运营这样的用户群门槛很高，运营者需具有非常高的专业水平才能够让“发烧友”信服，但好处是竞品少、用户的忠诚度更高。二是大众用户的潜在非大众需求。在用户运营对象的选择上，大众的普遍性需求被关注得较多，尤其是医疗、教育、养老、美妆，这些需求显而易见，又是主流媒体具有一定资源优势和沉淀积累的领域，虽然很多垂直类运营的产品垂得还不够深，对用户的需求分得还不够细，但基本上是每个平台都有，每家媒体都做。但有些需求，相对上述那些显性的、能够直接看到运营收益的领域，类似“秀才”的账号击中的特定女性群体精神的需求、交流的需求、认同的需求、情绪的需求，却是容易被主流媒体忽视的。

第一节
把“非主流”作为社群运营重点

一、小众用户的深度交流平台

我们来看一个在抖音平台进行弦论世界科普的案例。重庆大学副教授周思益通过上百条短视频，向普通人发出进入弦论世界的邀请函。周思益自称幼儿园老师，叫粉丝们“小朋友”。但事实上，这些“小朋友”遍布各行各业，从中年文员、家庭主妇到热爱物理的高中生，都是这些短视频的热捧者。P-V相变、史瓦西黑洞曲率、Ads/CFT……这些高深莫测的专业名词，本质上连接着同一话语体系中的弦论爱好者，甚至是探索者。弦论世界的博主是否从事科普之后才被重庆大学选中，这一点不好确认，但事实是，重庆大学对周思益的科普事业非常支持，不仅为她申请了专款，而且还支持她搭建团队，并帮助她办科普杂志。这就是一个小众而专深的用户群体运营的成功案例，也是非主流传播和用户群体运营的重要方向。小众之小，在于相对网民基数的比例小，其共同关注的领域切入口小，即便是天体物理、弦论都能吸引起绝对数字可观的用户，更何况是比起星空来不是那么远，甚至算得上近在身边的其他小众化需求呢？

二、大众用户的潜在非大众需求

对于这类自媒体的调性，主流媒体往往是像评价“秀才”账号发布的视频那样，认为是简单的、假装的、造作的。一方面说明主流媒体对此类用户群体的需求和受到用户欢迎的内容产品带有专业主义的偏见；另一方面，满足这些需求确实难度不算高，生产成本不高，只要在策略上、定位上、姿态上符合传播对象的特性，应该能够取得成效。至于运营收益，并不只有所谓“三高”人群才具备消费潜力，所有用户的需求都有可能炼成“顶流”，也都有可能形成媒体出于变现的目的所需要的“消费能力”。正如网友点评李佳琦直播翻车时所说，赚的是“普通人的钱”。类似的群体，像独居老人，在外务工的中年、青年，在外求学的学生等，都需要适合自己的用户群体，希望能在其中找到自己所需的资讯、服务，尤其是群体内其他用户的认同感、归属感。

目前，主流媒体在移动网络用户群体运营方面常提到两个关键词：深垂、深耕，即在小众用户领域的需求上需要深垂，更细更专业，更有深度；在大众用户群体的需求上要深耕，挖得更深，贴得更近，互动得更亲密。相比大众用户的显性需求而言，在小众领域的深垂、深耕所需要的决心更大、耐心更多，所花费的时间成本、运营成本更高。但可以肯定的是，需要深耕的未必就不是沃土，等待深挖的其实并非贫矿。相比之下，显性的领域容易做，都在做抢着做，高度内卷反而难以守住自己的一席之地，甚至会因为抢用户、抢资源、抢平台而增加隐性成本和预期成本。

关于用“非主流”的方式开展用户运营，有几个问题需要特别说明。一是强调移动网络传播对象的非主流性，并非不重视主流人群，或是放弃以社区党政组织为纽带的基层社区、村社。主流媒体的公信力、影响力更容易借助移动网络在主流人群中重构传播链条，在有组织的基层中延伸传播服务，这两块是主流媒体最有优势、最应该争取、最便于汇集的用户群体，应该加快在这些群体中进行KOL的布点，畅通两级传播的途径，巩固和壮大主流舆论在主流人群、社区、村社中的优势，坚持内容生产上的守正创新，在技术赋能上靶向支撑，传播方式上对症下药，让其成为用户群体的基本盘。二是强调移动网络传播方式的非主流性，并非要放弃主流观点、主流情绪、主流认知的传播，而是要慎重塑造传播者和产品的形象，以用户最能接受、最愿意接近的人格形象发声；选择用户听得懂的，不会因为跨文化传播、跨亚文化传播的认知差异、解读差异而失效的表达方式立言；借助评论留言等在移动端更加便利、高效地互动，让传播者走进用户，让用户参与“讲述”，参与内容生产。但与此同时，所发之声、所立之言、所讲之事，在根本上与以往的主流传播是一致的。三是强调移动网络传播内容的非主流性，并非要抛弃主流媒体的机构优势、品牌优势、资源优势，而是要把这些优势更精准地配置到运营者需要的点，而不是让他们单打独斗，最终止步于自身能力的天花板。仍以“@弦论世界”博主周思益为例，其科普账号主要运营者是她本人，但重庆大学能够及时发现其潜力，在资金、团队、载体等方面给予有力的支持，这就使账号的影响力更有可能在未来突破个体限制，跃升到更高层级，产生更大传播力、更优传播效果，汇集更多更高层次物理爱好者。这就是体制支撑的重要性。更重要的是，主流媒体可以在不同用户群体的运营团队之间起到规划、协调的作用，以更好地依托非主流传播圈，“破圈”实现主流传播。

第二节 通过社群运营扩大传播圈的迫切性

在构建传播圈的起步阶段，主流媒体可以对各圈的着力点、覆盖面统一规划，以避免产生过多的交叉，分散内部资源，争抢外部资源，或者在用户定位、产品定位上互相干扰。但同时，主流媒体也要避免彼此完全分离，无法在用户行为数据、内容生产能力上实现共享，完全不能或几乎无法互相借力。在构建传播圈的成熟阶段，可以对各圈的交叉点、重叠面协同运维，在更全面掌握用户在两个或两个以上用户群体中表现出来的个性特征、行为习惯后，有助于更精准地为其多维画像，让多个传播圈内的用户行为数据的整合、对比、去重、去偶（去除偶然因素），使得数据更好地被利用起来。

主流媒体要突破自身资源的上限，加大传播圈的扶持和激励。运营者个体的资源、运营团队的资源、主流媒体内部的资源，都不应该成为传播圈影响力的上限。在意识到个体、小团队的局限之时，除了要动员主流媒体内的技术、人才、平台等资源提供支持外，更应该主动向市场借力，引进外部机构共同汇集传播圈运营所需的资金、技术、执行力量、商业模式、激励机制等资源，为传播圈的扩容、提质、破圈创造一切可能。移动网络的生态法则不会因为主流媒体而改变，如果不能借鉴商业平台的成功经验，由于体制机制或观念思维的局限，不能打通主流媒体内部外部的资源，只能是自己有多大力量就只做到多大影响，最终会让“一席之地”都无法守住，会被吸纳资源更多、运作机制更灵活的其他运营者抢夺、挤压、吞没。需要特别重视的是，引入外部资源更能为主流媒体带来所缺的激励机制、商业逻辑、用户思维，这些对处于探索阶段，亟待解放思想、打开格局、破除壁垒的非主流传播来说，是更为重要的。在项目化运营之后，公司化运作正越来越多地出现在主流媒体转型的路线图中，这正是从实践中感受到原有的体制机制的局限性之后，根据移动传播的规律提出的应对之策。但鉴于主流媒体的国有资产属性（经营方面）和新闻属性（采编方面），主流媒体在尝试对优秀传播产品的公司化运作时，能否真正与外部资源相得益彰、互相成就，在内容生产和传播运营上都还有需要消弭的障碍。最直接的问题是内容生产的导向如何把握。主流媒体如果以新闻媒体的标准来看待所有的内容，在反应速度、表达方式特别是对待传播对象的视角上，都与非主流传播的特性存在不相容的地方。而更需要明确的是，能否按照市场的思维来解决决策机制、激励机制、容错机制等方面的排异，高效地让生产传播运营链条上的各环节更加通畅。这些，都需要主流媒体从以往的运作机制中走出来，甚至抛弃一些曾经引以为豪、觉得理所当然的做法。走出这一步，打开这扇窗，并不容易。发挥市场作用的要求不容易落实，市场竞争意识和能力仍在缓慢增长。“新闻+政务服务商务”已经提出多年，但到底如何去“+”，主流媒体都还在盲人摸象，公司化运作创新投融资政策更说得多、做得少，议得多、干得少，构想多、实践少。

相比内容建设、技术迭代，主流媒体只有在运营上实现了转型，才是真正实现了转型。优质内容、先进技术都是服从于在移动网络上找到传播对象这个目标的。在传播的各个环节、各种要素中，作为传播对象的用户才是最关键的。在重构传播链、形成传播圈的过程中，主流媒体在审度时势、形势和趋势时，都必须更加清醒。

一是在时势上。主流媒体自建平台基本上都是在2014年以后展开的，准确地说，是在2014年习近平总书记发表关于推动媒体融合发展的重要讲话之后展开，在2016年2月19日总书记视察人民日报社并发表重要讲话之后掀起高潮，在2020年中国共产党中央委员会办公厅、中华人民国国务院办公厅发出《关于加快推进媒体深度融合发展的意见》之后进入深度融合阶段的。根据人民网2023年6月发布的融合传播力报告，纳入监测的1330家各级党报、专业报、区域型城市类报纸（都市报）、对象报（指如妇女报、青年报这类以明确传播对象来命名的报纸），已有570家建设了自有客户端。可以这样说，经过融合元年以来10年的转型发展，有能力建设自有客户端的党报，已经都建了自有客户端。事实上，在2020年两办发出《关于加快推进媒体深度融合发展的意见》时，就已经进入了存量竞争阶段，经过几年的加快深度融合，有些客户端已经取得压倒性的优势，而尚未突出重围的如果再不能破冰，三至五年就可能在市场上、在事实上走向消亡或者沉寂。不想成为“沉没的大多数”，就必须抓住最后的机会，圈住用户、拓展版图、实现价值。自有客户端建设的窗口就要关闭，且随时可能关闭，机会的尾巴如果都没抓住，就永远没有机会。其实，相当多的主流媒体客户端已经没有机会了。自建平台建设的路如果走不通，留下的选择就是如何更好地用商业平台“借船出海”，这条路径建设成本低、资源需求小，但能走多远、能做多大，就不是主流媒体可以自主把控的。至少，应该可以在发挥主流舆论引导功能方面，或多或少保留一些力量。而“多”或者“少”，能有多少，很大程度还要看主流媒体能在商业平台上攥住多少用户群体、圈住多少“私域流量”，而不至于沦为彻底的“平台工人”。

二是在形势上。用户群体的运营方向、传播对象的目标确定、传播产品的ID塑造，都是可能选错路、用错力的岔口，一旦误判，没能爬上正确的科技树，就像在技术革命和产品迭代中未能选对正确的路径一样，轻则耽误发展窗口、错过机遇，也许走了弯路还得绕回来；重则彻底翻不了盘，失去改正错误的机会。而在存量竞争开始，并且愈演愈烈的形势下，如果没有跟上正确的节奏，后者发生的概率更高。在此前的章节中，笔者以政务服务、商务服务为例讨论过，如果主流媒体未能借助服务的机会汇聚自己的用户、形成自有的传播圈、沉淀自主可控的数据，而纯粹是为了服务费用替人作嫁，或者在深垂、深耕遇到瓶颈时满足于现状，浅尝辄止，没有真正耕开来、垂下去，未能形成不被其他产品、其他平台挤压、吞没的体量，求生的机会几乎为零。因此，传统媒体不能满足现状，不能短视，也不能侥幸，转型如果不彻底，就是不成功。用户只会选择最合适的产品和平台，市场也不会给半成型的产品和平台任何机会。

三是在趋势上。元宇宙的技术逻辑作为社群化运营逻辑的更高形态，进一步证明了成为社群一员的重要性。元宇宙虽然正被越来越多的人相信是互联网的下一站，但暂时似乎还是尚未实现的科学幻想。就像刘慈欣的科幻名著《三体》中，地球三体组织为了探索三体难题的答案而创作的三体游戏一样，目前关于元宇宙场景的构建主要是在虚拟游戏、虚拟影视场景方面进行尝试。错失了社交媒体先机的主流媒体，出于对互联网发展前景的好奇和焦虑，在信息生成、用户体验等方面给予了较多关注，像感官效应线上化、沉浸式体验等，在远未达到元宇宙时代的今天，已经在传播话语体系中成为高频词。数字身份、人工智能、虚拟影像，被看作是元宇宙的重要标签，并被当作是元宇宙平台技术汇集的焦点。这体现在主流媒体对技术应用、信息生成、呈现方式的规划中，就是VR、AR、MR、虚拟主播、全景影像等。这些目前尚未取得主流地位的形态，必须高度受到关注，并被确定为新的风口。其实元宇宙的另外一个重要特点，就是用户角色的再一次被重构。传统媒介的用户是被动接受者，社交媒体的用户具有内容生产者和内容消费者的二重性，社区协作内容的概念因此而生。用户从真实世界进入平行的元宇宙世界，同时生活在两个相对独立的平行世界，意义何在？在多维度多层面的意义中，最关键的是用户是元宇宙世界的共同构建者，具体到传播领域，在元宇宙的传播场景和其他元宇宙场景，如游戏场景、影视场景、综艺场景中，用户不只是体验者（沉浸式体验），更是参与者（互动式体验），甚至是规则设立者，用户彻底取代信息，成为中心。从这一点来说，虽然元宇宙的普及尚未有时间表，主流媒体要在元宇宙传播场景中分到一块蛋糕，除了技术外，首先应该关注用户。如果不能在现阶段社交媒体的形态上成功构建起社群，并取得经验、声望和先发优势，当元宇宙社群大量涌现，并成为人类的生活空间（第二人生）之后，主流媒体将再一次错过风口和流量入口，在元宇宙场景内的用户和流量争夺中再一次处于劣势。

第三节
通过社群运营推动基层再组织化

主流媒体通过用户群体运营，可以建立起以主流舆论为主导的内容消费、用户连接模式，在基层再组织化的过程中作出媒体的贡献。主流媒体想要通过网格化运营参与社区基层治理，重建用户连接的逻辑断点，关键在于基层的形态已经不只是以地域性党政基层组织为依托的线下形式，更多地体现为以线上的行为习惯、情绪偏好、亚文化认同等为中心的用户群体。因此主流媒体在覆盖用户时，就不能止步于相对组织化、秩序化的社区、村社，应该把注意力从线下转移到线上，更主动关注互联网平台自发生成的社群，进入其中构建起与用户的连接，在线上社群中提升传播力，并以此助力移动网络社群的治理。可以概括为一句话：适应基层被移动网络改变的新形态，构建主流媒体参与基层治理的新模式。传统的地域性基层社群之所以不能真正充分实现主流媒体凝聚用户、社群传播的目标，是因为以党政基层组织为依托的基层社群内，个体之间的连接意愿太弱。将这样的社群以数字化政务、线上服务为纽带转移到网上，社群内的互动性、用户个体的参与性，都实现不了网络社群应有的功能。严格来说，即使这种社群能够基本实现网络社群的功能，也只是传统基层的数字化，而非社会群体的再组织化，只能有限提升原有基层党政组织的部分服务效能。

相比之下，有些特殊的社会群体，通过搭建线下组织开展服务、管理的难度极大。老办法不管用，正在探索的新办法往往也是形式大于实效，有效覆盖能力无法提升。在这种情况下，可否尝试由党委、政府支持，主流媒体主导，借助构建网络用户群体的方式，实现线上的再组织，以克服线下因为地域分散、场地缺失、力量薄弱、功用失灵等原因导致的去组织化、非组织化的困境？对此，我们不妨以外卖骑手（网约送餐员）、快递小哥（物流配送员）群体的再组织为例进行一次推演。笔者在2023年9月7日至25日期间，与团队成员一起就相关问题开展过一次调研，先后走访了美团、饿了么的广州公司，以及广州市白云区金沙街、番禺区市桥街黄边村、天河区石牌村、增城区派潭镇密石村。调研的背景是广州对骑手、小哥等新兴领域就业群体的组织、服务、引导高度重视，已充分认识到新兴领域就业群体潜力巨大却一盘散沙的两面性，正试图通过在这些群体中建立以党的基层组织为引领的治理模式。

调研发现，通过成立流动党员党支部，由行业党委、街道社区党委为其提供服务、指导的方式仍有改善提升的空间。除了相当一部分党员不愿亮明身份之外，人员流动性大、组织生活时间占用工作时间、组织活动形式大于内容、企业承担员工党建管理责任的意愿不足等，都是党组织在骑手、小哥群体中覆盖能力弱的重要原因。而在骑手、小哥群体中建立基层党组织，着眼点并不只是让群体中的党员找到组织、便于其在离开户籍地之后能够定期参加组织生活，更重要的是让骑手、小哥群体中的党组织、党员发挥引领作用，将整个群体组织起来，解决“散”的问题，发挥群体在参与社会治理中的积极作用。从这个更高层面的意图来看，骑手、小哥群体基层党组织的作用更是亟待提升。笔者在调研中了解到，美团在广州有超过10 000名专送骑手，50 000名众包骑手，在2022年度摸查后登记了67名党员，分散在6个流动党员党支部。然而，到2023年9月，这67名党员没有一名仍然在职的。所幸这些流动党员党支部中还包含了其他外卖、物流企业的流动党员，才不至于让党支部空存其名。需要关注的除了超强的流动性，更是基层党组织的组织功能和引领能力。即使67名党员都能保持相对稳定，又如何实现6万多名骑手群体的再组织？相较之下，如果能够借助社交媒体成功构建骑手群体、小哥群体的网络社群，形成网络社群矩阵，是否能够更有效地发挥组织功能？在这方面，十多年前吉林市交通音乐台一声吆喝，300名的哥堵住劫匪的案件颇有启示意义。2006年6月20日，一名的哥被抢后，向吉林市交通音乐台爆料了自身遭遇和嫌疑人特征后，交通音乐台主持人通过电波呼叫案发现场附近的的哥留意被抢车辆行踪，300多辆出租车同时出动，最终堵住了劫车匪徒。

要想在工作场所不固定、工作时间不固定、从业人员不固定的群体中提升组织能力，最重要的有四个方面：一是便利性。组织形式要便于群体成员的参与，平常时交流维系，关键时一呼百应，忙时可以屏蔽，闲时能够加入。二是即时性。通过提高召集动员效率，第一时间把需求推送到周边能够快速到达的社群成员。三是服务性。交流平台要能够覆盖用户群体常用的政务服务，便于其在线办事，这是吸引其进入平台、接受引导的重要驱动因素。四是互动性。平台要满足社群内交往的需求，由于工作方式、生活习惯等形成的身份认同，骑手、小哥等群体有着内部相对一致，与外部差异显著的特征，“同一类人”“我们”，这是社群能够形成的另一驱动要素。

为什么选择由主流媒体来构建骑手、小哥社群，而不是由企业来主导，借助企业的业务组织能力、组织形式？主要基于三个方面的考虑。一是正视骑手群体的快速流动性。美团广州公司旗下67名骑手党员在一年内全部离职的现实，说明企业和骑手之间连接的短暂、脆弱。如果让企业构建这样的社群，只有两种结果，或是工作上的流动性造成社群成员的不稳定，社群的功能发挥受到严重的干扰，或是员工离职了仍留在社群中，企业却不愿意为已离职的员工提供服务、交流的空间。而媒体则可以突破劳动关系的界限，真正以社群成员的形式连接，即使骑手已不在原企业，只要仍在从事骑手工作，或者新的工作仍具备骑手社群的某些特性，只要仍具备“我是骑手”的身份认同，便可以继续在社群中接受服务，与其他成员分享交流。二是保持社群与公司的相对独立性。以身份认同为基础形成的社群和以公司管理为目的组成的机构，更适宜作为两个平行的事物独立发展。骑手群体的社群一旦有了公司管理的色彩，会产生工作群和社交圈趋同的感觉，过于清楚地了解社群成员的职务身份、社会身份，反而失去了“隐身”情形下的私密性，不利于拉近社交距离。三是保护企业履行社会责任的积极性。组织好、服务好骑手社群，让其更有归属感、提高幸福感，引导其为社会治理服务，是企业的社会责任。但对企业履行社会责任的要求应该要有理、有利、有节。企业作为经营主体，主要功能是盈利，如果履行社会责任超出了促进企业发展的必要限度，不能为企业带来利益，过多占用企业的时间成本、人力成本、机会成本，企业就不会真正愿意履行相应的社会责任，最多做做面上功夫。调研中发现，新兴领域的企业党建往往形式大于实效，正是因为这个原因。企业可以在从业人员加入社群的过程发挥“服务引流”的作用，尝试将非业务板块的服务职能，如职工关怀、福利等向网络社群转移，推动员工管理中非业务职能的网络社群化。

而主流媒体则不一样，特别是在得到党和政府的必要支持时，主流媒体运营新兴领域从业人员的网络社群，首先是履行了社会责任，参与了社会治理，这正是中央提出主流媒体要“走好全媒体时代群众路线，坚持贴近服务群众”所要求的。同时，主流媒体如果能成功运营好新兴领域从业人员群体，则是有效获取了这一部分用户，聚合了这些社群的注意力，不仅能重构传播链条，让二次售卖的商业模式在移动网络得到实现，而且社群内数量可观、特征趋同的用户也为主流媒体探索新的盈利渠道夯实了基础，可以由此争取社会效益和经济效益的双赢。

主流媒体在新兴领域从业人员社群的构建中，要注意契机、方式和力量。契机就是以社群成员的需求为契机，依托国家和社会重视新兴领域从业人员的时代背景。从策略层面，以媒体视角向党委、政府提出加强新群体关怀、教育、服务的对策建议，通过解决社群成员在获得感、幸福感、安全感上的痛点、堵点，构建对成员有用、为成员赋能、让成员依靠的社群。方式就是要符合移动网络社群的规律。成功的KOL永远应该是社群的一员，而不是社群的上帝。从议题设置、到呈现形式、互动方式都要体现用户的参与性，巩固社群成员对“我们”的认同感。力量就是明确党政机关、主流媒体、所属企业的责任，各自扮演好适配的角色，充分调动政策资源、媒体资源、企业资源，由政府后台支撑、媒体主导推动、企业辅助配合，有序地、持续地加强移动网络社群构建的合力，构建新兴领域从业人员参与社会治理的平台和渠道。

落实到主流媒体对社群的主导、推动，特别要注意对社群中KOL的培育和对群体成员UGC的引导。社群的舆论要靠KOL来引导，社群的服务要KOL来“种草”。可以将社群KOL的培育和发挥新兴行业从业人员中党员的作用结合起来，形成党内荣誉和社群KOL激励相结合的机制，帮助有意愿、有能力的社群成员通过KOL的身份完成自我价值实现，成为社群内部治理和引导社群参与社会治理的领头羊。同时，主流媒体应该鼓励、引导媒体从业人员参与社群的运营，成为社群的一员，成长为具备媒体专业素养的社群KOL，在社群中发挥压舱石的作用，及时对运营策略的调整、社群服务的提升、UGC的管理提出对策。UGC应该成为社群内容的主要生成方式。UGC的活跃，不仅可以弥补社群内专业内容生产力量的短缺，解决主流媒体在社群运营中的人力不足、成本压力大等问题，更可以真正体现移动网络社群的社交属性，引导用户参与内容生产，让用户在“生产内容—消费内容”的闭环中强化与社群的连接，并让内容生产本身实现升维，让社群内的传播内容、传播形式极大丰富、独具特色、充满创意，让传播对象和传播者更加活跃、更有归属感，更真切地感受到自我价值的实现。

附：四个以用户为中心重构传播渠道的案例点评

案例1

网络化运营构建主流媒体与基层社区连接
——以微社区e家通为例

微社区e家通把重心放在基层，致力打造一个“覆盖广州、连接群众、服务基层”的融媒体矩阵平台。截至2024年4月，覆盖广州市11个区145条街道，构建了700多个本地社群，吸附了450万本地社区的粉丝，每年平均举办超过500场线上线下活动。

“微社区”e家通的经典案例

点评：基层社区作为网格化运营的空间，其自身存在空转的窘境。

主流媒体进入社区，首要的功能是建立社区服务数字化的平台，以此集聚社区服务的用户，形成社区内的传播圈，解决社区工作人员线下服务能力不足的难题。其最终的目标是借助提供服务拉引用户、维护用户，建立社区传播链条。在这种传播模式中，媒体的短期收益是社区基层组织为社区服务数字化支付报酬，长期收益是通过服务集聚的社区用户注意力的二次销售或二次开发。转型探索的过程中，主流媒体已不只局限于做用户注意力的中间商，转而尝试以用户注意力为基础，结合与用户互动中对其需求的推算，通过“新闻+”“文化+”等途径，拓展与注意力相关的产业，由间接地转售用户注意力获益，转而探索直接转化为收益。短期收益清晰速效，但增长空间有限，长期收益不确定因素多、周期长，但前景不可限量。作为网格化运营的执行者，在规划时必然将两者同时纳入了视野，并制定了可持续的计划。但现实是，容易收割的短期效益到手之后，实现长期效益的困难，以及体制性的后劲乏力，会让真正着眼于长期效益的举措迟迟不能落地。

案例2

垂直化运营加固主流媒体与特定需求用户连接
——以广州日报健康有约为例

依托《广州日报》健康新闻版在纸媒时代积累的卓越品牌优势，以及在品牌培育中积累的优秀专业人才，“健康有约”项目在垂直化运营中加固了与用户的强连接。特别是探索了可持续、具有成长空间核心产品，如从科普性的“名医大讲堂”“名医微课”“医学人文演讲”，到实用性的“最强科室”“中青年实力医生”榜单，都是用户导向鲜明的需求性产品。

点评：报纸的优秀专栏是垂直化运营的品牌优势积累，专业精神的记者是人才积累，忠实的读者是客户积累，这些都是垂直运营项目能最先跑出来的原因。但垂直运营项目仍面临着旧管理模式、旧考核机制、旧资源配置规则“卡脖子”的问题。如果把从纸媒到社交媒体的转型，看作是垂直领域传播的信息革命，是一次产业升级，那么在升级的过程中，最需要的是两个要素：一是钱。需要有不同于以往报纸经营的投入，更重要的是产出评估机制、项目孵化机制、资本引入机制。二是人，需要有不同于采编团队的人才培养、引进、激励机制。有优势、有前景的项目最终能否做大做强，生产关系的好坏至关重要。

案例3

政务服务项目伴生的用户连接
——以“粤菜师傅”融媒传播为例

粤菜师傅工程是广东为贯彻落实乡村振兴战略而实施的民心工程、民生工程。2022年，广州日报“粤菜师傅”系列融媒体产品围绕广东省委、省政府这一中心工作，通过移动互联网社区运营来强化公共服务能力建设，助力粤菜师傅与粉丝用户“双向奔赴”。重点打造了“师傅来了”系列的活动品牌，邀请粤菜师傅深入社区、住宅小区、校园、景区等，打通粤菜文化传播的“最后一公里”。借此，广州日报的社区运营进一步扩大基础，在微信上建立和运营了多个垂直领域社群，覆盖超过

广州日报“粤菜师傅”项目是融媒传播的成功案例

20万精准用户粉丝，为公众提供学习粤菜技能以及交流的免费公共服务平台，为上游食材、原材料提供下沉社区以及连接市民的机会，以此来提升粤菜师傅工程影响力、扩大乡村振兴“声量”。

点评：主流媒体在运营可以倚仗的资源中，政务资源是其相对于自媒体、区域外的主流媒体独有的资源。党政部门看重的是主流媒体的品牌影响力和内容生产力，主流媒体则应抓住政务资源的用户连接能力，借机打造群众离不开的渠道。首先是圈住“粤菜师傅”群体，其次是圈住粉丝群体，依托因政务服务而伴生的用户群体，通过服务建立起更为基础的传播链条。只要能用好政务服务对用户的拉引作用，就能更便利地构建起品牌。在系列社区运营活动中，媒体从“粤菜”这个小切口发力，与一些乡村地区的文明办和社区新时代文明实践中心携手，使粤菜师傅工程的推广活动与基层社会治理服务紧密结合起来，借力推动了用户群体的运营。

案例4

借力第三方平台构建渠道连接用户
——以广州日报微信公众号为例

截至2024年7月，广州日报微信公众号粉丝数350万+，每月140条左右10万+推文。作为第一批登陆微信的主流媒体号，虽其用户结构与微信使用人群的年龄、性别分布等基本趋同；但在公号的调性上，坚持深耕广州本地新闻，紧跟全国热点，特别注重吃透民生。在内容产品的画像上兼顾时政向和社会向，既体现主流媒体的高大上，也蕴含着本地媒体的烟火气。

点评：广州日报微信公众号（以下简称“广报公号”）是不是一个垂直化运营的公众号？这个问题似乎有些莫名其妙。垂直化的定义基本共识，是关于某个领域的专业性和专注度，广报公号显然不符合这个标准。但公众号却在用户的维度上符合垂直化的特性，即特定的需求，对广州日报品牌的需求，对广报style的需求，对最古老公众号的记忆唤醒需求。因此，广报公号可以看作一个具备了垂直化特性的用户群体的公众号。广报公号具有主流媒体公众号的共性：在泛内容的供给中，偏重于新闻产品的供给；在文摘化的选题中偏重原创、自有新闻。广报公号亦有其独有的特性，主要表现有：顺应但又力图影响平台分发逻辑，借助算法的规则又通过自身实力来影响算法，在大主题宣传中坚持小切口，这些都是很“广州日报”的，继承了纸媒时代改革先行者敢破敢立、不求大立、不弃小立，不求大破、善积小破的务实基因，较为成功地实现了《广州日报》纸质报纸在改革策略、改革路径、改革智慧上的优良传统。日均最高发行量超过180万份，连续23年全国纸媒广告收入第一的《广州日报》纸质报纸，和最早登陆微信平台、拥有350多万粉丝的广报公号之间，在跨越纸媒和移动网络两种不同介质之后，其中传承的轨迹仍然是清晰可辨的。媒体深度融合发展的含义，是推动传统媒介和新媒介融合发展，融不是加，而是扬弃，在主流媒体全力建设新媒介传播力的进程中，该弃的当然是报纸这个载体；该扬的，则是专业媒体的精神、自我革命的精神。

第六篇

团队之困

第十五章
主流媒体内职业媒体人角色的再定位

主流媒体成立的新媒体编辑部，是转入新媒介生产传播最早的团队，在绝大多数同事仍从事着如日中天的的传统媒介业务的时候，这一批人堪称是“孤勇者”。这里说的“孤勇者”有两层意思：第一层意思就是主流媒体仍然以报纸、电视的出版、刊播为重点，便以“节外生枝”的形式设置部门、调配人员，组建一个半独立于主流媒体原有架构之外、专门负责新媒介的团队；第二层意思就是在主流媒体内部，除了新组建的新媒介编辑团队外，其他采编人员基本上不从事新媒介生产，仍只为报纸版面或广播电视频道服务。这样的团队建设路径，是基于主流媒体在融合初始阶段现实状况的自然选择。

第一节
主流媒体里的新媒介“孤勇者”

在迥异于以往的传播场景中单打独斗，像星辰大海般激发着征服欲的未知，共同铸就了新媒介“孤勇者”的新特性。

一是新媒介编辑在业务流程上的相对独立性。主流媒体新媒介内容原创性不显著，各媒体开设的微信公众号和官方微博，发布的内容互相转引，由编辑剪辑、综合、拼接的内容居多，而来自媒体原有采编团队的自采内容很少。这既有新媒介打破了地域性的限制，平台推荐和粉丝关注的热点存在“马太效应”、有趋同性的原因；也是因为主流媒体的新媒介编辑团队和原有的采编团队之间资源互通的渠道不畅顺，新媒介编辑无法及时、顺利从记者手中获取第一手的自采内容，甚至不能及时撑握采访线索、报题信息。

二是新媒介编辑与传统媒介编辑角色定位的相对差异性。主流媒体的采编人员中，新媒介编辑最早开始进化出不同于以往的岗位素养，类似于“信息经纪人”的角色，成为媒体融合过程中内容生产者的一个新类别。

这体现在三方面。一是新媒介编辑在内容生产中的主导性更强。新媒介对生产流程一体化的要求更强，决定了新媒介编辑必须突破原来的角色分工，从内容生产流程的末端向上溯流延伸，策划组织引导的功能有了更大的发挥空间。二是新媒介编辑个人能力从单一到“立体”。从纸媒时代以文字加工和平面设计为主，拓展到实时监控热点、策划协调执行、制作视听产品、运营用户社群、监控网络舆情等领域。三是新媒介编辑从内容生产者变为渠道运营者。除了手机报等错“爬”科技树的中间形态，主流媒体在转型之初几乎都是从微博、微信等第三方平台起步的，平台的规则对主流媒体账号的成败起着关键作用。对于不同平台在发展策略、产品形态等方面的差异和波动，只有新媒介编辑才能做到最先了解、见微知著。随着产品的调性从传统媒介时代的以媒体自身定位、风格为主，演变为媒体和用户在高频互动后共同促成的结果。以往是按照纸媒的自身定位、风格、偏好来实施内容生产，现在要根据用户需求持续校准新渠道的调性，进而制定账号的运营策略、产品研发。而用户对产品的传播效果和媒体账号调性的作用，是通过新媒介编辑对这些信号的接受和反应来实现的。新媒介编辑不再只是内容生产的实施者，已经成为账号运营、用户运营的主导者。尤其是一些相对小众的垂直领域新媒介编辑，其个人的“style”主导性更强、显示度更高。有些账号换了个主编，就完全变了味道，甚至用户快速流失，不敢说必定“人换号废”，却难免陷入“曲终人散”的境况。

在探索新媒介的初期阶段，主流媒体的重大主题报道都很少将新媒介产品纳入前期策划。新媒介编辑“下订单”的机会不多，超出传统媒介信息采集需求的要求很少能得到响应。即便是当时被定为“标配”“龙头工程”的“中央厨房”，也难免“节庆厨房”“‘中央厨房’迄今仅运行了17次”之讥。思维定势（纸媒第一）、工作习惯（文章第一）、考核机制（见报第一），让记者不仅很少主动向新媒介供稿，按照新媒介传播规律来生产新媒介内容产品的，更是少之又少。有些重要新闻发布时，新媒介编辑希望能第一时间拿到稿件，在微信、微博、客户端等账号上最先发布，往往会遇到被记者拒绝的情况。有些记者在新闻采访过程中拿到的独家资料，或是记者长期跑线观察、思考产生的独到见解，担心稿件在新媒介先发布后引起其他媒体的注意和引用，而导致自己在纸媒见报的稿件失去了独家的优势。这里面隐藏的一个执念，就是报纸发的才算，优先要保证报纸上稿子是独家的，在传统媒介中是最先发布的。有些记者则觉得时间上安排不过来，如果先写一条稿子或者拍一条短视频给新媒介，再写一条稿子给报纸，就多花了时间甚至耽误给报纸交稿，所以还是按照报纸的生产节奏和标准来，写好之后给新媒介一份就是了。至于考核机制的指挥棒作用则最直接，给新媒介写一条稿才几十元，而给纸媒写一条稿是几百元甚至一两千元，在新媒介发布稿件能评上好稿的机会也少于纸媒，两者之间的轻重、主次，记者心中自然有杆秤。

只有新媒介编辑以“孤勇者”的姿态走向更广阔的空间，而其他团队继续在熟悉的天地里“抱残守缺”，显得有些不够明智、不够果决。但这也让新媒介团队有了一个相对独立、宽松的环境，无意中形成了一个“媒体特区”，契合了新媒介编辑的差异性，保持了新媒介团队的独立性。权力下放和“先行先试”的红利，在主流媒体刚开始拓展版图的时候，事实上是有利于在一个陌生的领域去放胆探索的。随着全员转型的阵列正式排开，前头探路的“哨骑”开始学习和沉稳如象的“中军”一起前行，无疑又要面对新的难题。

第二节
主力军转向新媒介主战场

随着传统媒介的传播力进一步减弱，来源于纸媒广告等领域的收入腰斩式、断崖式下滑，报纸的发行量特别是自费订阅量、零售量急剧减少，新媒介不再仅仅是为传统媒介“锦上添花”。不论是完成好党的宣传舆论工作，还是主流媒体自身的生存，都必须把新媒介作为传播力建设的主力。在人民网研究院2016年末开始发布的传播力指标体系中，纸媒的占比为13%，随后几年逐渐降到8%，而“两微”、头条号、抖音、自建客户端等平台的占比逐年上升，从评价标准的变化上也反映了这种趋势。

新媒介不再只是新媒介编辑部门的新媒介，而是全报社、全报业集团的新媒介。出于成本和收入对比的考虑，报纸减版已经成为必然趋势和主流选择，都市报、晚报、地方党报甚至人民日报都在减版。不仅专业领域的版面在减少，地方版、国际版也在减少，加快了采编资源向新媒介的转型。在新媒介平台上寻找新的传播渠道、集聚新传播对象的紧迫性陡然增强，催化了记者向新媒介供稿积极性的根本转变。客观上，版面少了、在报纸上发稿难了，新媒介也就从可有可无，成了替代的出口。主观上，更加明晰的发展趋势，“新媒介更重要”的认识成为主流，能否在新媒介拿出有传播力、有影响力的作品，成为记者自我价值实现的重要标准。从不主动、不愿意优先向新媒介交稿转变为积极寻求在新媒介做出成绩、实现价值，确实是在团队的转型上迈出了一大步。但在迈出这一步之后，新媒介作品的评价标准，成为每一个转到新媒介的内容生产者需要关注的首要问题。于是就出现奇怪的现象：一边是新媒介仍在缺自采、原创的稿子，另一边是交到稿库的很多稿子未被选用。最糟糕的可能是，为了鼓励记者向新媒介供稿，把满溢着报纸味的稿子原样不动搬到新媒介上，把原本报纸都不会刊发的稿子一股脑地搬到新媒介上。

剔除掉极少数对职业素养和个人荣誉缺乏敬畏的个案，从传统媒介“转”过来的内容生产者的迷惘，主要还是对新媒介内容产品评价标准的不适。这体现在三方面。首先是直接。剔除对优秀稿件的主观专业评价，只从传播效果的维度来评判，纸媒的发行量并不能作为评价某一条稿件是否受欢迎的标准。发行量、传阅量反映的是总体传播力，无法明确对应到具体稿件上。就内容生产者个体而言，报纸的发行量大，我也“与有荣焉”；报纸的发行量小，则可能不是我的错。新媒介内容产品的传播力，虽然受平台或者账号用户数的影响很大，但传播效果是明确落到每一条稿件上的，对于内容生产者的压力是直接的。其次是量化。虽然流量并不能完全与传播力画等号，但流量是稿件传播效果的最通用、最基础的评价标准。从创作论、价值论的角度来看，曲高和寡的意义仍然存在；但从传播的维度看，曲高和寡本身就是失败的传播、无效的传播。再次是个性。优秀作品获取流量的影响因子，已经在新媒介内容生产者的探索和尝试中日趋明确并更加细化。主流媒体开设在各平台的头部账号，或者极少数取得成功的自有平台，都对产生大流量爆款产品的因素有比较明确的总结。其中有一部分是新媒介内容产品的普遍规律，有些是因所在平台或产品形态的特殊规律，如视频类产品的规律、微信产品的规律，还有一些是某个特定媒体账号的个性规律。这些规律和个性，主要是编辑和平台、用户相互作用的结果，而记者不如作为“信息经纪人”的编辑更了解这些，他们从纯粹生产者的角度得出的结论，往往与此不相契合。

与纸媒减版相伴的，是主流媒体对内容生产的组织架构和评价方式进行了相应的调整，并在战略上更加明确了融合发展不是

“1+1”“1+N”，而是全面转向新媒介，在新媒介延续主流媒体的传播价值、品牌价值、产业价值。对原有团队的转型而言，组织架构和评价方式的调整，主要体现为外在的压力。而战略的改变，更需要团队成员转变认识、形成转型的内生动力。但这个过程却因为不同媒体“体质各异”“脑路不同”，总体上是犹豫不决者多，斩钉截铁者少；边走边看者多，谋定后动者少。

主流媒体融合发展模式大致可沿着时间线分为三个阶段，用三句话来粗略概括，就是“坚持做好报纸（广电）、探索建设新媒介”“统筹做好报纸（广电）和新媒介”“全力推进新媒介建设，在新媒介延续、发扬主流媒体职业精神”，或简称为“锦上添花式”“比翼齐飞式”“新陈代谢式”。每家媒体经历这三个阶段的时间点差别很大，但总体上都在过去十年走完或即将走完。在第一个阶段，新媒介内容生产团队只是报社身上的一个“变异”，只能从母体身上汲取很少的养分，主要靠小团队自身摸爬滚打，对作为主流媒体主力的大多数从业者来说几乎是“事不关己”。在第二个阶段，由于传统媒介和新媒介融合发展被误解为“一个也不能少”，在发展重点上是等量齐观，在资源配置上彼此互通，在生产方式上探索一稿多发，在团队建设仍显得“泾渭分明”，真正能够主动转型、顺利转换角色的人还只是少数。不想转、不愿转、不敢转的人，总能找到这样那样的依据，并在“比翼齐飞式”的资源配置中找到“藏身之处”。而在第三个阶段，主流媒体必须在新媒介建立起足够的影响力，在新媒介传播中重构价值，保留下来的只是新闻专业主义的传承，如对优秀作品的取向、客观真实的原则、主流媒体的专业性等精神层面的传统和价值。在这种局面下，转型必然伴随着团队成员对前景的困惑和精神上的痛苦。

第一个阶段是刚刚迈开融合的步子，表现是走走停停、等等看看；第二个阶段是走向融合的步伐加速，表现是左拉右拽、瞻前顾后。根本原因是纸媒仍具有数量可观的传播力、收益力的余量。从传播力的维度看，出于人性“向后看”的思维惯性干扰，用户在放弃纸媒阅读时无声无息，但对报纸停刊前的最后一期又表示留恋和不舍。就像英国某小镇居民不坐火车出行，却认为铁路应该继续运营的经典案例那样。这种住在现代化的住宅里，又留恋茅草屋的“审美情结”，在媒体融合中，表现为媒体对传统媒介的纠结。尤其是在相当一部分具有影响力的读者仍有阅读报纸的习惯，作为“关键少数”，其人数与以往数十万、上百万的读者无法比拟，但对决策的影响力则不可估量。从收益力的维度看，广告或者付费专题的收入仍是主流媒体收入的重要来源。尽管有些已经跌破了成本与收益的盈亏点，但只要收入仍然存在，就会干扰主流媒体的转型策略。除了外在的传播力、收益力“还剩不少”的因素，内在的路径依赖、思维定势更是难以破除。手里还端着半碗隔夜粥，你让我把粥倒了，再想办法装一碗热饭，哪里舍得呢？就像笔者一样，最擅长的是做报纸，往日光辉岁月都伴随着报纸，最容易出彩的作品也在报纸上，让我不做这个、改弦更张，哪里舍得呢？而且从现实的角度看，并非所有的报纸内容生产者都能顺利转型为新媒介产品的生产者、运营者，也并非所有的主流媒体都能在新媒介上取得昔日相当的传播力、收益力。

从这三个阶段对于主流媒体融合转型的意义来看，第一阶段是优势的抢占和积累阶段。主流媒体分配给新媒介团队的资源越多，团队自身的主动性越强，新媒介运营者的意识觉醒得越早，媒体积累的品牌优势、蓄积的生产能力以及占有的传播领域就越大，就越有可能在融合早期取得先发优势，拉开差距形成“马太效应”，占据头部大号的强势地位。少数主流媒体在率先转型后迅速培育出“标杆项目”，都是在第一阶段就实现了从业团队的成建制转型，例如澎湃新闻、红星新闻等。第二阶段是路径选择的关键阶段。主流媒体对“新媒介化”的趋势觉察越早，对“报纸+广告”路径依赖程度越小，新媒介发展的加速度就越大。主流媒体对内部组织架构和考核评价方式的改革，也主要发生于这一阶段，其在资源配置上的指挥棒作用非常显著。这个阶段的成败，主要取决于新的组织形式、考评方式能否引流更多资源到新媒介，并激发团队除了内容生产之外的其他基因，催化产品运营、用户运营等方面的专业能力。从实践中看，第二阶段往往是主流媒体转型成败的关键，转型之后强弱的关键。决成败之机，定强弱之分，立存亡之本。一部分主流媒体在第二阶段的决心，已经奠定了转型之后的地位。而数量更多的另一部分媒体，也许在这个阶段，就已经彻底失去了延续传播力的机会。

第 三 节
垂直化运营和团队再分工

在主流媒体转型的过程中，对于原有团队比较友好的转型形式，是通过垂直化运营的演进，完成相应团队内成员的再分工和价值的再实现。从成效上看，垂直化运营的项目团队往往对新媒介的认识更早、更明确，项目的创收能力很快见到成果，相比全员转型的步履蹒跚，团队的重建也更早趋向成熟。这里所说的垂直化运营，也包括了网格化运营。从本质上说，网格化运营是垂直领域运营在区域上的另一种表现，都以特定的用户社群为依托。其共同的特点是用户明确、边界清晰，侧重深耕某个特定需求的用户群体、某个特定领域的信息资讯、某种特色鲜明的服务生态。主流媒体的垂直项目一般都发端于非时政类线口，资源、人才、用户、渠道基本上都掌握在特定的跑线部门手里，对应的部门自然成为拓展垂直类全媒体传播渠道的首选力量。对线口持续、深入的关注，让这些线口的记者、编辑的专业性更为显著。长期面对固定的用户群体，他们对用户需求的捕捉更为敏锐。这些先发优势，使他们的用户意识、服务意识更强，并有意识地成为相关领域的KOL，得以相对顺利地从传统的采编人员向更专业的垂直领域运营者转型。而在垂直项目运营的过程中，团队也逐渐探索出不同于客户端及微博、微信“主号”等平台的运营方式，在日常用户黏性的维护上也最先进行了尝试，MCN

的运营逻辑在垂直项目运营中得到了更充分的实践。因此，垂直运营团队的转型路径与主流媒体的其他团队有着根本不同，不是增加一两个新媒介编辑的岗位，而是团队所有成员顺应新的生产流程重新找到定位，进行角色的再分工。这也就是我们常说的不是“加”，而是重新排列组合，实现真正意义上的“融”。

垂直项目团队作为一个整体萌发了“信息经纪人”的意识，认识到不仅要把内容放到新媒介上，更要首先明确内容给谁看、研究用户的需求和体验。相比之下，最早进入微博、微信等新渠道的各类“主号”的编辑也是最先萌发“信息经纪人”意识的一群人。但由于与其他团队之间存在目标任务、评价标准、生产方式等有形或者无形的壁垒，特别是在渠道、用户、产品等方面认识上的差异，迟迟不能形成生产、传播、运营一体化的流程再造。所以，很多主流媒体的新媒介账号和产品，体现不出这个账号所属的主流媒体的特性，给人感觉是各个账号之间内容抄来抄去、大同小异，更像是一份份新媒介的“文摘报”。一方面因为原创内容的不足而没有显示度，另一方面又因为满足不了用户细分的需求而没有区分度。

当然，综合性的内容并非就不能实现对用户需求的细分。商业平台普遍采用的算法推荐，就是通过算法为用户“打标签”，再进行个性化的推荐。所以算法推荐在启用之初就受到研究者和媒体人的高度关注，并一直延续至今。但主流媒体在算法推荐的问题上过多关注其局限性，而有意或无意地忽视了其成长性。“信息茧房”的概念提出，从心理学、行为学的角度指出了算法推荐的不足，为质疑算法推荐的声音提供了看似科学的依据。而出于对引导性的考量，“用户需求”必须以法律法规、道德底线、价值观为前提，也不能完全交给算法。这些确实是算法的局限性，但也必须看到算法的成长性。算法目前存在的缺陷，在满足产品消费者需求上的不足（“信息茧房”），和在满足产品运营者需求上的不足（引导性），都有可能随着算法的更加成熟、推送的更加精准得到弥补和改进。可以比照的例子是，在媒体融合初期，一些媒体都推出过虚拟或实体的智媒机器人产品，如光明网的机器人“小明”就吸引过不少从业者的眼光。但机器人在当时的智能水平，被评判为“相当于5岁儿童”。数年之后横空出世的“ChatGPT”等大语言模型产品，则被评判为“相当于大学本科毕业生”的智能水平。且不论以人类的智能水平为标尺评判人工智能是否准确，但人工智能的成长性是显而易见的。智能机器人如此，算法也是如此。我们不妨设想一种成熟的算法，其在运算的逻辑中已经兼顾媒体政治方向、舆论导向、价值取向、新闻志向的要求，并能更精准地模拟特定媒介的品牌化调性、生产者的个性化风格、消费者的多样化需求，这种算法就可以在满足用户需求上发挥更大的作用，在更大程度上取代编辑的人为干预。

一、主流媒体团队在垂直项目运营中的优势

与综合领域海量的、未分类的内容相比，用户偏好于颗粒度更细、更易于识别的内容，对垂直化、专业化的渠道和产品更容易生成依赖性。而对于运营团队来说，在垂直领域实现人的转型，往往也比综合领域更顺畅。传播领域、传播对象、传播内容的细分，使得垂直项目天然具有更精准的提供定制化传播的优势。线口分工和采编合一的模式，让垂直项目运营团队更有利于聚合垂直领域所需的资源，“我们做什么”的问题得到了明确的解答。线口记者和编辑长期专注于某个领域，作为行业或领域的近距离观察者，对领域内的运行逻辑、关键节点，特别是短板、痛点、潜在爆点都有着深入、细致的了解，甚至已超越了“略懂”界线，积累了相当可观的专业素养，“我们会什么”的问题得到了明确的解答。细分也让媒体对用户在垂直领域的需求更加清晰，内容生产者和项目运营者与用户的关系更加贴近，“用户要什么”的问题得到了明确的解答。团队对垂直领域内的服务提供，如医院、学校、养老机构在传播服务能力、品牌塑造能力、对接用户能力等方面存在的痛点有深入了解，“领域缺什么”的问题得到了明确的解答。

二、主流媒体在垂直项目运营中的劣势

首先，垂直运营的先发优势已经失去。早在媒体意识到垂直领域的价值，决定由观察者转为参与者之前，就已经被其他的“内容创业”群体抢先一步了。媒体是最后入场的一个，容易做的服务，别人都已经在做了，如果不能借助自身优势，或者撬动外部力量“下出妙手”，很可能变成“邯郸学步”，或面临内卷的挤压。而且，隔行如隔山，即使是作为资深的业内观察者，主流媒体的运营团队或许能够做到知其然也知其所以然，但是缺乏实际操作经验教训的缺陷，必将成为深入发展的障碍。有比喻说，在垂直领域的运营中，媒体的眼睛要看得宽一点、手要伸得更长一些，要把触角延伸到更深更细的领域。但事实上，由于缺乏支撑力，眼看得到不等于手够得着，手够得着不等于能拿得起来。一些媒体曾尝试做互联网医疗、做互联网教育、做电商带货，大多是雷声大雨点小，最后不了了之。尤其是角色定位严重阻碍了运营团队在垂直领域的发挥。主流媒体能在垂直领域做些什么，能做到什么程度，除了体制机制，最重要的就是运营团队及每个成员个体对自身的角色定位。在垂直项目的运营中，以传统的记者、编辑为底色的团队，在发挥项目运营者作用的问题上，其参与度、积极性存在很大的个体差异。新闻从业人员的身份认同、对采编经营两分开的把握，都影响着团队成员向用户对接、产品运营、销售客服等领域的分化和发展，相比内容生产，这些环节的顺畅运行受到了很大的限制。而如果引入主流媒体的广告、发行等经营团队一起参与垂直运营，则又可能由于协调困难、整合乏力，导致嫁接了外部力量的团队不易磨合，做产品、做客户、做经营的团队，往往会出现认识不一致、目标不一致、思路不一致，特别是利益不一致引发的矛盾，无法高效处理垂直项目运营中注定随时会遇到的难题。很多服务项目成长到一定程度就停滞了，成为脑袋大身子小的“侏儒”。

其次，垂直领域的内容生产能力受限。垂直领域的概念起源于互联网行业，其特点是为限定群体提供特定服务，其中限定的依据是用户

画像，而特定的依据是产品画像。基于这两种画像产生的服务行为，因为精准而加固了用户和产品之间的黏性，构建起了用户和产品之间的高效互动通道。从用户的维度看，线上社群的自然发展，再小的兴趣、再细的需求都能够通过移动化的社交平台进行同伴聚集，而垂直领域运营者的有意识引流，则让这种同伴聚集变得更具有内部的共性标签和相对于外部的差异标签。从产品的维度看，就是在用户聚集起来之后，能够为用户提供什么产品。目前主流媒体在垂直领域运营中提供的服务，主要还是在资讯服务的层面展开。为用户提供专业、权威、深度的资讯，这类定制化的内容生产必须达到足够的颗粒度才有价值。但主流媒体团队在内容生产能力上与同领域内的自媒体差距颇大。其中有投入力量不足的原因，有受到以往做新闻报道观其大略、不够深入的职业习惯的影响，也有生产者自身素养的原因。再加上国内用户在付费阅读模式的适应度上还有提升空间，保护知识产权、尊重内容创作者的氛围不够浓厚，更抬高了通过专业、细分、有用的内容服务提高收益率的门槛。有些媒体在垂直领域资讯服务中的收益，并非“to C”而是“to B”的，往往是由政府、企业、机构等提供为资讯服务的生产、推送“买单”，而不是通过知识付费获得收益。

再次，垂直领域的执行能力不足。垂直领域的优势是通过细分增强黏性，但细分的前提是要有专业的运营人员持续供给服务，以达到满足用户需求上的饱和度。不能满足用户的需求则不成立，不能持续满足用户的需求则不能保持黏性，不能精准满足用户的需求则缺乏排他性。在特定的垂直领域，用户对服务提供者的选择是唯一的，而在运营者能够提供的服务中，资讯服务相对其他实在的服务而言又是弱势的。媒体在垂直领域的运营，在提供服务的持续性和全方位两点上，存在明显的短板。做不到持续性，主要是在服务的深度上存在缺陷，由于运营者的力量不足，或者素养不够、钻研有限，没有对这个领域更细化、更深入的关注。而类似考研导师张雪峰这样的“神级”运营者，在相关领域的所有细节上都能张嘴就来，从传统媒介从业人员转型而来的运营者是不具备这种能力的。跑线记者的专业化程度还不够，所以短期内推出一些专业的服务还可以，长期持续提供精准的服务则力有不逮。做不到全方位，主要是在服务的广度上存在短板，像用户群体的维护、用户体验的追踪和改进、外部资源的协调，还有KOC运营团队和机制的建立，缺乏资源和经验的积累，甚至是从零做起。有些则是外包给媒体之外的团队来接盘，服务质量的提升和服务成本的控制都存在困难。即便在主流媒体做得最深入的健康领域，也尚未能够通过更细分的患者社群运营，营造医患之间高效互动的场景，都还停留在比较粗略的资讯服务阶段。

第四节
媒体从业者身份认知的现实困境

主流媒体对采编人员的角色定位是单一、清晰的，比如报纸采编人员最重要的工作职责，就是把文章写好、把版面编好。传播力建设的重点移向新媒介后，内容生产全息化的新要求促成了媒体从业人员的角色多元化。但把全媒体的要求落实到从业人员个体身上，却变成了全能媒体人的模糊标准。而且，相当一部分媒体从业人员是被新媒介建设的浪潮卷下海，被内部考核的指挥棒赶下海的，全媒体的素养是迫于外部压力养成的。这就很容易造成一种认识上的误区，就是把对团队的要求，简单传导为对每个团队成员的要求，把全员转型变成了全能转型。

这种要求在“逼”着从业人员转型上具有积极的意义。一是体现在全息记录的意识上。记者采集的素材在形式上更多样，从文字、图片延展到音频、视频，与光明网在全国性重要会议期间推出的“钢铁侠”等类似的装备也应运而生。二是体现在全息表达的运用上。记者提交音频、视频作品意识更强烈，从起初把拍摄的视频、录制的音频一股脑儿交到稿库，到基本完成初次加工，像以往提交的文字稿件一样，能体现记者在内容生产时的主观意图、表达习惯、个人风格。三是体现在多元考核的机制上，出于对从业人员全媒体素养的重视，主流媒体对全媒体内容生产的考核评价机制进行了积极的探索。从看条数、数字数，到所有形式的产品都可以像文字、图片一样定量计分。特别是根据新媒介传播规律，将阅、赞、转、评等用户行为纳入评价标准，推升了用户意识的培育。而运营岗位的设立和相应考核机制的确立，则鼓励一部分团队成员向运营者的角色转变。

一、能力素养的焦虑

然而，这种半自觉状态下的加速转型，“本领恐慌”引发的过度焦虑，也导致对从业者工作职责和能力素养的错误认识，加深了从业者角色定位的困惑。一个人真的能够同时做好那么多环节和门类的工作吗？而且与设想中的“全能”相反，新媒介的生产传播运营各环节，要求每个角色更专业、更专注。特别是在垂直领域，专业的角色、专注的投入，才能在内容生产、用户运营等环节沉下去积累优势。“全面”应该是一体化运营意识上的“全面”，而非个人角色定位的全面；“全能”应该是整个团队的“全能”，而非个人的“全能”。这种错位反映到从业人员的工作重心上，就是“到底是运营为重，还是内容为王”的纠结，反映到从业人员的工作状态上，就是“还能不能让我好好写稿啦”的躁动，而更为刺激的问题是，“还需要你好好写稿吗？”“用户生产内容”的巨量涌现，让作为职业内容生产者的记者、编辑陷入了“被消解”的危机之中。依据PUGC与PGC在词源上有点勉强的区分，是否可以作出这样一个推论：如果媒体从业者离开媒体单位这个体制，那么由他生产、被定义为PGC的内容，是否就成了PUGC？或者干脆就成了UGC？记者之所以被称为记者，到底是因为专业化的内容生产能力，还是因为他们拥有媒体单位赋予的职业身份？

而ChatGPT、Sora的密集问世，机器人写稿、数字人直播的推广应用，让曾经被视作辅助工具的AI日益强化了“创作主体”的身份，更让“人人都有麦克风”变成了“不只是人类才有麦克风”。此时，媒体从业者更面临着除了拥有体制性的身份之外，与其他内容生产者相比没有任何属性差别的局面。说得直白一点，除了你是被一家媒体单位雇佣、专职从事这个职业之外，和其他内容生产者几乎没有区别。所以，就有很高的概率被其他内容生产者特别是AI所替代。就在2024年，不少知名高校都把人工智能课程、人工智能素养写进学校的人才培养规划里，新闻传播专业也是如此。在把AI作为学习内容、能力素养的时候，好像也在演绎着一种黑色幽默——讲授AI的老师和学习AI的学生，谁会先被AI取代呢？虽然我们津津乐道于AIGC的各种笑话，吹毛求疵地指摘AI生成内容里的“Bug”，却忧心忡忡于“人”从创造的主体变成为AI创造提供数字养分的工具，担心“人”“机”地位的倒转。这些取笑、担忧的背后，是对自身作为“创造者”地位的焦虑，是对自身创作能力、专业素养的焦虑。

二、角色定位的困惑

当媒体在传播中的职责从内容生产拓展到聚集用户、维系客户等领域后，媒体需要对传播链条各环节的职能进行重新定位、重新规范，更迫切的需要是对新闻从业人员的角色分类进行重新定义。从媒体生产传播运营一体化的趋势来看，作为一个团队，必须将原先内容生产、传播、销售的职能整合；而作为团队中的个体，工作是有所侧重并重新分工的，需要在团队中重新明确角色。最直接的困惑是，团队中以连接与用户、客户的关系为主的成员，是否仍被认可为新闻工作者？新闻工作者按传统的记者、编辑两大门类的划分，势必要进行调整。但在这一调整完成之前，各媒体对内容生产者转型后兼任用户关系连接者、客户需求拓展者的角色，其态度是摇摆的、含混的。反映到从业人员的态度上，就是记者、编辑往往不愿放弃原有岗位职责转而专做运营，或是工作内容以运营为主却不愿放弃“采编人员”的身份。同时，也会出现从业人员认为做运营收入更高而不安心做内容、不愿意花心思做好内容的情况。在一些媒体“新闻+政务服务商务”[①]的实践中，就出现过采编人员以为协调拓展客户收益更多，而不愿承担自己牵头项目的内容生产和线下执行的现象。

三、职业道德的重塑

报纸等传统媒介的内容生产与广告发行等环节是相对分离的，相互之间会有配合，特别是在垂直领域。如与企业经营活动比较密切的消费领域，内容和广告之间的互动更多，但总体而言，内容生产者和连接用户（发行）连接客户（广告）的团队，是相对独立地完成自己所在环节的工作，对整个传播链条其他环节的参与度不高。这种“只见树木，不见森林”的生产流程，以及对“有偿新闻”“有偿不闻”损害媒体公信力的担忧防范，使采编、经营两分开成为媒体职业道德的重要准则。当新媒介的传播规律要求把传播链条贯通的时候，媒体在各环节整合重构的探索上难免缩手缩脚。而与用户、客户的连接更加紧密，必然会对内容生产者的立场、态度、操守产生影响。如何重塑职业道德规范，使参与经营工作的新闻从业人员避免损害公信力的不当行为，是必须优先解决的问题。相较之下，自媒体运营者在承担KOL、KOC的角色时，由于没有既定的原则束缚，也较少因正在形成的新行业规范感到焦虑。

四、评价机制的滞后

即便主流媒体对从业人员考核机制的调整，能够让转型后承担用户

---

① 2020年9月，中共中央办公厅、国务院办公厅印发《关于加快推进媒体深度融合发展的意见》，提出“要发挥市场机制作用，增强主流媒体的市场竞争意识和能力，探索建立“新闻+政务服务商务”的运营模式，创新媒体投融资政策，增强自我造血机能”。

对接、项目运营等职责的人员有了一个让人“安心”的内部评价标准。但外部的评价体系，如新闻奖项、职称评审、职业荣誉等，对这些岗位仍然没有留下“嵌入”的接口。2023年8月，中国记协发出通知，根据《资深新闻工作者荣誉证书证章颁发办法》，将在当年记者节前向资深新闻工作者集中颁发荣誉证书和证章。根据通知对资深新闻工作者资格条件的要求：申报资深新闻工作者须“从事新闻相关工作”满30年，其中在新闻采编岗位工作不得少于20年。这个资格条件，可以视为中国记协作为行业规范机构对“资深新闻工作者”的定义。从这个定义来看，“资深新闻工作者”的职业生涯中主要仍是从事新闻采编工作，而如果在新闻采编岗位工作不满20年的人，则不在其列。在主流媒体转型后长期负责运营等工作的人，就失去了获得荣誉证书证章的机会。目前的新闻工作者专业职称的评审，仍分为记者、编辑两个序列，并对从事相关岗位工作的年限、业绩表现也有明确要求，新媒介的运营者也是被排除在外的。类似的还有各级新闻奖的报送和评审项目，虽然新媒介产品已经单列，奖项也逐渐丰富，但不直接参与内容生产的人员，往往是在“集体”中挂一个名，单独获奖的机会很少。这些外部评价标准，对新闻从业者职业发展的重要性不言而喻。如果不能和记者、编辑在奖项、职称、荣誉上得到同等地认可，转型之后的新闻从业人员难免会出现身份认同上的困惑——我还算是个“新闻工作者”吗？

相关案例

光明网“钢铁侠”

2017年3月2日，光明网的融媒体报道神器“钢铁侠”在全国两会报道团队中一露面，就受到了各界关注。一位记者被自己携带的直播工具完全包围，好似长出“三头六臂”，设备触角上安装着各式摄像器材。“钢铁侠”多信道直播云台是光明网全新打造的全媒体报道单兵设备，借助前端装备，将用于影视制作的稳定云台和易事背结合，再通过insta 360 nano全景视频捕捉系统打通各大直播平台通道，整套装备的重量在15公斤以内。现场只需一名记者即可快速实现视频、全景、VR等内容的同步直播与录制；可以同时为16家平台提供高达3K画幅、4M码流的视频和VR信号，观众无须安装任何软件，即可通过手机采用裸眼观看高清VR直播。

——高赛、刘炼，《光明网“钢铁侠”多信道直播云台亮相》，光明网，2017年3月3日

时任光明网副总编辑高赛表示：“钢铁侠”虽外形炫酷前卫，血统却古老纯正，是媒体人在新媒介时代孵化出的采编设备。“钢铁侠”看似是媒体装备的改变，背后实则是媒体人的内容胸襟，与“独家秘籍”相比，我们更看重“广泛关注”。

——高赛，《揭秘！获得中国新闻奖的“钢铁侠”到底是怎么诞生的？》，《网络传播》杂志微信公众号，2018年11月20日

相关文件摘要

资深新闻工作者荣誉证书证章颁发条件

2023年8月10日，中华全国新闻工作者协会（简称“中国记协”）发出《关于向资深新闻工作者颁发荣誉证书和证章的通知》，通知中列出的“资深新闻工作者资格条件”明确：申报的资深新闻工作者须从事新闻相关工作满30年。其中，在新闻采编岗位工作不得少于20年。其中，“从事新闻相关工作”包括新闻采编和新闻单位党务、行政、后勤、经营、广告、工程等工作。

如果主流媒体的记者、编辑在媒体融合发展中转入垂直项目运营、用户社群运营等超出传统意义上的“新闻采编工作”，其工作年限是否

还能计算为“新闻采编岗位工作”的年限?

中国新闻奖参评人员申报要求

根据中国记协网2024年3月28日发布的《第34届中国新闻奖参评作品报送通知》，对参评人员的申报要求是：参评人员应按参评项目、作品类别据实申报。刊播时未署名，作者、主创人员数量超出规定或编辑超过3人的，按“集体”申报，并附对作品做出主要贡献的人员名单。其中，文字作品及新闻摄影、新闻漫画、新闻业务研究文章申报作者和编辑；音频作品申报主创人员和编辑，主创人员可包括策划、记者、播音、主持人和制作等；视频作品申报主创人员和编辑，主创人员可包括策划、记者、摄像、播音、主持人和制作等；新媒介作品申报主创人员和编辑，主创人员可包括策划、记者、摄像、播音、主持人、制作和技术等。

参评要求中所列出的人员范围，并未包括参评作品的运营人员。事实上，运营人员在参评作品的传播中起到了关键作用，甚至直接决定了相关作品的传播效果；很多作品的创作灵感和素材，也来源于运营人员与用户的互动。

广东省新闻职称评价条件

根据广东省人力资源和社会保障厅办公室2021年12月29日印发的《广东省新闻专业技术人员职称评价标准条件》第一章“总则”第四条：新闻专业技术人员参加职称评价，须同时满足以下基本条件及各级职称对应的评价条件。

第三章“助理记者、助理编辑评价条件”第一条“学历资历条件”第三、款：“……从事新闻采编工作满3年”。

第四章“记者、编辑评价条件”第一条“学历资历条件”第三、款：“……取得助理记者或助理编辑职称后，从事新闻采编工作满4年”。

第五章“主任记者、主任编辑评价条件”第一条“学历资历条件”第二、款：“……取得记者或编辑职称后，从事新闻采编工作满5年”。

第六章“高级记者、高级编辑评价条件”第一条“学历资历条件”：“……取得主任记者或主任编辑职称后，从事新闻采编工作满5年”。

职称评价标准条件明确了从事各级职称对应的“从事新闻采编工作”的年限。在移动传播中起到关键作用的用户社群、垂直项目运营人员如果既不写稿，也不编稿，是否还能被视为“从事新闻采编工作”？即便这一问题能够通过单位认定的方式解决，其又能否在工作业绩上满足“主任记者、主任编辑”或“高级记者、高级编辑”职称对应的“工作能力（经历）条件”，即“采写或编发了为社会所认可的有一定影响力的新闻作品”“采写或编发了为社会所认可的有较大影响力的新闻作品”？

附录

附 录 1

把目光投向身边
——浅论广州主要报纸强化本地新闻以提升报纸竞争力的探索

【内容提要】报纸在紧密的社区内的权威性、贴近性，将有助于保持报纸的生命力和竞争力。这主要是由于：读者对印刷品的需求日益多元化，分众阅读的大趋势要求报纸为地域性很强的本地读者群体提供更有贴近性和针对性的阅读产品；与此同时，报纸在社区新闻报道中继续占据统治地位，在这一领域继续保持“第一”，这是报纸保持竞争力的必要条件；不仅如此，最近的一次针对本地报纸的读者调查发现，读者更关注身边的新闻，而关注本地新闻的读者忠诚度也相对较高。在去年（2012年，编者著）以来的报业竞争中也可以看出，本地新闻版块在报纸中的地位更为突出，广州本地报纸也纷纷更加明确地打起了“本土牌”。

【关键词】本地新闻；社区新闻；分众阅读

2013年初，巴菲特在伯克希尔哈撒韦网站上公布了2013年致股东的信，解释自己为什么在过去一年里收购了28家日报。报纸如何才能延续生命力？巴菲特在这封信里特别指出：“报纸继续在社区新闻中占据着统治地位。”因此，他肯定地表示：“报纸给紧密的社区传递了综合的和可信赖的信息，加上明智的互联网策略，报纸将会在长时间内保持竞争力。”

在数字化媒体步步紧逼的大形势下，广州主要报纸的办报实践，也流露出了更重视本地新闻、身边新闻的倾向。纷纷通过增加本地新闻分量、强化本地读本的贴近性和创办社区报纸等形式，突出报纸的本土色彩，把目光投向身边。下面，笔者根据自己近期的观察和实践，对强化本地报道的背景和广州主要报纸的重要探索，作简要的分析。

一、强调深耕本土的背景之一

读者对印刷品的需求日益多元化，分众阅读的大趋势要求报纸为地域性很强的本地读者群体提供更有贴近性和针对性的阅读产品。

2013年5月初，剑桥大学贾吉商学院高级工商管理硕士专业负责人西蒙·兰默特在接受笔者访问时提到，在新媒体的冲击下，英国印刷媒体发展出现两大趋势：一是单种印刷品的发行量呈下降趋势；二是印刷品的种类数和总发行量呈上升趋势。出现这样的情况，是由于读者对印刷品的需求日益多元化，而且越来越细分，他们对某一种印刷品的需求量下降，而被需求的品种却越来越多。因此，未来印刷品的发展应该更有针对性、更契合某个特定群体的需求。

兰默特博士的研究成果反映的是分众阅读的大趋势。适时推出分众阅读产品、更有针对性地服务读者，非常值得重视。那么，从办报实践的角度而言，分众该怎么分？这方面以往有很多论点，也涉及多个层面，比如性别、年龄、学历、收入等等。在针对读者群体的各类调查中，以上这些也都是识别读者群体的重要特征。但不容忽视的是，对于一份立足于其所在区域的报纸来说，在进行读者群体研究时，首要的命题是把本地的主流读者识别出来。

举个例子，目前（2013年，编者注）广州地区的报纸如《南方日报》《羊城晚报》《广州日报》《南方都市报》在发行区域上都已覆盖全省。要拉近报纸和省内各地读者的距离，就必须区分广州地区读者、珠三角读者、省内其他地区读者等不同群体，并针对性地提出他们各自的“分众”阅读需求，尤其是数量最多、忠诚度最高的广州本地读者的“分众”需求，进而推出针对他们的“分众阅读”产品。各地区本土新闻与当地读者关联度高、针对性强，是一种典型的“分众阅读”产品。

值得重视的是，随着获取信息的渠道越来越多、越来越便捷，读者也比以往任何时候都更强调信息的针对性，他们希望尽可能精准地获取想要的内容，而不是在没有针对性的信息海洋里自己去找。因此，在新闻的整合和版面的设置上，报纸不仅要特别重视读者最关心、与自身利益最直接的新闻，还要明确地告诉读者：你要的东西就在这里。在这样的需求下，报纸的本地新闻不仅要丰富、贴近，还要定位明确、风格鲜明、查阅便捷。因此，广州各报纷纷推出版面位置相对固定、特色鲜明的区域新闻版块。而在广东省内各城市、各区域中，最受各报重视的还是广州，“广州新闻”也因此受到格外的关注。如《广州日报》的“身边新闻纸”、《南方日报》的“广州观察”、《羊城晚报》的“广州新闻”、《南方都市报》的“广州读本”，都是热度极高的本土新闻“角斗场”，各报在宣传上也特别突出自家“广州新闻”版面的特色，作为争取读者的最大卖点。

二、强调深耕本土的背景之二

报纸在社区新闻报道中继续占据统治地位，在这一领域继续保持“第一”，是报纸保持竞争力的必要条件。

曾有人将报纸影响力的衰落归因于新的信息传播渠道比纸质媒体更便捷——刷刷屏就能知道，看起来比翻报纸有效率。但事实上，现在很多人刷屏花掉的时间，远远超过以前翻报纸的时间。也有人认为，报纸的文章太长了，而读者喜欢短平快，所以不愿去读，于是很多报纸也都进行了“浅阅读”的尝试。但问题是，为什么上千字的长微博都有人愿意点开来看，报纸上的稿件反倒要切成几小块？

对报纸影响力衰落的原因，巴菲特在2013年致股东的信里也分析得非常精辟到位。他认为，报纸在现今世界的很多领域已经不再“第一个告诉你最新的消息”。很显然，这才是报纸最大的问题。不能“第一个”为读者提供新鲜的东西，报纸的影响力就必然日渐式微。报纸如何才能继续保持第一，或者退一步说，报纸还能在哪些领域保住这个“第一”？巴菲特也给出了自己的见解：“无论哪里，都存在一种社区意识，提供社区所需要的特别信息的报纸，对大部分居民来说，将是不可缺少的。”

就广州而言，本地的主要报纸，都有10年以上的历史，《南方日报》《羊城晚报》《广州日报》更有着超过半个世纪的存续。作为一份在这座城市里成长了几十年、已经融入城市记忆的报纸，在一个人人都能当记者的时代，在一个事件发生后很快就能借助互联网传遍世界的时代，最有可能“第一个”告诉读者的东西，不正是它所成长的这座城市的事情吗？即便在国内、国际等领域报纸都已经不再是“第一个”的时候，在广州这个“社区”里，在相当的程度上，报纸依然是“综合的”“可信赖的”“第一个的”消息来源。因此，本地新闻正是区域内主流报纸最大优势和最强劲的生命力所在。要想在新媒体的冲击下保持报纸的竞争力，就必须格外重视报纸通过多年努力培育起来的在本地新闻上的优势。

三、强调深耕本土的背景之三

最近一次针对本地主要报纸的读者调查发现，读者更关注身边的新闻，而关注本地新闻的读者，忠诚度也相对较高。

2012年12月，受广州日报社的委托，澳门大学针对广州主要报纸展开了一次读者调查，结果在2013年2月底在广州日报社内发布。与一般的读者调查不同，澳门大学的读者调查课题组在对读者构成的定义上，除了年龄、性别、收入、教育水平等常见维度外，特别注意读者的价

广州日报 身边新闻纸

粤驻厂监管婴幼儿奶粉

正值花期遭虫害 数万果树盼施肥

拍中车牌不交钱 38人被扣保证金

广州日报 身边新闻纸

百多街坊欢送末班“热狗车”

巴士迷一路追拍 再现绝版公交车

广州日报“身边新闻纸”进一步提升了报纸影响力和读者忠诚度

值观及其对典型新闻事件的态度。比如，调查问卷会留意读者对“多做少说”等在本土比较突出的思想观念的看法，也特别留意读者对“十八大”“平民英雄”“垃圾焚烧”“乌坎事件”等近期重要新闻事件的关心程度。诸如此类触及读者深层意识的调查项目，更有助于弄清读者群体的特征。

调查中，为了特别说明本土新闻对提升报纸影响力和读者忠诚度的作用，特别划分出“‘身边新闻纸’忠实读者”这一群体，将他们与概念上更宽泛一些的“《广州日报》读者”进行比较。结果显示，在广州地区，“‘身边新闻纸’忠实读者”的平日读报时间、周末读报时间，均比“《广州日报》读者”的平日读报时间和周末读报时间略长。在对《广州日报》的可信度进行评价时，前者给出的分数也高于后者。前者认为《广州日报》是最理想报纸的比例，比后者高出6.7%。为什么要选择《广州日报》？回答是因为“本地新闻”的读者比选择“其他新闻”的读者在数据上遥遥领先；与得分最低的版块相比，《身边新闻纸》超出一倍有余。还有一点值得一提，在对广州人生活习惯的认同上，“‘身边新闻纸’忠实读者”的认同指数是“《广州日报》读者”的6倍。由此可见，前者比后者“更广州”。

虽然以上结果依据的样本只是《广州日报》一家报纸，依然可以看出读者在选择报纸时对本地新闻的重视，从消费者的角度印证了做好本地新闻对于提升报纸竞争力的重要性。简而言之，读者更多是因为本地新闻而选择区域内最有影响力的报纸作为“最理想报纸”；而本地新闻的忠实读者，也是忠诚度最高的一个读者群体。

本土新闻到底是不是报纸竞争力的新增长极，抑或只是设想的一根“救命稻草”？报纸在本土新闻上的“第一”能保持多久，会不会成为新媒体下一个攻陷的目标？这些，都有待办报的实践检验。但就目前而言，广州主要报纸不约而同地强化本土新闻，无疑是提升报纸竞争力的一个重要方向。

（作者：曹苏宁，原载于《岭南传媒探索》2013年第3期）

附　录　2

当好媒体融合的神经中枢
——浅论中央编辑部的现实需要和作用

【内容提要】近年来，从中央到地方，各主要新闻单位都在积极探索适合自身的媒体融合之路，建立中央编辑部几乎是不约而同的选择。本文着重从建立中央编辑部的现实需要、中央编辑部对媒体融合的功能及作用、中央编辑部的关键要素以及如何客观评价中央编辑部的作用入手，试图理清中央编辑部建设过程中“传统与革新”“存量与增量”的关系。

【关键词】中央编辑部；媒体融合；神经中枢；体制机制

2013年8月19日，习近平总书记在全国宣传思想工作会议上发表重要讲话，提出要“加快传统媒体和新兴媒体融合发展”。2014年8月18日，习近平总书记在中央全面深化改革领导小组第四次会议上发表重要讲话，强调“推动传统媒体和新兴媒体融合发展，要遵循新闻传播规律和新兴媒体发展规律，强化互联网思维，坚持传统媒体和新兴媒体优势互补、一体发展，坚持先进技术为支撑、内容建设为根本，推动传统媒体和新兴媒体在内容、渠道、平台、经营、管理等方面的深度融合”。

贯彻落实总书记的重要讲话精神，2014年12月，广州日报报业集团推出了全国首个“中央编辑部”，提出“统一指挥、统一把关，滚动采集、滚动发布，多元呈现、多媒传播”的基本原则，重构策采编发流程。面对业内及学界有关“中央厨房沦为节庆厨房”“中央厨房中看不中用”的质疑，广州日报社坚持“全员进入、全天候运作”，在整合集团原有的报纸、网站、“两微一端”等传统和新兴媒体端口的基础上，对照总书记“先进技术为支撑、内容建设为根本”的要求，在中央编辑部的架构内先后增设了音视频部、视觉设计部、新媒体技术部、新媒体运营部，真正发挥中央编辑部“神经中枢”的作用，推动内容、渠道、平台、经营、管理等方面的深度融合。

经过三年半的建设，广州日报报业集团中央厨房构建起了“报+网+端+号+院”一体化生产的融媒方阵，2016年，荣获“中国报业融合发展优秀案例奖”；2017年，荣获“中国传媒年度最具价值品牌”；2018年，荣获“中国传媒融合发展创新奖”。

以中央厨房为依托，广州日报的融合传播力也节节攀升。人民网研究院发布的《2018全国党报融合传播指数报告》显示：在377家党报中，广州日报融合传播力排名全国第三、全省第一，报纸传播力排名全国第二、全省第一，微博传播力排名全国第四、全省第一，微信传播力排名全国第四、全省第一；客户端（广州日报、广州参考、广报汇）传播力排名全国第五、全省第二；网站（大洋网）传播力排名全国第十、全省第一。

本文将以广州日报中央编辑部为例，从建立中央编辑部的现实需要、中央编辑部对媒体融合的功能及作用、中央编辑部的关键要素以及如何客观评价中央编辑部的作用等方面入手，试图理清中央编辑部建设过程中“传统与革新”“存量与增量”的关系。

一、成立中央编辑部，是统筹纸媒和新媒体各发布端口形成合力的现实需要

中央编辑部未成立之前，广州日报纸质报纸时政要闻、本地新闻的

编发权在夜编中心，微博、微信以及App的发布权在全媒体新闻中心，网站的发布权则在大洋网。在机构设置上，这三个部门是并列关系。夜编中心和全媒体中心都是广州日报的中层正职单位。大洋网更加独特，1999年成立之后就一直独立核算，办公不在报社本部，采编上自成一体，经营上有独立的指标，特别是2012年粤传媒改组上市之后，大洋网划入了粤传媒，经营和采编上的独立性进一步强化。中央编辑部成立以前，各发布端口可以说一直是处于欠缺交流和沟通的状态，在宣传报道方面未能形成合力打出强有力的“组合拳”。

以往广州日报夜编中心主要是接收采访部门的稿件，挑选后编辑上版，或就好的题材向记者约稿；全媒体新闻中心的微博、微信编辑自主去各媒体找料来做，主要不靠本报记者供稿——记者交稿太晚，不适应两微，特别是微博发布的规律；而大洋网除了转载广州日报的稿件，还会到各媒体上找稿、转载，由于网站自身的采访力量非常薄弱，遇有重大突发事件时，都要等报纸见报后再转载，很少第一时间、第一手的原创稿件。

除了各自为战、缺乏统筹，还有一个重要的问题：记者在向新媒体供稿时总会考虑，如果把稿件给了网站，会不会影响在报纸上的发稿？新媒体上已经发布了最新消息，报纸要第二天才出街，报纸版面还会选用这些内容吗？毕竟发在报纸上的稿件才是记者绩效、收入的来源。

广州日报中央编辑部成立后，首先创建了新的指挥、协调和运行机制：一是新媒体编辑团队（包括网站、“两微一端”）与纸媒编辑团队一起办公，以新的机制和空间打破原来各自为政的组织篱笆和物理篱笆，改变了平时不相往来、战时沟通困难的窘境。二是建立了中央编辑部编前会制度，每天由集团总编辑或值班总编主持，纸媒编辑团队、各新媒体编辑团队和采访、摄影、视频、设计、技术、运营团队的负责人坐到一起开编前会。采访团队提供选题、线索、思路；各端口提出报道项目的策划、需求；摄影、视频、设计、技术、运营等团队直接在会上一起讨论线索、策划、需求。各团队直接对接并提供重点支持，真正做到了重要报道“联合策划、互通人力、共享产品、同办活动”，并逐步从“相加”向“相融”转变。

解决了前端沟通问题后，记者交稿时“先网后报”与“先报后网”的纠结如何破？首先是依靠技术手段。一方面，打通各端口的技术后台，打造各端口“统一交稿、统一审稿、统一发稿、统一考核”的技术分发平台，经过统一审核的稿件可在媒体融合平台上分发给各端口，形成整体采编闭合循环。同时，后台会清晰保留稿件的提交、审核、发布、传播、考核、评稿等全记录。记者只管将稿件第一时间提交到平台上，至于各端口怎么用、什么时间用，都不在记者的考虑范围；另一方面，各端口互相放开稿件自动抓取，打破端口壁垒，实现“稿源共享，产品互通”。

从广州日报报业集团成立中央编辑部前后的采编实践不难看出：如果没有中央编辑部，就无法突破原有的“信息孤岛”，统筹集团内的纸媒和新媒体采编资源，也无法解决记者只为纸媒写稿，新媒体基本是“二传手”的格局。成立中央编辑部，不是突发奇想，也不是为了包装概念，而是有着实实在在的现实需要。事实上，中央编辑部有效地推动了集团内各团队、各端口的资源、要素的流动、凝聚、共享，使集团的整合能力、指挥能力、生产能力、传播能力达到了最大化。

二、中央编辑部发挥好“神经中枢”的作用，才能不断提升融合传播能力

中央编辑部被视为传统媒体在内容生产流程上的重大变革。上文所说的组织变革、体制变革是走向融合的上层设计，技术、产品、运营等因子注入后，融合便有了“催化剂”。广州日报在把集团原有的报纸、网站、“两微一端”等传统和新兴媒体端口整合起来的基础上，对照习近平总书记“坚持先进技术为支撑”的要求，在中央编辑部的架构内又先后增设了音视频团队、视觉设计团队、新媒体技术团队、新媒体运营

团队。其中，音视频团队主要负责直播、短视频、策划类短片等一系列工作，并积极发挥“四两拨千斤”的作用，引导全体采编人员重视音视频生产、掌握音视频技术、强化音视频报道意识；视觉设计团队负责生产H5、长图、海报、动图等新媒体视觉类产品；新媒体技术团队负责按需求进行技术平台优化、系统升级、应用开发，不断提升技术服务的支撑广度和深度；新媒体运营团队则要了解所有内容生产的过程以及团队的产品研发能力，以用户为中心进行产品运营、用户运营、品牌运营。几大支撑部门的加入，真正触发了中央编辑部“神经中枢”的作用，推动内容、渠道、平台、经营、管理等方面的深度融合。

以2018年全国两会的融媒体报道为例：广州日报挑选百余名精兵强将，组成京穗两地的全媒体报道团队。在中央编辑部统一指挥下，报道团队采用“策—采—编—研发—推广”全流程联动的模式。前方采集的文图、视频等报道内容和素材，统一汇集到后方中央编辑部进行编辑、制作、把关之后，通过全平台即时滚动分发。前、后方的内容生产过程中，视觉设计、技术研发、产品运营人员全程介入，针对重要议程、热点话题，按照用户导向推出新媒体产品。两会开幕前夕，广州日报先声夺人，跨部门精心策划的《福气广州》原创MV，邀请全国人大代表、全国政协委员和广州各界市民一起来唱好幸福广州、幸福中国。MV由一支包括了摄影、摄像、录制编导、音乐指导、填词编辑、角色挑选、产品推广人员的创作团队，经历了近20天的连续户外拍摄和10天无休的剪辑工作精心打造。甫一推出，MV便成为社会各界强烈关注，竞相转发的“爆款”，主流媒体和主要商业网站、音乐平台纷纷转发。总理作政府工作报告当天，前后方记者、编辑会同设计、视频、技术、推广的同事一起，边收看边讨论：什么是重点？什么形式更直观？怎样实现？用什么方式推广？政府工作报告发布后不到4个小时，一份画满重点的报告解读动漫《@所有人 政府工作报告“动画版”来啦！两分钟，带你看懂2018年你我生活的变化！》就出街了。为增加内容的趣味性，符合移动传播的规律，各团队、各环节再度联手，在几天之后又推出了H5小游戏

《是兄弟，就来打一场精准脱贫攻坚战吧！》，让用户在游戏中重温五年来的脱贫攻坚之路。

通过中央编辑部统筹指挥，各部门协同作战，广州日报融媒体不仅在集团内各端口的统筹上取得了很好的成效，还积极探索走出报业集团，建设广州的政务信息发布聚合平台。采编、技术、品牌、运营等多部门联动，顺应“互联网+政务”的风口，为党政机关提升政务服务信息化水平提供全案策划项目，收集相关部门对做好政务服务的建议，采集用户最关心的政务服务信息和线索，尝试打造“广州的中央编辑部”。

三、中央编辑部是一个指挥、统筹、协调的组织机构，不会取代各端口为用户定制产品的功能

在媒体融合中，中央编辑部起到了关键作用。当在看到中央编辑部“统一指挥、统一把关”作用的同时，也要认识到媒体融合不是简单生产和复制，全媒体报道更不是各端口的产品一个模样。中央编辑部生产出来的是“粗加工的半成品”“多元呈现、多媒传播”，即每个端口都要根据用户的需要，生产适合在这个端口传播的产品。中央编辑部可以将采编资源汇集起来统一指挥，完成对入库稿件的统一把关，保障出版安全；但不需要，也不可能将所有端口的内容生产都一手包办。

就拿报纸来说，受出版时间约束，一般情况下，不可能去和新媒体拼短平快的消息，而要坚持强化深度报道和延伸阅读，做“精品报纸”。用户在已经知道一件事情的最新动态后，如果第二天还去看报纸，为的就是能有人帮助他从更大视野审视事件背后的逻辑，而不是事件本身的、表面的消息。这才是在新兴媒体蓬勃发展的背景下，仍要坚持办好报纸的最重要的原因。

综上所述，中央编辑部是统一指挥、统筹资源、协同作战的平台，而不是产品生产的终端，不能过于拔高中央编辑部的作用。如果把融媒体产品生产的所有功能都寄托在中央编辑部上，或把所有采编力量（包

括不同端口的设计、生产功能）都聚合在中央编辑部，中央编辑部也就不堪重负，并会弱化其指挥、统筹、协调、把关的功能。

四、中央编辑部硬件设备的配置很重要，但更不能缺失的是软实力的构建

目前，许多媒体的中央编辑部都实现了展示化、数据化、移动化、智能化的功能，特别是配置了高端大气的展示屏。一屏囊括内容分发、舆情监测、用户行为分析、可视化制作等，场面、设备气势不凡，但也因此引来了“摆样子”的质疑。目前广州日报中央编辑部因为场地问题，未配置大屏展示系统，下一步搬迁到新的办公大楼后将考虑合适地配置。目前的重点是开发建设数据化、移动化、智能化的指挥运营系统，让前后方采编人员在线对接，各端口一体策划。媒体融合，必须以先进技术为支撑，更要以内容为根本。我们目前的探索创新，更多地体现在组织架构、机制改革、队伍素质上。在基础设施建设的同时，更要通过重构采编队伍，进而重构采编流程、重构传播格局。广州日报中央编辑部坚持优化采编流程和改革考核方案，探索更好地用好“指挥棒”、打通前后端，切实把主力军转移到移动互联网的主战场。

（一）全员转型，不留空白地带

媒体融合不是单独组建一拨人马去做新媒体，而是要推动所有报纸从业人员转型，全员介入新媒体的内容生产。既然用户接收资讯的时间已经更多分配到手机或其他移动设备上，用户在哪里，我们就要去哪里。融合转型首先要转变意识，不然就会失去用户。广州日报中央编辑部目前已形成了客户端首页和重要新闻由新媒体编辑部负责，各频道由相关采编部门负责的“1个编辑部+N个全媒体采编团队”组织架构的雏形，将继续深入推进全员转型，不留空白地带。

（二）建立适应新媒体的激励机制

合理有效的激励机制是推动转变、进步最有效的利器，要最终实

现全员成功转型，就一定要用好这个利器。在媒体融合的初期阶段，以纸媒的考核方式为基础，对照新媒体发展的需求对考核方式进行修订，起到了很好的“第一把推力”的作用。但随着融合发展进入更高阶段，建立更适应新媒体形态的激励机制，被提上了日程。新媒体考核要充分考虑各平台的不同特性，分别制定相应的考核制度，并细化到不同的岗位。比如，音视频、视觉设计、技术研发、产品运营等岗位，都需要按专业特点来设计薪酬待遇。改革优化激励机制的最主要目的，是要通过现实中的“指挥棒”，解决采编人员思想意识转变的问题，从而实现打造出一支适应移动优先要求、新兴媒体发展要求的团队，提升中央编辑部的软实力。

五、结语

主流媒体的媒体融合，不少是从中央编辑部起步的。但不是建立一个中央编辑部即可了事，要向更深层次推进，更重要的是完善组织架构，理顺体制机制，把融合的最后障碍彻底打通，把不同形态的新媒体之间的窗户纸捅破，把阻隔新媒体和报纸之间进一步融合的鸿沟填平，真正实现“你就是我，我就是你”。

（作者：曹苏宁，原载于《中国记者》2018年第9期）

后 记

决定就媒体融合写点什么的时候，我恰巧从采编部门转岗到传播运营部门。此前刚刚经历的三年多痛苦的“融合”“转型”，让我觉得比之前15年夜班编辑的岁月更让人备受煎熬，但比起之后更痛苦的传播运营工作，却又算是一段不用精神内耗的美好时光。值得庆幸的是，大开眼界的欢悦，“今是昨非”的鼓舞和“朝闻道，夕死可矣”的获得感，在极大程度上慰藉了我的“本领恐慌”。虽然我勉强算得上是个编报纸的熟练工，事实上却早已“江郎才尽”，继续在报纸上“寻章摘句”，迟早也会变成混吃等死。幸好赶上了新媒介的浪潮，虽然我确实是给“整不会了”，好在别人也都不怎么会。不安分的性格，让我抱着做个“南郭先生”的侥幸，扮演起了“乘风破浪的哥哥”。不过我坚信，任何变革，终究是对传统中优秀基因的最好传承，如果真的对自己在报纸上学来的那点东西充满自信，一定会在媒体融合中被融成气、化成烟，在云端之上幻化出异彩。我一点都不留恋报纸，更不会为它的逝去伤怀，我只会怀念曾经一起编报纸的人，他们正和我一样逐渐成为历史的背影。

跌跌撞撞摸索了两年，磕磕巴巴写了两年，终于写完了。完了，是这趟自找的苦差结束了，也确实没有更多可写的了。我知道的就是这些，我看懂的就是这些。只有几件事，还需要做一些说明。

首先是技术，这是最根本、最核心的。我认同技术决定论，虽然我不懂技术，所以本书共6篇、15章、42节，一共16万余字，没有任何一个小节专门讲过技术。但我坚信麦克卢汉的卓识：真正对历史有决定性影响的，是传播媒介技术革新，带来人与人、人与世界关系的重构，而传播内容并非决定性的因素。

其次是流量，这是最重要、最关键的。我认同流量是传播力的中心，虽然媒体要生产高质量的内容、要坚守正能量的传递，但前提是得有流量。新媒介生产传播面临的真实性被扰乱、严肃性被消解、娱乐性被泛化等问题，不是流量的“原罪”，而是对专业传播者“无力”的嘲弄。

最后，是关于媒体和媒介两个概念的使用。主流媒体、传统媒体、新媒体，是论述媒体融合时必须提及的关键词，但其中“媒体”的含义略有区别。“主流媒体”中的“媒体”，往往指媒体单位；“传统媒体”“新媒体”中的“媒体”，其实是指传播载体。本书在提及“传统媒体”“新媒体”时，统一名之为“传统媒介”“新媒介”。当然，像“新媒体大会”等主要出现在引文中的表述，则按照主办机构原来的表述，未作修改。

在写作过程中，我作为山东大学人文社科青岛研究院的访问学者，得到了周安华教授为期两年的专业指导，并在线上学习了三门高水平课程。周安华教授引荐我参与的学术会议，以及与李岩等影视传媒青年学者的交流，让我受益匪浅。

在确定本书的写作方向和资料搜集、策划出版的过程中，刘琼雄先生给予了我有益的指导，并在本书第一篇、第二篇、第四篇初稿的起草及全书的审阅、修改中作出了重要贡献。

对于本书提及的海外学者著作，我的孩子曹辰午帮忙查找了海外出版的原著，对英文版中相关内容的表述进行了比对，并就新媒介内容产品的叙事美学提出了富有建设性的参考意见。

感谢广州日报报业集团为我学习、实践、研究媒体融合所提供的至关重要的帮助！

感谢广州市“岭南英杰”后备人才培养计划的资助！

感谢所有为这本小书的前生后世提供过，或者将要提供帮助的人！

曹苏宁

2025年3月于广州